물 류 원 가 관 리 의 혁 신

물류원가관리의 혁신

육근효

풀빛

이 책을 내면서

　경기의 후퇴, 도산기업의 속출, 금융기관의 부실, 이로 인한 IMF 구제금융 등 한국기업을 둘러싸고 있는 환경은 지금 그 유례가 없는 복합적인 어려움에 처해 있다. 이러한 환경변화에 대응하기 위해 리스트럭처링 등의 전략을 세워 경쟁력 회복에 몸부림치고 있지만 쉽사리 해결될 기미가 보이지 않는다.

　우리 기업들은 90년대 들어서부터 경영혁신을 위해 리엔지니어링, 벤치마킹, 학습이론, ABC/ABM 등 수많은 기법들을 도입하였다. 그러나 지금은 대부분 그 열기마저 식어 일시적인 유행으로 끝나버린 것을 알 수 있다. 왜 이러한 현상이 벌어졌는가? 여러 가지 이유가 있지만 가장 큰 이유는 우리 기업의 체질, 특히 하체가 튼튼하지 못한 데 있다. 가격경쟁에서 이기고 경기 후퇴시에도 강한 하체와 허리를 갖는 경영체질을 구축하기 위해서는 무엇보다 지속적인 원가절감활동이 필수적으로 이루어져야 한다.

　이러한 원가관리와 원가절감 활동도 최근에는 과거처럼 생산과정에 치중하지 않는다. 자동화와 더불어 이미 생산부문에서의 원가절감은 한계에 이르고 있기 때문이다. 따라서 자연히 원가절감은 생산의 상류에 해당하는 기획, 또는 연구개발단계에서부터 원가를 관리해 나가는 방법과, 하류에 해당하는 물류비를 합리적으로 관리하는 두 가지 방법이 있다. 그 중 이 책에서는 후자인 물류비를 대상으로 그 관리 방안을 모색한다.

물류비는 미국의 경우 판매가격의 40~50%에 달한다는 보고가 있으며 판매와 물류 원가가 자동차 산업에서는 한때 제조원가를 상회한 적도 있었다. 현재 우리 기업의 물류비는 제조업 매출액 대비 17%를 차지하여 선진적인 미국의 7.5%나 일본의 11.3%와 비교하여 물류비 부담이 과중하다. 또한 최근에는 매년 19%씩 물류비가 상승하고 있다는 통계도 나와 있다. 따라서 이러한 물류비의 증가가 기업의 국제경쟁력에 직결되므로 물류면의 우위를 확보하는 것이 기업의 사활을 좌우하게 되었다.

이러한 물류비의 중요성을 감안하여 이 책에서는 보다 장기적이고, 보다 체계적이고, 보다 광범위한 관점에서 물류비를 최소화할 수 있는 방안을 모색하고자 한다. 이를 위해서 물류관리의 이론적인 배경과 더불어 실제 우리 기업의 현황을 조사분석하여 우리 실정에 맞는 물류합리화 방안을 모색하였다.

구체적으로는 1996년 9월말 현재 한국증권거래소에 상장되어 있는 713개 기업 가운데 은행, 보험, 건설업 등을 제외한 551개 기업과 등록법인 가운데 종업원 300이상 56개 기업, 총 607개 기업을 조사대상으로 하였다. 조사방법은 우편이용법과 대인면접법을 사용하여 1996년 2월~1996년 4월까지 조사를 실시하였으며, 유효회답수는 138개사(22.7%)로 대부분이 제조업이며 회사전체를 대상으로하고 있다.

이 책의 내용은 크게 3부로 구성되어 있다. 제1부는 통합적인 관점에서 물류관리의 전체상을 다루며, 제2부는 물류원가관리의 혁신에 관한 것인데 여기에는 물류활동에 대한 원가계산, 예산관리, 의사결정분석 등이 포함되어 있다. 제3부는 전략적인 측면에서 물류원가관리를 파악하고 개선책을 제시하는 내용인데, 시간중심의 물류관리, CALS와 원가관리, JIT, 벤치마킹, 원가기획, 기타 전략적으로 실시되어야 하는 과제들을 다루고 있다.

이 책이 완성되기까지 실로 많은 분들의 도움이 있었다. 우선 원가관리와 물류관리에 종사하고 있는 실무자 여러분들에게 유형무형의 많은 도움을 받았다. 그 분들의 협조가 없었다면 이 책의 완성은 불가능했을 것이다.

동아대학교의 허성관 교수님으로부터는 평소 인간적인 격려와 더불어 연구측면에서도 많은 조언을 받는 등 은혜를 입은 바 크다. 애크론(Akron) 대학의 김일운 교수는 항상 새로운 정보를 제공해

준 데 대해 감사하며 앞으로도 공동연구가 계속되기를 바란다. 그리고 부산외대의 고경순 교수, 정우성 교수 등 많은 분들이 교정 및 방향제시를 해 주었으며, 기초자료수집과 분석에 협조해 준 이헌규 선생에게도 감사의 뜻을 전하고 싶다.

그리고 필자를 초청하여 원가관리라는 학문 분야의 시야를 넓혀 주고 연구자의 올바른 자세를 가르쳐준 고베(神戸) 대학의 고바야시(小林哲夫) 교수를 비롯하여 같은 대학의 다니(谷武幸) 교수와 관리회계연구회에 소속된 여러 선생들에게 깊은 감사를 드린다. 특히 가토(加登豊) 교수에게는 유용한 자료제공과 더불어 여러가지 신세를 졌으며 학문적으로도 많은 자극을 받고 있다.

끝으로 무언의 격려를 해 준 아내와 지원, 세원에게도 감사하며, 어려운 업계사정에도 불구하고 흔쾌히 출판을 수락해 주신 나병식 사장님과 편집과정에 수고를 해 준 담당자에게도 이 자리를 빌어 심심한 사의를 표한다.

1998년 2월
우암골에서
육 근 효

서문 / 이 책을 내면서 ···························· 4

제1부 통합물류관리시스템의 설계

1장 물류관리 패러다임의 전환
1. 물류관리의 새로운 패러다임·············· 15
2. 물류환경의 변화························· 18
3. 물류의 정의와 중요성··················· 21
4. 신물류(네오 로지스틱스)의 등장·········· 24
5. 물류의 사명 : 가치의 창조··············· 29

2장 공급연쇄 관리
1. 공급연쇄 개요·························· 35
2. 채널동맹을 통한 물류자원의 정렬········ 38
3. 공급연쇄의 최적화····················· 41

3장 고객서비스와 고객가치
1. 고객서비스···························· 47
2. 고객가치····························· 58
3. 맬컴 볼드리지 국가품질상··············· 70
4. 고객서비스와 고객만족의 실태··········· 76

4장 물류조직
1. 인적자원의 구조와 전개················· 81
2. 글로벌 물류를 위한 조직구성············ 87
3. 물류관련 조직의 실태·················· 89

제2부 물류원가관리의 혁신

5장 **물류비의 개념과 종류**
1. 물류비의 개념과 범위 ·················· 97
2. 물류비의 분류와 내용 ·················· 102

6장 **물류활동의 원가와 수익성분석**
1. 물류활동의 원가분석 ·················· 111
2. 물류활동의 수익성분석 ·················· 124

7장 **물류활동기준원가계산과 원가관리**
1. 물류활동기준원가계산 ·················· 141
2. 물류활동기준원가관리 ·················· 152

8장 **수송·보관의 원가관리**
1. 수송관리 ·················· 157
2. 수송의 경제와 가격결정 ·················· 161
3. 창고관리 ·················· 165
4. 통합이론에 의한 관리 ·················· 168

9장 **물류활동의 예산관리·원가관리**
1. 물류비 증대의 실태 ·················· 175
2. 물류비의 원가계산 ·················· 177
3. 물류비의 예산관리 ·················· 187
4. 물류활동의 의사결정분석 ·················· 194

10장 **물류업적의 측정과 평가**
1. 측정지표의 종류 ·················· 207
2. 업적평가의 단계 ·················· 213
3. 업적측정시스템의 개발 ·················· 217
4. 물류활동에 대한 업적측정의 실태 ······ 225

제3부 전략적 물류원가관리

11장 물류정보시스템과 원가관리
1. 정보기술과 정보시스템 ·················· 233
2. 정보기술과 원가정보시스템 ············· 238
3. CALS와 원가관리 ····················· 245
4. 물류정보화의 실태분석 ················· 257

12장 시간중심의 물류관리기법
1. 연속적 재고보충 프로그램 ·············· 263
2. 신속반응 ····························· 267
3. 효율적 소비자대응 ···················· 271
4. JIT 물류시스템 ······················· 277
5. 통과시간과 물류비 ···················· 288

13장 물류원가의 절감 방안
1. 통합관리에 의한 물류원가의 절감 ······· 297
2. 물류거점의 집중화 ···················· 299
3. 공동화에 의한 로지스틱스 원가전략 ····· 303
4. 재고관리에 의한 원가절감 ·············· 306
5. NPS에 의한 물류원가의 절감 ··········· 312

14장 전략적 물류원가관리
1. 원가기획 시스템과 전략적 제휴 ········· 317
2. 제약자원이론에 의거한 원가관리 ········ 325
3. 벤치마킹 ····························· 334

부록 기업 물류비 계산에 대한 지침

기업 물류비계산에 대한 지침

제1절 총칙 ·· 343
제2절 물류비계산 일반기준 ················· 346
제3절 물류비계산 간이기준 ················· 352
부칙 ··· 354

참고문헌 ·· 367

제 1 부 · 통합 물류관리시스템의 설계

- 물류관리 패러다임의 전환
- 공급연쇄 관리
- 고객서비스와 고객가치
- 물류조직

1장 물류관리 패러다임의 전환

1. 물류관리의 새로운 패러다임

1) 핵심성공요인

1980년대 이후 경영환경이 급변함으로써 기업경영의 최우선 목표가 기업가치의 극대화에서 고객만족으로 이행함에 따라 관리회계의 역할에 대한 인식전환도 불가피하게 되었다. 관리회계도 고객만족을 위한 핵심수단으로 인식하게 된 것이다. 즉, 전통적으로 기업내부의 의사결정에 중점을 두었던 관리회계가 기업외부에까지 그 영역을 확대할 필요가 있는 것으로 인식하고 이에 따라 원가관리(cost management)라는 새로운 사고로 전환하게 되었다. 원가관리는 "지속적으로 원가를 절감하고 통제하는 가운데 고객을 만족시키기 위해서 경영자가 취하는 모든 행동"(Horngren, Foster 및 Datar, 1994)으로 인식하게 되었다.

고객만족관점에서는 원가관리 영역이 기업의 대내외적인 모든 분야로 확대된다. 이들 영역은 <도표 1-1>로 요약할 수 있다.

〈도표 1-1〉 새롭게 대두되는 경영방식에서의 주요 주제

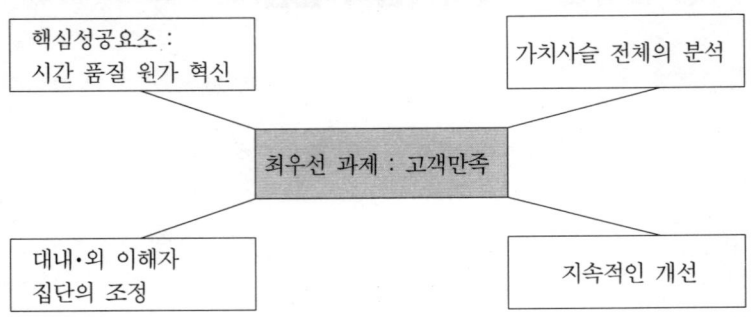

자료 : Horngren, Foster 및 Datar(1994), p. 6.

<도표 1-1>에서 보듯이 새로운 원가관리의 최우선 과제는 고객
만족이다. 고객만족을 위한 핵심적인 성공요소로는 시간, 품질, 원
가, 혁신을 들 수 있다. 시간은 모든 기업에 있어서 무엇보다 중요
한 자원으로 동일 업무를 수행하는 데 얼마나 시간을 효율적으로
사용하는가가 고객만족을 통한 기업성공을 결정하는 핵심이 될 것
이다. 제품개발기간, 업무처리시간, 고객에 대한 반응시간과 유휴시
간을 최대한 단축시키는 것이 시간관리이다. 물류에서 시간이란 주
문에서 소비자에게 전달되는 데까지 소요되는 리드타임이다.

품질은 고객이 기대한 제품인가를 결정하는 일차적 관건이다. 고
객들이 지속적으로 높은 수준을 요구하기 때문에 품질은 사람, 시
간과 함께 전략의 구체적 수단이다. 물류서비스 품질이란 주문상품
에 대한 결품 유무, 납품상품 차이, 희망 시각도달 확률 등이다.

2) 종합적 가치사슬 분석

가치사슬(value chain)이란 조직 내에서 제품과 서비스에 효용을

부가하는 경영기능들의 연속적인 배열이다. 가치사슬은 연구·개발, 설계, 생산, 마케팅, 물류, A/S로 구성된다. 고객만족은 이들 가치사슬의 특정 단계에만 관련되어 있지 않고 전 단계에 관련되어 있기 때문에 연구·개발부터 A/S까지 모든 단계가 고객만족을 위해 이루어져야 한다.

가치사슬에 포함되는 각 단계는 원가 인하와 차별화 기회를 제공하지만 가치사슬 내부에서의 연결관계를 최적화하고 조정하는 것도 경쟁 우위를 창출하는 원천이다. 그 모든 문제에 원가계산이 관계하고 있는 것은 아니나, 원가관리시스템을 통하여 가치 창조의 원천이 되는 각종 정보의 흐름을 창출함으로써 경쟁우위를 확보하는 정보시스템의 구축이 진행되어 간다고 생각할 수 있다(小林哲夫, 1993, p. 12).

확장된 가치사슬(extended value chain)에서는 부품 공급자와 같은 상류부문(upstream)들과 고객과 같은 하류부문(downstream)들을 종합적 가치사슬 분석에서 필수적인 부분으로 인식한다. 실제로 '고객만족이 출발점이다'라는 주제는 가치사슬에 포함되는 모든 부문에 대하여 폭넓은 시각을 갖는 것이 중요하다는 사실을 강조하는 것이다. 이와 같이 사내뿐만 아니라 사외까지 포함시킨 가치사슬의 개념을 특히 공급연쇄(supply chain)라고 부른다.

3) 이중 초점(내부/외부)과 지속적인 개선

경영자들은 내부환경과 외부환경 속에서 경영활동을 수행한다. 내부환경이란 개별 경영기능들에 관련된 물적·인적·정보적 측면과, 개별 경영기능들이 조정되는 방법 등을 말한다. 외부환경은 고객, 경쟁자, 공급자, 정부 등을 포함한다. 성공적인 기업이 되기 위해서는 내부환경과 외부환경의 변화에 신속히 대응해야 한다.

기업의 생존은 경쟁이 존재하는 한 동태적인 과정이다. 동태적인 과정에서 정지는 바로 퇴보를 의미하며 퇴보는 기업의 소멸을 의미한다. 따라서 지속적으로 개선해 나가야만 기업은 살아남는다. 개선은 최소한 경쟁업체의 개선수준보다 같거나 높아야 한다. 지속적인 개선은 고객만족을 위한 전제조건이며 대부분의 경우 원가관리가 핵심이다. 미국 Emerson 전자회사의 예에서 보는 바와 같이 매출 또는 이익과 같은 궁극적인 경영목표에 원가도 포함시켜야 하며, 원가가 부차적인 목표로 설정되면 대부분의 경우 지속적인 개선이 어렵게 된다(허성관, 1997, p. 18).

2. 물류환경의 변화

물류환경변화의 주요 요인은 고객의 품질과 서비스에 대한 기대수준의 증가, 기술정보의 혁신, 경쟁의 첨예화, 새로운 사업기회 대두 등이다(박재원, 1990). 이같은 환경요인은 물류기능이 고객주의 지향, 유연성, 혁신성, 효율성, 반응성과 같은 속성을 갖출 것을 요구한다. 그러므로 새로운 기업환경은 기업들에게 "전체 파이프라인의 효율(total pipeline efficiency)"에 최우선순위를 둔 물류합리화의 촉진을 유도하고 있다. 주요 물류환경의 변화를 국제환경차원과 국내환경차원으로 구분하여 살펴보면 다음과 같다.

1) 국제환경의 변화

첫째, 세계시장에서 다국적기업의 활동과 경제 블록화 현상(EC,

NAFTA 등)에 의하여 수평적 분업화 현상이 많이 나타나고 있다. 이러한 수평적 분업화로 기업은 공급자로부터 수요자에게 JIT(Just-in-Time) 개념에 따라 시간적, 공간적 간격을 물리적으로 극복하여 효용성이 증대된 상품을 제공하는 방안을 모색함으로써 기업의 경쟁적 우위를 확보하고 있다.

둘째, 과거와는 달리 세계 도처의 원자재 활용이 시장개방과 수송, 보관 수단의 발달에 기인하여 어디서든 획득 가능하게 되었다. 즉 자원의 세계화(global sourcing)가 이루어진 것이다. 그러므로 저렴한 원자재의 확보, 조달을 위해서 수송, 하역 등 물류의 여러 기능들이 중요해지는 것이다.

셋째, CALS(Commerce at Light Speed)와 같은 기술정보의 혁신이다. 70년대에 시작한 수·발주의 온라인화를 시발로 80년대에는 VAN(부가가치통신망)의 발달에 따라 EDI(Electronic Data Interchange) 시스템이 실현되었다. EDI는 수·발주에 관련되는 거래정보를 네트워크에 올림으로써 거래 전체를 합리화한다. 90년대의 CALS로 대표되는 전자 상거래는 기업계열, 국경, 법인, 개인의 벽을 초월한 개방형 상거래를 실현하고자 하고 있다.

그런 의미에서 기업계열 내, 또는 업계 내에 머문 기업간 제휴 시스템인 기존의 EDI와는 다르다. 다국적기업들의 범세계적인 네트워크의 완성은 물류의 효율적 관리를 기업의 중요한 전략으로 삼아 타 기업과의 경쟁에서 승리하려는 의도에서 그 중요성은 한 층 더 커지고 있다.

2) 국내 물류환경

최근 자료에 의하면 현재 우리나라의 물류상황은 물류시설의 부

족, 시설 운영의 비효율성, 복잡한 행정규제 등 시설·운영·제도의
모든 측면에서 물류 선진국에 비해 20여 년의 격차가 존재하는 물
류 후진국을 벗어나지 못하고 있는 실정이다. 이러한 물류부문의
후진성은 기업의 물류비 부담을 더욱 가중시켜 국가경쟁력을 약화
시키는 주요한 요인으로 작용하고 있다.

<도표 1-2>의 국가물류비 현황에 나타난 바와 같이 1994년 기
준 우리나라의 국가물류비는 총 43조원으로 국민총생산(GNP) 대비
15%, 총제조업매출액 대비 17%로서 1993년 제조업 매출액 대비
7%인 미국이나 11.3%인 일본과 비교하여 물류비 부담이 과중하다.

〈도표 1-2〉 국가물류비 현황　　　　　　　　　　　　　단위 : 10억원, %

구 분		1988	1989	1990	1991	1992	1993	1994
국가물류비(A)		17,176	20,197	23,363	30,902	33,753	38,308	43,200
제조업매출액(B)		110,802	118,188	154,040	183,261	199,722	226,644	255,400
국민총생산액(C)		126,231	141,066	171,488	206,026	238,705	263,861	287,200
물류비 비중	A/B	15.5	17.1	15.8	16.9	16.9	16.9	16.9
	A/C	13.6	14.3	14.2	15.0	14.1	14.5	15.0

자료 : 건설교통부, 국가경쟁력 강화를 위한 물류정책의 방향(1995. 7.).

이와 같은 과중한 물류비는 지난 10년간(1983~1993년) 물동량이
연평균 11.5% 증가하여 경제성장률 8.8%를 앞서 나가고 있는 데
반해, 교통기반시설 등 물류 관련 사회간접자본이 제 때에 확충되
지 못했고, 사회전반에 걸쳐 물류비에 대한 관심이 부족하였기 때
문이라고 할 수 있다. 우리나라의 총 물동량의 변화 추이를 살펴보
면, 경제규모의 확대에 따라 지난 10년간(1983~1993년) 3.4배가 증
가하였고, 향후 10년 내에 다시 2.5배 이상 증가할 전망이어서 정부

의 물류에 대한 관심과 물류 관련 사회간접자본에 대한 보다 적극
적인 투자가 요망되고 있다(대한상공회의소, 1995. 7.).

3. 물류의 정의와 중요성

1) 물류의 정의

미국물류관리협회(Council of Logistics Management)의 정의에 의
하면 물류(物流)란 "고객들의 욕구를 만족시킬 목적으로 공급시점에
서부터 소비지점까지 원재료, 부품, 완제품 및 정보의 흐름과 보관을
효과적으로 계획, 집행, 그리고 통제하는 과정"이라고 규정한다.

이 정의에는 두 가지의 개념 정리가 필요하다. 먼저 Physical
Distribution이라 불리는 물류개념은 공급자인 생산자가 소비자에
게 재화를 공급하는 과정만을 다루고 있는 반면에, 로지스틱스
(logistics)라 불리는 물류개념은 초기 단계의 경제활동인 원재료나
부품의 구매단계에서부터 생산단계를 거쳐 최종 소비자인 고객에
게까지 물자가 전달되는 과정을 총체적으로 다루고 있다.

즉, Physical Distribution 개념에서는 외적유통(outbound logis-
tics) 개념으로 이해되며, 로지스틱스 개념은 포터(M. E. Porter) 교
수의 내적유통(inbound logistics)과 생산 및 외적유통의 세 가지 분
야를 통합한 개념으로 이해된다. 그러므로 로지스틱스 개념이
Physical Distribution 개념보다 훨씬 확장된 범위를 다루고 있다.

최근에는 기업의 경영활동이 다양해지고, 환경문제가 주요 이슈
로 등장하면서 조달, 생산, 판매물류 뿐만 아니라 물품의 회수와 폐
기까지 주요 문제로 다루어져 물류의 범위가 더욱 확대되고 있다.

22

이와 같이 물류에 대한 정의를 종합해 보면, 물류는 기업 내에서 계획, 생산, 그리고 모든 물자의 통제에 대한 시스템적 접근을 의미한다. 또한 효과적이고 효율적인 물류관리는 최소의 비용으로 적기에, 적절한 장소에, 적절한 물자를 획득하고 소비자에게 전달함으로써 기업의 경쟁력 제고에 기여할 수 있는 경영분야이다. 그러므로 물류란 물자를 공급자로부터 수요자에게 이동시켜 가치를 창출하는 물리적인 경제활동이라고 할 수 있다.

2) 물류의 기능과 중요성

먼저 물류에는 생산과 소비의 장소적, 시간적, 수량적, 품질적, 가격적, 인적 거리를 조정하는 여섯 가지 기능을 가지고 있다. 이러한 여섯 가지 물류의 사회경제적 기능은 생산자에서 소비자에 이르는 과정에서 물류의 기능별 요인인 수송, 보관, 하역, 포장, 정보활동의 결합에 의하여 경제적 효과를 발휘하게 된다.

드러커(P. F. Drucker)는 물류분야를 가리켜 "경제의 암흑대륙"이라고 불렀으며, 파커(D. D. Parker)는 "비용절감을 위한 최후의 미개척 분야"라고 지적하였다. 일본에서도 물류를 "제 3의 이익원", "비용 절감의 보고", "암흑대륙"이라는 표현으로 사용하고 있다. 이것은 물류분야가 마케팅 믹스의 다른 분야에 비해 미개척 분야일 뿐만 아니라 아직까지 물류관리의 합리화와 효율화를 통해 물류비용을 대폭 절감할 수 있다는 것을 의미하며, 또한 이것은 실제로 매출증대와 제조원가를 절감한다는 뜻에서 제 3의 이윤원천이 되고 있음을 의미한다(湯淺和夫, 1982).

물류가 이와 같이 중요시되고 있는 원인은 여러 가지가 있으나 다음과 같이 요약할 수 있다(土井佐侑, 1986).

첫째, 물류는 마케팅의 절반을 차지하고 있다. 칸버스(P. D. Converse)는 "물류는 마케팅의 절반을 이루고 있다."고 주장하면서 물류를 마케팅의 중요한 요소로 취급하고 있다. 현대의 마케팅 실현은 종래의 고객조사, 가격정책, 판매 조직화, 광고 등에서 즉납(卽納)서비스(직배 시스템) 등과 같은 물리적 고객서비스가 요청되고 있어 마케팅에 있어 물류 역할이 크게 증대되고 있다는 점이다.

둘째, 물류는 판매기능을 촉진한다. 판매기능은 다음과 같은 물류의 이상기준(물류의 7R)을 완전히 수행할 때 비로소 달성된다. 즉 "적절한 상품(right commodity)을 적절한 품질(right quality)로써 적절한 양(right quantity)만큼 적절한 시기(right time)에 적절한 장소(right place)에 적절한 인상(right impression)을 주면서, 적절한 가격(right price)으로 소비자에게 전달하는 것"이 바로 그것이다.

셋째, 물류는 "제3의 이윤원천"이다. 제1의 이윤원천은 생산, 제2의 이윤원천은 판매라고 한다면 제3의 이윤원천은 물류라고 할 수 있다. 업종과 상품의 특성에 따라 차이는 있으나 물류비는 판매액에서 평균 20~30%라는 높은 구성 비율을 보여주기 때문이다.

넷째, 물류는 재고량을 감축시킨다. 재고관리는 기업경영에서 중요한 비중을 두고 있는데 재고가 많다는 것은 보관비가 증대되어 그만큼 자금면에서 압박을 받게 되고 또한 재고품의 진부화에 의해 손해율이 증가하게 되어 경영상 여러 가지 문제가 일어나게 된다. 물류의 합리화가 이룩되면 재고량이 감축되어 매출이 증가하고 기업이익에 기여하게 된다.

이와 같이 기업경영에서 물류의 역할은 매우 크다고 할 수 있으며, 물류문제를 경시하는 경영자는 시대에 낙후된 경영자로서 자격이 없다고 해도 과언이 아니다. 품질이나 가격면에서 차이가 없다면 이제는 물류부문에 의해서 기업의 승패가 좌우되는 경영환경에 직면하게 된 것이다.

4. 신물류(네오 로지스틱스)의 등장

1) 네오 로지스틱스의 특징

네오 로지스틱스(neo logistics)에서는 제조업, 도매업, 소매업 등한 기업의 로지스틱스가 아니고, 원재료 부품의 공급기업에서 최종소비자에게 이르기까지 공급사슬, 즉 공급연쇄 전체의 로지스틱스가 대상이다. 원가관리 면에서도 한 기업의 로지스틱스 원가의 관리에서 기업의 범위를 초월한 공급연쇄 전체의 로지스틱스 원가관리가 중요하게 되었다(Christopher, 1992, pp. 12~15). 네오 로지스틱스의 특징을 구체적으로 살펴보면 다음과 같다.

(1) 정보구사
처음부터 시스템의 발생이 정보력에 의한다고 한다면 시스템의운용에 있어서도 정보를 활용하는 것이 기본이 된다. 특히 로지스틱스와 같이 넓은 영역에서 전체의 시스템을 일관되게 하기 위해서는 무엇보다 정보의 공유가 기본이다. 이것이 전체 최적을 위한첫걸음이며, 그 중에서 정보구사를 지원하는 EDI/CALS가 로지스틱스 전개의 핵심이 된다.

(2) 라이프 사이클 지향
전체적인 물자흐름을 생각할 때, 순기능적인 결과를 낳기 위한시스템을 기본으로 삼고 동시에 전체 물자흐름에 관해서 부(-)의 결과에 대한 배려 및 그것을 처리하는 시스템을 추가하는 것이 필요하다. 이것이 라이프사이클 지향이다.

라이프사이클 지향이란 원료의 채취에서 생산, 물적유통, 사용 그리고 폐기/회수에 이르는 기능적 활동의 프로세스에 의해 구성되는 전체적인 물자흐름과 주(主) 프로세스에서 배출되는 폐품, 손모, 에너지, 가스, 도구(예를 들면 팰리트) 등을 더해, 모든 흐름을 폐쇄된 흐름(closed flow)으로 표현하고 이것을 기본으로 최적흐름을 통합하려는 노력이다.

(3) 고객만족 중시

로지스틱스에서는 물자의 공급사슬에서 연결되는 것은 파트너이며, 최종적인 소비자가 고객이 된다. 이러한 고객의 만족도를 어떻게 높이는가라는 목표가 로지스틱스의 기본이 된다.

특히 로지스틱스 서비스에서는 해당 서비스의 비용부담자와 서비스의 수혜자가 일치하지 않는 경우가 많다. 즉 물류기업이든 하주기업이든 로지스틱스 서비스의 공급주체는 화물의 발송하주(발송 부문) 과 수취하주(도착 부문) 쌍방의 만족을 높일 필요가 있다. 또한 로지스틱스 서비스 수준(또는 품질)과 비용(또는 요금)의 쌍방을 고려한 고객가치 개념의 도입 등이 필요하게 된다.

(4) 부분최적이 아니고 전체최적

1980년경까지의 생산주도 시대에는 생산과 영업만을 강조하는 부분최적이 도모되고 있었으나, 경영 기능들 사이의 정보 흐름이 원활하게 되면 당연히 전체 최적을 향한 노력이 이루어진다. 폐기·회수에 관한 정보가 상호 공유되어 상류와 하류 양방향으로 흐르게 되면 이것을 생각하는 제품설계 과정에서 각 부품을 해체

하기 쉽도록 요구하게 되고, 자원의 리사이클이 원활히 되도록 원
재료의 선택과 처리방법을 고려할 것이다.

(5) 경영전략과 합치된 전략의 중시

로지스틱스는 경영전략 그 자체를 포함하고 있다. 그 이유는 첫
째 글로벌 차원에서 전개하는 활동들을 포함하므로 광범위한 외부
정보를 집적해서 의사결정할 필요가 생기며, 둘째 물자흐름의 각
활동은 많은 기업에 의해 분담되므로 기업간의 협조에 의해 시스
템 전체의 활성을 보전하기 위한 교섭과 대응책이 중시되어야 한
다. 셋째 전체적 물자흐름의 계획, 관리, 실시는 경영전략 그 자체
이며, 로지스틱스에 의한 경영혁신은 대규모 투자와 리스크를 부담
한다. 넷째 로지스틱스는 장기적인 전망 하에 목표가 되는 시스템
을 책정하고 그것을 실현하는 노선도(road map)를 설계해서 실현한
다. 이것은 경영자의 관심사 그 자체이다. 이렇게 로지스틱스는 경
영전략 그 자체 또는 경영전략과 정합성을 갖는 전략에 따라 방향
이 결정되는 시스템이 기반으로 되어 있다.

(6) 환경과 리사이클링(recycling)의 중시

로지스틱스에 있어서 환경문제는 트럭수송으로 인한 진동, 대기
오염, 소음, 수송과 보관에 따르는 포장자재(골판지를 중심으로 한 집
합포장자재)의 폐기·회수의 문제, 빈 용기와 사용이 끝난 제품, 부
자재(일반적인 폐기로는 환경을 오염시킬 가능성이 있는 전지, 토너 용기
등)의 회수 등 로지스틱스에 직접 관련되는 환경문제도 많다.

앞으로는 리사이클링(recycling)에 관련되는 회수물류에 따르는
원가를 명시적으로 파악하여 이를 절감해 가는 것이 필요하다(中光
政, 1997).

(7) 이해관계자의 중시

지금까지 로지스틱스에 있어서 이해관계자나 제3자(stakeholder)라고 하면 하주기업, 착하주기업(하주의 거래처기업), 물류업자 등이었으나, 물류서비스 품질향상이나 환경문제의 고조 속에 로지스틱스에 종사하는 종업원의 직무만족이나 물류센터 인근주민과의 관계 등이 중요한 문제로 부각되고 있다. 즉 로지스틱스는 기본적으로 서비스이므로 로지스틱스 서비스의 제공자와 고객이 직접 접속하는 장면(service encounter)이 중요해진다는 것이다(Heskett 등, 1990, pp. 2~5).

(8) 통합화

통합화(integration)는 결합에서 더 나아간 진화의 단계이다. 기존시스템의 구조를 무너뜨리고 재편성한다는 의미이다. 공장과 부틱이 합쳐진 패션 공장 부틱이 이 통합화의 한 예이다. 빵 굽는 기계를 갖춘 빵의 판매점도 생산과 유통의 통합화이며, 다양화에 대응하기 위해 유통창고에서 퍼스널 컴퓨터를 조립하는 것도 통합화라고 할 수 있다.

지금까지 각각 분리되어 온 전통적인 프로세스는 상위의 로지스틱스 아래 통합됨으로써 새로운 모습을 나타내는 경우가 있다. 이것이 수직적 통합이다. 한편, 운수와 보관의 공동화는 수평적 통합화인데, 이것 역시 낡은 기업이라는 틀을 제거하는 것에서부터 시작한다. 또 제 3자(third party)라고 부르는 새로운 업태는 통합화를 전제로 등장하고 있다.

(9) 개별기업에 의해 구성되는 활동의 사슬

어떤 제품이나 서비스를 제공하는 물자의 흐름은 그 원재료의 원천에서부터 사용되고 회수되기까지 넓고 긴 활동의 사슬(supply chain)이므로 하나의 기업이 담당하는 것은 거의 불가능하다. 그것을 위해 여러 기업이 이 사슬을 분담한다. 이들 기업은 고객만족을 핵심으로 삼아 전체를 위한 일부로서 자율과 협조를 병행해서 활동한다.

이렇게 형성되는 전체는 마치 하나의 기업처럼 보이므로 가상기업(virtual corporation)으로 불리기도 한다. 서브 시스템을 담당하는 기업간의 연계는 유연하며, 적극적으로 자율이 촉구되고, 상호 파트너라는 것이 그 특징이다.

2) 로지스틱스 정의와 구성

정보력을 살려서 보다 넓은 범위에 관심을 갖고, 기본적으로 환경을 중시하며, 고객의 사용을 목적(시스템의 기능)으로 해서 특히 그 만족도를 높이는 것을 최종 목표로 삼는다. 이 때 전략적으로 시스템에 요구되는 것은 전체 최적과 경영전략이 합치되는 다양한 목표를 세우는 것이다.

오늘날의 환경 하에서는 재고삭감(실수요에 따른 공급)과 유연성이 중요한 목표로 강조되고 있다. 그러나 단 로지스틱스 고유의 일은 아니며, 시대 또는 기업에 따라 다른 목표가 중시될 수도 있다. 통합화된 물자의 흐름(조달, 생산, 물적유통, 사용, 폐기/회수) 전체가 시스템의 대상이 되지만 발전과정에서는 그 일부가 로지스틱스의 대상이 되는 것은 당연하다. 다만 언제나 시스템의 범위를 가능한 확장시켜야 하고 전체에 대한 관심이 요구된다. 이 구성은 <도표 1-3>에 나타나 있다.

이 그림에서 흐름의 프로세스를 구분하는 실선은, 각 기능간의

경계가 시대와 함께 벽이 낮아져 통합화되어 간다는 것을 보여주
고 있다. 로지스틱스는 차세대를 지향하는 경영혁신개념으로서 유
효하게 기능하는 것은 틀림없으나, 종래 시스템과는 다른 많은 문
제를 내포하고 있는 것도 사실이다. 그것을 뛰어넘어야 비로소 열
매를 맺을 수 있다.

〈도표 1-3〉 네오 로지스틱스 구성

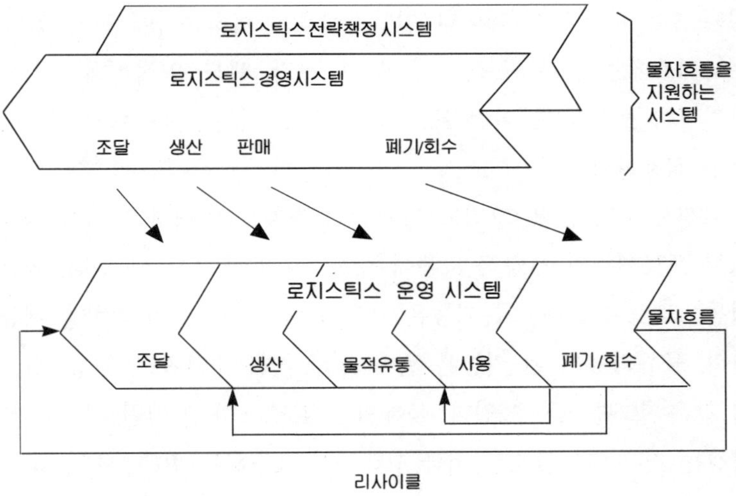

로지스틱스 전략책정 시스템

로지스틱스 경영시스템

조달   생산   판매   폐기/회수

물자흐름을
지원하는
시스템

로지스틱스 운영 시스템

조달   생산   물적유통   사용   폐기/회수

물자흐름

리사이클

자료 : 高橋輝男(1997), p. 24.

5. 물류의 사명 : 가치의 창조

Novack 등(1992)은 "물류는 가치를 달성함으로써 고객을 만족시
켜 주는 재화와 용역을 창출한다는 목표 하에 전략적 관리, 하부구
조 관리, 그리고 자원관리를 통해 기업과 개인 상호간 또는 각각에
서 시간, 장소, 수량, 형태, 그리고 소위 시설물을 창조하는 것"이라

고 정의했다.

이러한 정의에 의하면, 물류의 궁극적인 사명은 조직과 채널의 물류 프로세스에 의해 제공되는 가치의 창조를 통해 고객을 만족시키는 것이다. 물류가치를 창조하기 위해서 조직은 고객이 만족하는 수준에 이를 수 있는 가장 효율적인 방식으로 적절한 프로세스를 설계하고 그것을 실행하는 것이 필요하다. 그러한 프로세스의 효율적이고 효과적인 성과는 가치를 창조하기 위해 물류 채널에 있는 모든 조직들이 얼마나 기업정신을 발휘하는가에 달려 있다. 프로세스에는 전략, 구조, 가용 능력, 동작, 생산, 인적·재무적 의사결정이 포함된다. 이런 프로세스들은 조직과 물류 채널 양자에 모두 적용된다.

고객서비스, 품질, 그리고 가치간의 관계를 이해하기 위한 물류가치 프로세스의 개념적 모형이 <도표 1-4>에 나타나 있다. 물류 활동으로도 불리는 물류기능은 고객에 대한 서비스의 기반을 제공한다. 물류와 관련된 기능은 판매예측, 구매, 재고관리, 수송, 창고와 같은 형태를 들 수 있다. 물류의 프로세스 내에 이런 기능을 통합하는 것은 조직들로 하여금 고객들이 요구하는 형태, 시간, 장소, 소유물의 경제적 효용을 달성하는데 필요한 서비스 요구사항을 충족시켜 준다. 고객의 세부적인 요구에 부합함으로써 소위 기계적 품질, 또는 목표품질(objective quality)이 탄생하는 것이다. 인간적 품질 또는 인지된 품질(perceived quality)이란 것은 서비스의 수혜자가 예정된 요구수준이 충족되었다는 것을 인식할 때 창조된다(Saraph 등, 1989).

목표품질이 인지된 품질과 일치할 때 고객을 위한 가치가 창조된다. 창조된 가치를 물류관리자가 인식하는가의 여부를 검토하는 것은 중요하다. 왜냐하면 고객기대에 부합되는지, 그리고 서비스 제공의 변화가 필요한지를 확인하기 위해 기업의 통제 메커니즘에 대한 투입요소로서 사용되는 것이 바로 이러한 인식이기 때문이다. 특정한 거래에 대한 고객만족은 가치가 창조되었을 때 발생하며 그러므로 가치의 창조와 기업에 의해 측정되는 사후적인 만족은 매우 중요하다.

〈도표 1-4〉 서비스 제공에 대한 고객의 태도와 물류관리자 인식간의 관계

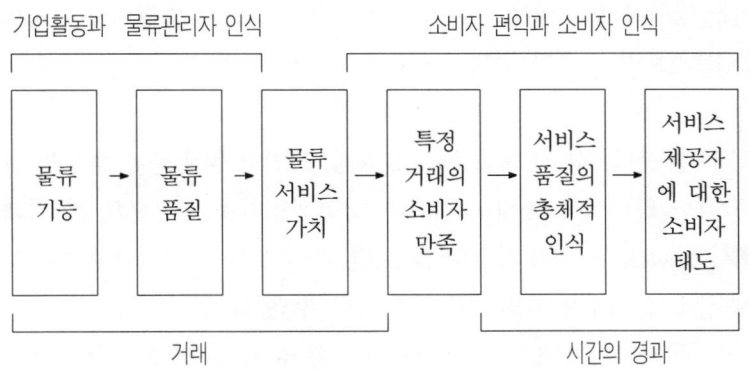

자료 : Novack 등(1995)에서 인용.

품질, 가치, 만족간의 관계는 특정한 거래관계가 된다고 가정되어 왔다. 시간의 경과에 따라 반복되는 만족 정도는 서비스 품질에 대한 총체적 인식으로 나타나게 된다(S. Ganesan, 1994). 이런 서비스 품질에 대한 총체적 인식이 궁극적으로 서비스 제공자에 대한 태도로 나타나고, 고객들의 참여를 가져온다. 이 태도는 긍정적이든 부정적이든 서비스 제공자와 고객간의 미래관계에 영향을 주는 것이다. 〈도표 1-4〉는 시간의 경과에 따라 서비스 제공에 대한 물류관리자와 고객의 태도 사이에 발생하는 내적·외적관계를 묘사하고 있다.

2) 물류가치 증진 방법

가치분석이란 제품이나 서비스가 기능의 집합체로 구성되어 있다는 사고에 근거해서, 물류의 가치를 물류기능으로부터 얻을 수 있는 효용(utility)과 당해 기능의 실현을 위한 원가(cost)의 함수로서 이해한다. 가치를 이렇게 해석하면 물류가치를 증진시키기 위해서는 가능한 한 물류비는 적게 들이면서 물류기능과 서비스는 높이는 방안을 모색해야 한다. 물류가치를 창조하고 증진시키는 방법을 살펴보면 다음과 같다.

(1) 물류가치는 물류효율성, 효과성, 그리고 차별화에 초점을 맞춘 강한 리더십을 통해 증진된다. 물류관리자를 대상으로 한 실태조사(Novack 등, 1994)의 결과를 보면, 강한 물류 리더십이 물류가치의 창조에 필수불가결하다는 것을 알 수 있다.

(2) 물류가치가 실현되기 위해서는 물류 프로세스의 성공가능성이 외부고객뿐만 아니라 조직 내의 다른 구성원에게도 인식되어야 한다. 보다 진보적인 기업에서는, 예를 들어, 제품 그 자체의 판매가능성과 마찬가지로 물류가능성도 이러한 고객들에게 많이 인식되고 있다. 본질적으로 이런 기업들은 물류에 의해 창조되는 가치는 그 자체를 파는 것이 아니고, 가치실현을 위해 성공가능성에 대한 마케팅이 필수적이라는 것을 인식하고 있다.

(3) 고객만족을 창조하는 기술은, 물류운영의 과학적 관리에 역점을 두고 있다. 물류업적과 고객만족간의 관계는 전통적으로 측정하기 어렵지만, 많은 기업에서는 물류운영비용, 물류서비스, 거래비용과 수익, 채널 만족 등을 측정하기 위해 상당수의 뛰어난 계량적 방법을 활용하고 있다.

(4) 물류가치는 내부와 외부 프로세스를 연결시키는 의사결정 목적을 위해 제품, 정보, 그리고 현금 흐름을 통합하는 능력을 통해서 증진된다. 최근에 주목을 받고 있는 효율적 소비자 대응(ECR)이라는 측면에서 볼 때, 오늘날 많은 기업들은 그들이 내부적·외부적으로 제품, 정보, 그리고 현금 흐름을 통합해야 한다는 것을 인식하고 있는 것이 분명하다.

이 테마는 의미있는 공급업자-고객의 관계가 물류가치를 창조하는 방향으로 내적·외적 프로세스를 연결시켜야 한다는 것을 강조하고 있다.

(5) 물류가치는 기업외부 뿐만 아니라 내부 책임소재를 강화함으로써 증진된다. 많은 우량기업에서 물류활동 그 자체만이 아니라 정보의 유용성, 그리고 총체적인 사업의 용이한 운영까지 포함하고 있다.

(6) 성공적인 물류조직은 그들 조직을 위한 내부가치와 공급업자 및 고객을 위한 외부가치를 창조하는 데 단일 초점을 두고 있다.

기업이 생존하고 발전하기 위해서는 제품가치가 가격보다 커야 하며 가격은 원가보다 커야 하는 기업의 생존부등식(가치>가격>원가)이 유지되어야 한다(윤석철, 1992). 이것을 물류관리 측면에서 보면, 물류서비스에 대해 고객이 인식하는 가치가 물류가격보다 커야 하며 물류가격수준은 물류원가보다 커야 한다고 볼 수 있다.

이런 생존부등식이 유지되지 못하는 현상이 바로 기업경영에 대한 새로운 도전이며, 깨어진 부등호를 원상으로 회복시키고자 하는 기업의 노력이 혁신이다. 결국 경영자와 관리자의 역할은 가치있는 물류 방안을 찾아서 제공하는 전략적인 역할과, 희소한 자원을 최대한 효율적으로 활용하는 소위 물류생산성 향상에 의한 물류원가의 절감으로 요약될 수 있다.

2장 공급연쇄 관리

1. 공급연쇄 개요

1) 공급연쇄 관리의 의의와 특징

사외(社外)의 가치사슬 관리인 공급연쇄(supply chain) 관리란 도대체 무엇인가. 『물류 공급연쇄 관리』의 저자 크리스토퍼(M. Christopher, 1992)는 공급연쇄란, "제품이나 서비스의 형태로 최종소비자에게 가치를 창출시키는 각종의 프로세스(process)나 활동을 실시하는 각 조직체를, 상류에서 하류까지 제휴시킨 네트워크"라고 정의하였다. 이 밖에 대표적인 공급연쇄의 정의를 정리해 보면 다음과 같다.

- 공급업자로부터 최종고객까지 유통채널의 전체흐름을 관리하는 통합철학이다(Cooper & Ellam).
- 공급업자로부터 고객까지 제품공급 파이프라인에 가치를 부가하는 순차적인 활동들을 관리하고 이해하는 전략적 개념이다

(Battaglia & Tyndall).
- 제품과 서비스를 효율적이고 효과적으로 생산하는 데 필요한 공급업자로부터 최종고객까지의 로지스틱스, 가공, 그리고 서비스 활동의 순차적인 흐름을 통합관리하는 것이다(Stenger & Coyle).

이 3가지 정의는 모두 원자재에서부터 최종 제품을 통해 물자의 흐름을 관리하고 조정하는 목적을 위해 공급연쇄의 기업간 경계를 잇는 성질을 나타내고 있다. 효율성과 효과성(부가가치)의 역할은 공급연쇄 전반에 걸쳐 중요하다. 실제 기업들이 실시하는 이런 네트워크의 조정과 통합은 방대한 과업이다. 성공적인 공급연쇄 관리는 제품, 정보, 현금과 같은 3가지 유형의 흐름 또는 프로세스의 통합과 관리에 의존한다. 대체로 제품은 순방향으로 한 쪽으로 흘러가지만 정보와 현금은 상류와 하류의 양쪽으로 흘러가는 성질을 갖고 있다.

이러한 공급연쇄의 특징을 살펴보면 다음과 같다.

(1) 공급연쇄 내의 각 가치 활동의 관리 책임을 기능 활동(구입, 제조, 물류, 판매 등)으로 분담시키지 않고, 공급연쇄 전체를 단 하나의 주체로서 관리한다.

(2) 전략적 의사결정이 요구되며 그 실시를 진행한다.

(3) 재고에 대한 사고 방식을 수정해, 재고를 처음부터 조정 수단으로 삼지 않고 마지막으로 나타나는 결과라 생각한다.

(4) 단순한 인터페이스(interface)가 아닌 기업 통합(integration)을 도모하는 새로운 접근이다.

예를 들어, 셔츠 유통의 경우에 셔츠 봉제업자의 상류에는 옷감을 만드는 방직업자가 있고, 하류에는 셔츠의 도매상이나 소매점이 있으며, 그 다음에 최종 소비자가 있다. 전통적으로 각 업자는 독립해서 영업을 하여 경쟁 관계에 있지만, 이들 업자가 상호 제휴해 네트워크를 조직하는 것이 공급연쇄이다. 각 업자는 독립하여 특정 업무에 대해서만 장기 계약을 맺을 뿐이며, 합병 주식 공유까지는 실시하지 않는다.

그 특징으로서는 ① 상류에서 하류까지 단일 흐름의 통일적 관리 ② 전략적 목적과의 연동성 ③ 부문간이나 조직간의 조정이 아닌 통합 시스템의 형성 ④ 재고를 전제로 하지 않고 원활하고 스피디한 흐름을 이룬다는 점에 있다고 할 수 있다(中田, 1996, p. 278).

2) 전통적 시스템과 공급연쇄의 비교

〈도표 2-1〉 전통적 시스템과 공급연쇄의 특성 비교

요 인	전 통 적	공 급 연 쇄
재고 관리	개별기업에 초점	파이프라인 조정
재고 흐름	방해받음	일관됨 / 가시적
원 가	개별기업 최소화	최종착륙원가
정 보	개별기업 통제	공유
위 험	개별기업에 초점	공유
계 획	개별기업에 초점	공급연쇄팀 접근
조직간관계	개별기업 최소원가에 초점	최종착륙원가에 초점을 둔 파트너쉽

자료 : Ellam & Cooper(1993).

공급연쇄관리의 주요 특징(도전) 중의 하나는 안전여유재고를 구축하거나 또는 최적이 아닌 파이프라인에서 일어날 수 있는 불확실성을 최소화하고, 전체 파이프라인에 있어 재고의 가시성(visibility)을 유지하는 것이다. 이런 점에서 공급연쇄의 기본 특징을 전통적인 개별기업 중심의 물류시스템과 비교해 보는 것은 유용하다(<도표 2-1> 참조).

먼저 재고에 대해서 보면 과거에는 공급연쇄상에서 가장 영향력이 큰 곳에서 재고의 흐름을 주도해 왔으나, 공급연쇄에서는 파이프라인 전체를 조정하면서 재고의 흐름이 막히지 않고 재고수준에 관한 정보를 상호 제공함으로써 재고의 흐름이 가시화될 수 있다.

그리고 정보와 위험도 과거에는 각 개별 주체별로 실시되었으나 공급연쇄 시스템에서는 서로 공유된다. 원가도 기존 시스템에서는 모든 조직이 다른 조직과는 관계없이 독립적으로 원가최소화를 추구해 왔으나 공급연쇄 하에서는 최초구매가격, 운송비용, 재고비용, 그리고 기타비용을 포함하여 상류와 하류를 연결시키는, 즉 최종소비자의 손에 제품과 서비스 형태의 가치를 전달하는 데 들어가는 최종적인 총원가(이것을 착륙원가라고도 한다)를 최소화시키는 것이 목적이다. 계획에 있어서도 전략적 제휴와 파트너쉽과 같은 새로운 조직관계가 나타나는데, 이러한 관계에는 공급업, 운송업자, 채널구성원, 그리고 제3자 공급업자 등이 포함된다(Coyle 등, 1996, pp. 9~10).

2. 채널동맹을 통한 물류자원의 정렬

채널동맹은 경쟁적 우위를 획득하는 강력한 수단이 될 수 있다. 식품산업에서는 1990년대 초기부터 효율적 소비자 대응(Efficient Consumer Response : ECR)에 폭넓은 관심을 둔 결과로 효과적인 동맹관계를 개발하고 있다.

공급망 동맹은 수직적 통합의 현대적인 상대개념이다. 그러나 현

대의 동맹에 있어서, 협동과 정보공유는 필요한 경쟁력 강화를 달
성하기 위한 수단으로서 소유권 대신에 사용된다. 동맹이 세계적
물류에 어떻게 적합한가를 보다 잘 이해하기 위해 ①전략적 의도
②기업간 확장 ③지렛대 작용(leveraging)의 세 가지 동인을 검토하
고자 한다. 다음의 논의는 물류우위를 달성할 수 있는 구조로서 공
급망을 개념적으로 고찰해 보는 것이다(Global Logistics Research
Team, 1995).

1) 전략적 의도

  동맹개발을 위해 가장 필요한 기본사항은 양립할 수 있고 상호
보완적인 파트너의 전략적 의도이다. 서비스에 관련된 경쟁력인 내
부 프로세스 통합과 부분적 물류는 동맹을 강화하고자 하는 기업
간에 양립될 수 있어야 한다. 이런 주요 전략적 동인에 대한 공통서
약이 존재하지 않으면, 협동을 강화하기 위한 운용에 둘, 또는 그
이상의 기업이 참가하는 것은 불가능하다. 이 기본사항을 나타내기
위해 전통적 유통경로와 여기서 묘사하는 공급망동맹을 차별화하
는 것이 유용하다. 동맹은 소유의 위험 없이 결합 시너지와 기획의
장점을 제공해 준다.

2) 조직간 확장

  세계수준 물류의 통합부분은 공급망동맹을 통해 내부 프로세스
통합을 확장하는 것이다. 그들의 충분한 잠재력을 달성하기 위한
동맹을 위해서는, 보다 강력한 파트너에 의해 재고책임을 떠넘기기
위한 수단으로서 단순한 말장난 서비스가 되어서는 안 된다. 만일

공급망 참가자가 조직간 상충관계(trade-off)의 고려 없이 내부 기능적 프로세스를 통합한다면 동맹의 기본적 장점은 상실될 것이다.

요약하면 조직간 관계를 확대하기 위해 기업들은 전체 공급망의 향상을 위한 기존의 대상과 방식을 개선해야 한다. 자연적으로 그러한 이상적인 약정을 맺기 위해서는 위험과 이득의 분담을 조정하기 위한 세부적인 규칙이 필요하다.

3) 지렛대 작용

공급망 동맹과 전형적인 구매자-판매자 관계 사이를 구별하는 적절한 관점은 참가자의 숫자이다. 공급망의 맥락에서 활동적 동맹 참가자의 수는 3개, 또는 4개이다. 3개, 또는 그 이상의 기업이 협동하지 않는 한 공급망은 강력한 두 당사자인 구매자-판매자간의 거래 중심으로 관리가 이루어질 것이다.

시장 지배력(market power)을 만드는 일반적 기초는 브랜드와 상점 양쪽의 매력 또는 애호도이다. 이러한 시장지배력의 두 원천은 상호 대립적 또는 보완적인 위치가 될 수 있다. 보완적 균형은 시장지배력이 공급망 연합의 지원으로 강화된다는 것을 의미한다.

시장지배력이 공급망 동맹의 기본이지만 다른 형태의 기술과 가용능력 또한 동맹을 형성하기 위한 서비스 공급업자, 자재, 구성요소를 촉진시킨다. 전형적으로 이런 보충적 파워는 브랜드와 상점에 관련된 시장지배력을 강화하는 지식, 자원기반, 전문성, 관계, 기타 기술로부터 나온다. 공급망 동맹의 강화는 기본적 시장지배력을 확대하거나 생산성과 효율성을 증진시키는 데 이바지하게 된다.

3. 공급연쇄의 최적화

1) 최적화의 개념

Kearney(1984)가 개발한 보다 상세한 모형이 <도표 2-2>에 나타나 있다. 이 그림에서는 최종소비자를 향해 2차 공급업자(supplier's supplier)까지 포함시켜 재화와 용역을 함께 구입·가공·배송하는 기업 그룹의 완전한 연계를 보여주고 있다. 또한 서비스를 받게 되는 시장의 요구사항을 예측하고 대응하기 위해서는 네트워크를 통해 새로운 설계를 구축할 필요가 있다는 것을 강조한다. 물류 최적화를 달성하는 데 핵심이 되는 요인은 네트워크 구성원간에 간편하면서 정확하게 전달되는 정보흐름을 창출하고, 최종고객이 크게 만족하는 효율적이고 효과적인 제품의 제작과 이동이다.

〈도표 2-2〉 공급망 모형

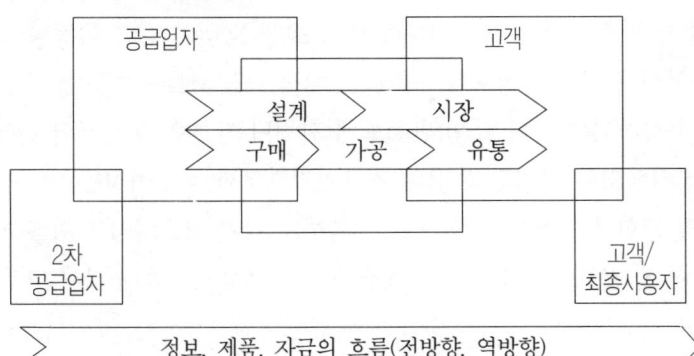

자료 : Kearney(1994)에서 인용.

최적화의 기본사상은 해당 기업을 21세기에 승자가 될 수 있는 조직들과 함께 정렬해서 육성하는 것이다. 공급망의 최적화 노력은 이런 핵심 그룹과 함께 시작해야 하는데, 이런 기간요원적인 중요 실체를 주요공급업자 또는 전략적 공급원으로 간주한다.

만일 공급망의 최적화가 실제로 이루어진다면, 전통적 공급 네트워크에 스며 있는 기본사상은 개념의 변화가 생기게 된다. 기본적으로 구매자 대 판매자의 개념에서, 최대 효과를 가지는 고객 중심의 실질적인 네트워크를 만들어 내는 개념으로 바뀌는 것이다. 모든 사슬에 걸친 구성원들이 동일한 조직 목적을 가지는 공급 시스템을 구축하고자 노력할 때 이러한 네트워크를 구축할 수 있다 (Poirier & Reiter, 1996).

공급망의 실제 운영에서 얻어진 정보로 모든 구성원이 적시에 데이터를 공유하는 것은 협동적 노력에 대한 연료를 제공하는 것과 같다. 공급망 위에서 서로 다른 조직의 희생을 요구하는 지역 최적화보다, 새로 설계된 네트워크가 포괄적인 사업전략에 대해 협정된 방식으로 운영될 때 비로소 정교한 정보기술은 가치가 있는 것이다.

공급망 최적화는 허구가 아니다. 실제로 많은 성공사례가 보고되고 있다. 필요한 것은 동맹관계에 있는 모든 멤버와 함께 특정한 시장을 위해 동일한 목적으로 구축한 체계적 공급 네트워크를 통해 자원을 집합시키는 일이다. 만일 선두에 선 기업이 자신의 상류와 하류 쪽에 있는 모든 조직들을 상호 작용시킴으로써 이루어지는 발전을 과거의 경험과 결합할 수 있으면, 지금까지 각자 격리되어 노력을 기울여 왔던 것보다는 최적화를 성공시킬 수 있는 기회가 많아진다.

2) 최적화의 추구

전통적인 공급망 네트워크는 큰 변화를 겪고 있다. 시장이 역전되어 소매자가 더 큰 통제권을 가지게 됨으로써, 소비자 선호와 부합하는 공급 시스템을 통해 제품을 가져오는 방식과 총매장의 효과적인 사용으로 관심사가 바뀌게 되었다. 현재는 단순히 소매상으로 상품을 밀어내는 방식 대신에 공급망에 있는 기업들은 무엇을 구입할 것이며, 공급망을 통해 무엇이 흡수되어 진열되어야 하는가를 결정하여 최종소비자에게 대처를 해야 하는 시점이다.

이런 변화는 전통적인 공급망상의 모든 조직에 새로운 압력을 증가시켰다. 고객을 유지하기 위해 노력하는 소매업자는 원가절감에 초점을 맞추고 있으며, 제조업자가 배송에 들어가는 전통적 비용을 부담하기를 원하고 있다. 제조업자는 이윤을 확보하기 위해 고객과 더불어 하류쪽으로 공유할 수 있는 잠재적 개선책을 찾고, 상류쪽으로는 자신들에게 공급하는 업체로부터 양보를 구한다. 이러한 노력의 열매는 최종소비자에게 끊임없이 전달되기 때문에, 공급망과 그 구성원들은 제로섬(zero-sum) 게임에 참여하게 되는 위험을 감수한다. 보다 바람직한 시스템은 공급망의 모든 멤버가 상호 공유할 수 있는 시스템 전체의 이득을 추구하는 것이다.

3) 기업간 해결방안

전통적 시스템으로부터 잠재적 이득을 얻을 수 있다는 인식과 공급망운영을 이해함으로써 실제로 이득을 실현할 수 있는 특정한 모형을 살펴보기로 한다. 여기에서의 모형이 다른 것과 구별되는 점은 전통적인 3단계 모형이 아니라 4단계라는 것이다.

3단계 모형은 일반적으로 제조업자로부터 배송을 통하여 소매업체까지의 공급망에 초점을 맞추고 있다. 이러한 모형에 있어 실제로 대부분의 실행은 공급망의 두 분야에서만 한 쌍으로 달성되어 왔다. 예를 들어 어떤 조직은 제조와 창고, 또는 유통센터 시스템간의 개선에 치중함으로써 상당한 발전을 했으며, 이 경우에는 최소의 노력으로 시스템을 통해 대규모 수량을 이동시키는 절차가 개발되고 재고가 감소하였다. 문서작업과 트럭활용의 개선이 이루어졌고, 크로스 독(cross-docking)[1]을 사용하도록 시설공유에 대한 특별약정이 체결되었다.

또다른 기업에서는 유통센터와 상점간의 개선에 치중하였다. 여기에서의 성공여부는 사이클 타임의 단축과 보유상품의 축소 정도에 의해 측정되었다. 이러한 행동에서는 상점이 일차적으로 우선권을 갖게 되는데 왜냐하면 상점 뒤쪽의 공간을 축소시키고 매장면적을 확대해서 보다 많은 상품을 진열하고자 하는 욕구 때문이다. 몇몇 기업은 특히 구매주문과 전표 등의 서류작업을 없애고 EDI를 사용하여 예측오차를 줄임으로써 발전하게 되었다.

3단계 개선모형은 제조업자, 유통업자, 상점 또는 소매업자 간에 존재하는 잠재적인 발전에 초점을 맞추고 있으나, 이러한 구성원들의 상류에 위치하는 주요 조직을 포착하지 못하는 위험에 처하게 된다. 4단계 모형은 제조업자에게 미치는 공급업자의 관계 또는 공급업자에게 서브하는 1차 공급업자의 관계까지 포함한다. 이 개념을 적용하면 지나치게 긴 사슬을 형성하는 대량의 공급업자가 포함된다고 생각되지만 그것은 불필요하다. 실제로 현장연구에서 검토한 기업들은 대부분 5~10개 공급업자가 납입비용의 75~80%를 차지하고 있었다. 본 모형은 이런 소수의 전략적 공급업자와 더불어 시작한다.

<도표 2-3>에서와 같이 4단계 모형은 최종 고객의 소비를 위해 이와 같은 공급업자로부터 제조업자, 유통 그리고 마지막으로 소매

---

1) 저장 비용을 없애기 위해 하역 또는 수취하는 독(dock)에서 선적하는 것으로 화물을 직접, 바로 이동시키는 시설을 말한다.

업자에게로 진행하고 있다.

〈도표 2-3〉 공급망 데이터 관리

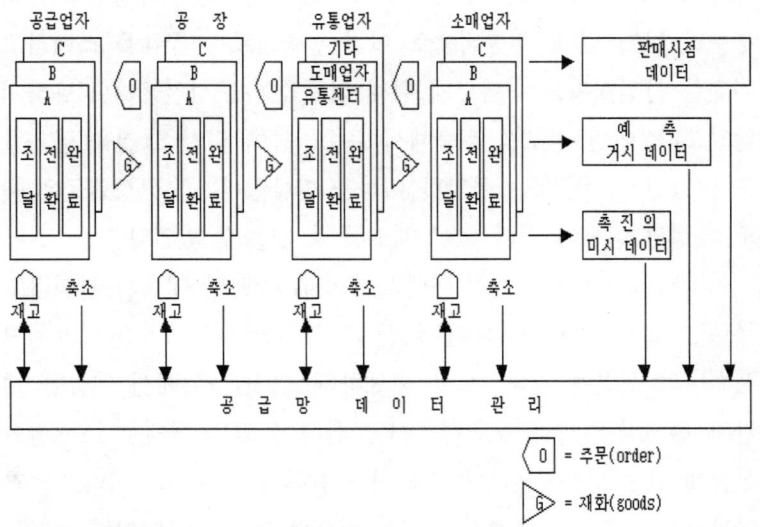

자료 : Poitier & Reiter(1996).

　서비스 환경에서 1차 공급업자는 최종 소비자에게 서비스를 창출할 수 있도록 서비스 조직을 향해 형태, 소프트웨어, 시설, 인적자원, 그리고 기술적 도구를 제공해 주는 기업에게 자재를 공급한다. 이런 모형은 시스템을 조정하는 주요 정보가 실제 구매상태를 스캐닝함으로써 나오는 판매시점(Point of Sale : POS)정보가 되어야 한다는 것을 의미한다. 이런 데이터는 공급 시스템에서는 어디에서나 전통적으로 실행하고 있는 각종 예측과 결합된다. 이러한 데이터를 거시적 추세라고 부르는데, 이것은 역사적 정보로부터 추출되며 당기의 구매 주문에 사용된다.

　미시적 추세는 광고, 특별판촉행사 그리고 그 결과로부터 도출되는데, 현재 필요한 상품량보다 상하로 오차가 나기도 한다. 이런 미시적 추세를 포착하는 것은 제조 일정을 계획하고, 실제 필요량을 보충하기 위해 만들어진 시스템에서는 매우 가치가 있다.

서비스업계의 경우 호텔과 리조트 패키지와 같은 특별한 판촉의 경우가 많이 있다. 전통적으로 이런 판촉정보는 공급을 조정하고 적절한 사전계획을 수립하기 위해 상류쪽의 구성원들과 공유하지 않았으나, 이런 정보를 추출해서 유통기능에 앞서 그것을 공유할 수 있었던 기업에서는 상당한 이득을 만들었다. 즉 구성원들은 제조 일정의 변동이 거의 없이 재고를 축소할 수 있었다.

이상과 같은 세 조각의 데이터는 소위 공급망 데이터 관리라고 부르는 모형 내에 축적되며, 이런 데이터 창고가 기업간 네트워크 시스템의 성공에 절대적으로 중요하다. 그것은 위에서 언급한 세 가지 원천의 정보를 포함하면서 호환성이 있는 형태로 소매점의 상류에 있는 당사자들에게 접근이 가능해야 하기 때문이다. 즉 각 당사자가 필요한 품목뿐만 아니라 필요한 보충이 무엇인지 분명히 이해할 수 있어야 네트워크 멤버로 하여금 최저수준의 재고를 유지하면서 최종 사용자의 요구를 만족시키는 보충활동을 개시할 수 있다.

3장 고객서비스와 고객가치

1. 고객서비스

1) 로지스틱스와 마케팅의 접점

로지스틱스와 마케팅 사이의 주요 연결고리는 고객서비스라는 것을 인식해야 한다. 제조부문이 양질의 제품을 적정한 원가에 만들고 마케팅 부문에서 그것을 판매할 수 있어도, 약속된 시간과 지점에 운송되지 않으면 소비자는 실망하게 된다. 즉 마케팅 능력을 발휘해서 고안한 제품을, 소재의 조달에서부터 생산 그리고 완성된 제품을 고객이 원하는 시기에 원하는 양을 원하는 장소에 제공한다는 로지스틱스로서의 물류로 차별화해야 한다는 것이다.

<도표 3-1>은 마케팅과 로지스틱스 간의 접점에서 고객서비스의 전통적인 역할을 나타내고 있다. 이러한 관계는 유통망의 결정과 관련된 고객서비스의 제공수준에서 확연히 드러난다. 이러한 의미에서 로지스틱스는 마케팅에서 지시하는 대로 주어진 일련의 서비스 수준 내에서 다양한 로지스틱스 활동들의 총원가를 최소화하는 데 기초를 둔 정적인 역할을 한다(Coyle 등, 1995, p. 109).

48

〈도표 3-1〉 로지스틱스와 마케팅의 전통적 접점

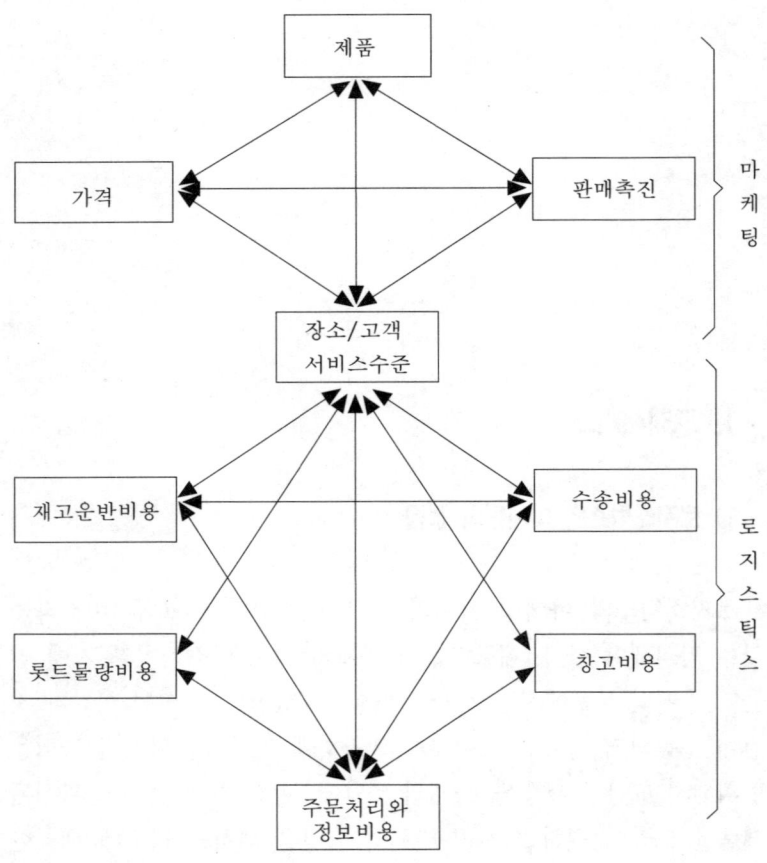

주) 1. 마케팅 목적 : 기업의 장기수익성을 극대화하기 위한 마케팅 믹스에 자원
을 배분한다.
2. 로지스틱스 목적 : 고객서비스를 목적으로 총원가를 최소화한다.
3. 총원가 = 수송비용＋창고비용＋주문처리와 정보비용＋롯트 물량비용＋재
고운반비용.

자료 : Douglas M. Lambert(1976).

전통적인 관점에서 보면 고객서비스의 수준을 올리면 자동적으로 로지스틱스 원가가 올라가게 되는 상반관계(trade-off)가 성립된다. 그러나 경쟁적 우위를 창조하고 유지하기 위해 로지스틱스 공급연쇄의 부가가치적 역할을 인식하는 동적인 시스템을 채택하게 되면 로지스틱스의 상대적인 원가를 줄일 수 있다. 이 새로운 관점은 효율성과 효과성 양쪽을 개선하기 위해 고객서비스의 부가가치적 역할을 강조하는 것이다.

2) 고객서비스의 정의

서비스를 포괄적으로 생각해 보면 다음과 같이 물류 서비스를 원점으로 하여 고객서비스, 마케팅 서비스, 그리고 광의의 서비스를 형성하는 확장 개념이라는 것을 알 수 있다.

서비스 〉 마케팅 서비스 〉 고객서비스 〉 물류 서비스

여기서 물류 서비스는 로지스틱스 시스템 안에서 보관이나 포장, 수송, 유통가공 등과 같은 요소 활동과 관련하여 만들어지는 고유의 기능적인 서비스를 가리킨다. 고객서비스는 구매, 제조, 제조지원, 물류를 통합하는 로지스틱스 시스템 전체가 만들어 내는 서비스를 말한다. 고객서비스가 바로 로지스틱스 서비스인 것이다. 그리고 마케팅 믹스의 4P인 제품(product), 가격(price), 장소(place), 판매촉진(promotion)을 통합한 마케팅 시스템이 창출하는 서비스가 마케팅 서비스이다.

고객서비스는 다양하게 정의할 수 있으나, 단순히 기업이 자사제품이나 서비스 구입자에게 제공하는 어떤 것이라고 할 수 있다. 이

개념이 점차 구매 이후에도 소비자의 부가가치를 확대시켜 주는 로지스틱스 고객서비스의 방향으로 나아가고 있다.

여기에는 설치, 제품보증, 애프터서비스 등이 포함된다. 이런 사고방식에 따르면 기업들은 최상위 수준의 로지스틱스 고객서비스를 제공함으로써 경쟁우위를 달성할 수 있다. 중요한 사실은 고객서비스가 로지스틱스 영역을 벗어난 지점까지 미친다는 개념이라는 것을 인식하는 것이다.

가장 최근에는 고객만족 뿐만 아니라 고객이 그 조직의 목적을 성공적으로 완수했다고 인식하는 성취감까지 기업에 의해 제공되는 서비스와 연계되어야 한다는 고객성공(customer success)의 개념이 소개되고 있다(Novack, 1996, p. 34).

고객서비스라는 용어는 매우 다양하게 사용되고 있으므로 단정적인 정의는 내릴 수 없으나, 다음과 같은 세 가지 측면에서 고찰할 수 있다(LaLonde, 1985, p. 243).

(1) 활동으로서의 고객서비스

이 수준은 주문처리, 송장발송, 반품, 클레임 등과 같이 기업이 고객의 니즈를 만족시키기 위해 달성해야 하는 과업으로서 고객서비스를 취급하는 것이다.

(2) 업적척도로서의 고객서비스

이 수준은 적시배송율, 주어진 시간 내의 주문처리 숫자와 달성율과 같은 특정 업적척도와 관련하여 고객서비스를 강조하는 것이다.

(3) 철학으로서의 고객서비스

이 수준은 최상의 고객서비스를 통하여 고객만족을 제공하도록 전사적으로 확대하여 고객서비스를 향상시키는 것이다.

이와 같이 기업 내에서 고객서비스의 역할을 확대하면, 고객서비스의 정의는 다음과 같이 내릴 수 있다. "고객서비스는 최종 고객에게 총가치를 극대화하기 위해 공급연쇄에 이득을 부가하고 경쟁적 우위를 제공하기 위한 프로세스이다."

3) 고객서비스의 요소

고객서비스는 기업에 대해 다기능적인 관점을 가지지만, 전통적으로 고객서비스는 로지스틱스 기능의 관점에서 시간, 의존성(dependability), 커뮤니케이션 그리고 편의성과 같은 4가지 부류로 검토된다. 여기에서는 이러한 요소들이 구매와 판매기업 양자의 원가중심점(cost center)에 미치는 영향을 살펴보기로 한다(Coyle 등, 1996).

(1) 시간
시간요인은 판매자의 입장에서 통상 주문 사이클타임이 관심사이지만, 구매자의 입장에서는 리드타임, 또는 재고보충시간과 관련이 있다. 오늘날 성공적인 로지스틱스 운영실태를 보면 주문처리, 주문준비, 주문선적 등을 포함하는 기본적인 리드타임 요소에 대한 통제수준이 매우 높다. 주문 사이클의 기간이 합리적이고 일정한 주기를 가지도록 활동을 효과적으로 관리함으로써, 판매기업은 소비자에게 제공하는 고객서비스 수준을 개선할 수 있다.

(2) 의존성
어떤 고객들에게는 의존성이 리드타임보다 더 중요할 수도 있다.

고객은 만일 리드타임이 고정되어 있다면 재고수준을 최소화할 수 있다. 예를 들면 리드타임이 100% 확실하게 10일이라는 것을 아는 고객은 10일 동안의 평균수요(사용)에 대처하도록 재고수준을 조정하고, 리드타임의 변동으로 인한 품절(재고부족)에 대비하기 위해 안전재고를 가질 필요도 없게 된다.

(3) 커뮤니케이션

주문충족(order filling)에 중요한 두 가지 로지스틱스 활동은 주문이행 부서에 고객주문 정보를 전달하는 것과 주문품목을 재고로부터 피킹하는 실질적인 과정이다. 주문정보 단계에 있어 전자문서교환(EDI)을 사용하기 위해서는 주문에서부터 창고수취까지 주문정보를 코드 번호 등을 사용하여 제품 식별을 단순화해야 한다. EDI와 바코드 시스템을 결합하면 판매자의 서비스도 개선되고 원가도 절감될 뿐만 아니라 대부분의 로지스틱스 기능도 개선할 수 있다.

(4) 편의성

편의성(convenience)은 로지스틱스 서비스 수준이 유연해야 한다는 것을 말해 주는 표현이다. 즉 편의성은 고객의 상이한 요구사항을 인식하는 것이다. 판매자는 일반적으로 고객의 규모, 마켓 영역, 소비자가 구매하는 제품 종류와 같은 요인에 따라 고객의 요구사항을 그룹별로 분류할 수 있다. 이런 그룹별 구분 또는 시장세분화는 로지스틱스 관리자들이 고객서비스의 요구사항을 인식하고, 또한 가능한 한 경제적으로 그러한 수요를 총족시키고자 하는 노력에 도움이 된다.

극단적으로 말하면 각 개별 고객별로 특정한 서비스 수준을 제공하는 것이 고객의 편의성에 대한 요구를 만족시켜 주게 되지만, 이것은 현실적으로 불가능하다. 그러므로 기업은 각각의 특정한 상황별로 서비스 수준과 이에 관련된 비용과 이득(판매와 이익의 증진 또는 상실된 이익의 제거)간의 상반관계(trade-off)를 면밀히 검토해야만 한다.

4) 고객서비스의 업적측정

이상과 같은 4가지의 고객서비스 요소는 로지스틱스 영역에서 고객서비스에 대한 업적의 표준을 구축하는 기준도 제공한다. <도표 3-2>는 이런 4가지 요소를 업적측정 표준과 고객서비스 정책을 개발하는 기업에서 사용해 온 양식으로 확장한 것이다.

지금까지 사용되어 온 전통적인 업적척도는 다음과 같이 기술할 수 있다. 전형적으로 이런 척도는 판매자의 입장에서 기술되는데, 예를 들면 정시주문선적, 주문선적 또는 주문 접수시의 제품가용성, 주문준비시간 등이 있다.

고객서비스에 대한 새로운 공급연쇄는 보다 많은 엄격한 업적의 표준을 초래하게 된다. 업적척도는 고객의 관점에서 다음과 같이 기술된다.

- 정시주문접수
- 접수된 주문의 완료
- 접수된 주문의 손상 없음
- 정확하게 충족된 주문
- 정확하게 작성된(계산된) 주문

〈도표 3-2〉 고객서비스의 요인과 척도

요 소	요 약 설 명	전통적 측정단위
제품 가용성	고객서비스의 가장 일반적 척도, 통상 어떤 기초단위(주문, 제품, 금액)에서의 재고(목 표업적수준)의 비율로 정의된다.	기초단위의 가용성%
주문 사이클 타임	주문시점에서 주문수취까지의 경과시간. 통상 표준 또는 목표 주문 사이클로부터의 변동치와 시간단위로 측정된다. 특히 제품가용성과 주문사이클타임은 1가지 표준으로 결합되는 수가 많다. 예를 들어 "10일 내에 주문인도의 92%."	스피드와 일관성
유통 시스템 유동성	고객의 예기치 않거나 특별한 주문에 대처 하는 시스템의 능력. 급송과 대체 능력을 포함한다.	특별요청에 대한 대응시간
유통 시스템 정보	고객의 정보요청에 적시에 정확하게 대처하 는 기업의 정보시스템 능력.	스피드, 정확성, 그리고 대응의 상세한 메시지
유통 시스템 기능 불량	유통 시스템의 악성기능(청구, 선적, 손상, 클레임 등)으로부터 회복하는 데 필요한 시 간과 절차의 효율성.	대응과 회복시 간 요구사항
판매 후 제품 지원	기술적 정보, 예비부품, 장비수정을 포함한 배송 후에 제품지원을 제공하는 효율성.	대응시간, 반응품질

자료 : B. J. LaLonde(1985), p. 244.

5) 고객서비스 중심의 물류전략

이 장의 앞부분에서 우리는 고객서비스 및 우선순위는 경쟁지표
에 대한 성과와 마찬가지로 측정될 수 있다는 것을 살펴보았다. 이

장에서 실제로 극복해야 할 과제는 확인된 서비스 목표를 달성하기 위한 전략과 시스템을 개발하는 것이다. 물류전략개발과 계획에 대한 세부적 과정은 <도표 3-3>에서와 같이 4단계로 이루어진다 (O'Laughlin, 1993).

〈도표 3-3〉 물류전략계획의 틀

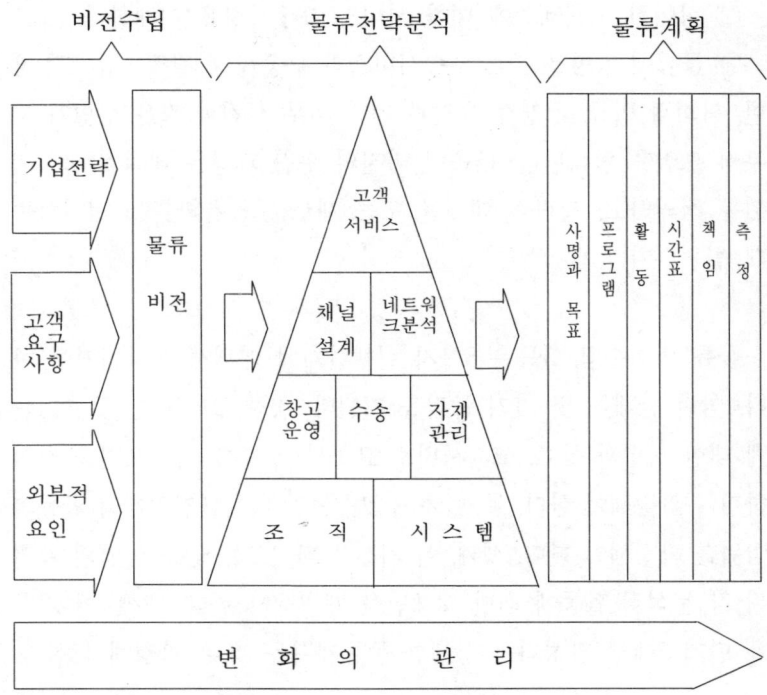

(1) 단계 1- 비전수립

<도표 3-3>에 묘사한 바와 같이 물류전략계획에서의 첫째 단계는 비전수립이다. 비전수립이란 물류계획과정에 들어가는 주요 투입물에 관한 조직적 합의를 통한 체계적 개발만이 아니라 잠재적, 대체적 물류접근법도 인식하는 것이다. 중요한 물류가치는 비전수

립 과정을 통해 부가되는 것이다.

비전수립기간은 물류전략계획 과정에 다음 3가지 주요 투입물에 대한 합의를 추출하고 증진하고 구축하기 위한 효과적인 방식이다.

① 물류에 대한 시사점과 기업의 전략적 방향을 명확히 하고, 물류요구사항의 간결한 비전을 명확히 표명한다.

② 상이한 고객계층에 대한 서비스 요구사항을 이해한다.

③ 물류에 영향을 주는 수송서비스와 수송율, 환경적·규제적 제한, 사회적 법규, 경쟁적 요인과 기타 외부 사건과 같은 방향과 외부적 요인을 탐색한다. 더욱이 비전의 수립 과정은 계획효과의 범위를 정의하고, 전략적 대체안 또는 새로운 물류확률을 정의하는데 필수적이다.

물류 비전수립 활동은 5가지 실행단계에 대해서 이루어져야 한다. 이런 단계는 몇 가지 목적을 지닌다. 첫째, 그것들은 물류기능에 대한 사명과 목표, 고객서비스 요구사항, 주요 외부요인을 정의하거나 확정해야 한다. 둘째, 차기 2년 동안의 물류전략계획 활동의 범위를 확정해야 한다. 셋째, 이 기간은 다가오는 연도 동안의 계획된 각 분석적 활동에 대한 대체안을 개척해야 한다. 넷째, 이 기간은 단계 3에서 완성되는 상세한 물류계획을 검토, 확정해야 한다.

(2) 단계 2 - 물류전략 분석

물류계획과정에서 두 번째 중요한 단계는 여러 잠재적 물류 대체안 중에서 사려 깊은 선택을 하는 데 필요한 분석을 실시하는 것이다. <도표 3-3>에 묘사되어 있는 물류전략 피라미드는 물류전략의 필수적인 구성요소를 나타내고 있다. 전략분석 단계 동안에 검토되어지는 특정한 구성요소는 비전수립 과정 동안의 인식된다. 그 범위는 모든 운영 방식의 폭넓은 재고찰에서부터 어떤 단일 행동의 생산성 또는 효과성이 어떻게 개선되는가를 평가하는 것까지를 포함하고 있다.

(3) 단계 3 - 물류계획

물류전략이 완성되면 물류계획이 조성된다. 물류계획은 물류기능에 대한 사명과 목표, 그리고 이러한 목표를 달성하기 위한 프로그램과 활동을 묘사하는 노선도(road map)이다. 당년도 동안에 완성을 목표로 한 주요 프로젝트와 분석 뿐만 아니라, 고객서비스와 원가업적에 대한 목표를 포함해야 한다. 그리고 계획에는 물류에 대한 특정한 업적측도의 인식도 포함해야 한다.

물류전략 개발(단계 1과 단계 2)과 물류계획(단계 3)은 반복적이며 중복적인 과정이다. 이것은 물류전략개발과정이 과업이나 활동의 상당부분을 물류계획에서의 특정 프로젝트에 통합시킬 수 있다는 것을 의미한다.

(4) 단계 4 - 변화의 관리

물류계획과정에서의 마지막 단계는 변화를 관리하는 것이다. 즉 사업수행의 방식을 효과적으로 실시하기 위해 조직을 지도하는 것이다. 효과적인 변화관리에 핵심적인 몇 가지 요인은 다음과 같다.

① 가시화된 계획 : 물류활동에 대한 사명, 목표, 방향, 특정 목적이 명확해질 필요가 있다. 물류전략개발과 물류계획에 대한 정형화된 과정은 고객서비스와 물류를 위한 목적에 관련되는 기업을 횡단하여 구매하기 위한 중요한 활동이다.

② 경영순위에서의 챔피언 : 성공적인 변화는 기업에서의 다른 기능과 고객 및 기타 외부관계자에게 물류를 대표하는 리더, 그리고 물류집단을 합병하거나 연합할 수 있는 리더에 의해 이루어질 것이다. 더욱이 물류계획에서의 각 물류프로젝트는 그런 활동에 대해 책임을 지는 소유주가 필요하다.

③ 훈련과 지도 : 물류 리더십 그룹은 이와 같은 변화가 어려우며, 따라서 훈련과 지도가 성공에 필요하다는 것을 이해하는 것이 중요하다. 훈련은 새로운 환경에서 운용하기 위한 과정기술과 필요한 내용지식을 개발하는 데 초점을 둔다. 이러한 가용능력과 기술은 정규과정, 세미나, 또는 학술회의를 통해 가장 잘 습득된다.

2. 고객가치

1) 고객가치 창조

고객가치는 고객이 구입하는 제품이나 서비스의 질이 기업의 전사적인 시스템에 의해 생산성, 효율성, 가격경쟁력이 향상되고, 신제품 개발주기가 단축됨으로써 기업이 경쟁우위를 확보할 때 고객이 느끼는 부가가치의 총체라고 할 수 있다(정준, 1997). 따라서 기업경영의 성취도(performance)는 고객의 부가가치에 기여하는 경영역량의 크기를 뜻한다고 해도 지나친 말이 아닐 것이다.

모든 기업이 성공적으로 완수해야 하는 한 가지 보편적 프로세스가 고객가치를 창조하는 것이다. 고객가치는 고정적인 고객기반을 흡수하고 보유하는 데 필수적이다(Bowersox, 1996, p. 8). 고객가치를 창조하는 데 필요한 경쟁수단 중에서 가장 중요한 한 가지가 로지스틱스 기능이다.

1980년대는 로지스틱스 시스템에 있어서 상당한 기술적 환경적 변화를 가져왔다. 이러한 모든 변화를 통해 로지스틱스는 서비스의 효과성, 효율성, 차별화 등을 통해 최선의 상대적 순가치를 제공하기 위한 기업의 욕구와 고객에 초점을 맞추고 있다(Stahl & Bounds, pp. 3~13).

(1) 효과성

효과성(effectiveness)은 주요 영역에서 고객요구사항을 접하는 업적에 관련된 것이다. 예를 들어 Bean(1988, pp. 117~121)은 제품보증, 비축품 유용성, 충족시간(회전율), 편의성, 소매서비스, 창조, 시장위치(이미지)의 7가지 고객서비스에 대한 주요 영역을 제시하였다.

(2) 능률성

능률성(efficiency)은 고객이 납득할 수 있는 가격으로 요구하는 제품·서비스 믹스를 제공하기 위한 조직의 능력에 관한 것이다. 예를 들어 활동기준원가관리(ABM) 시스템은 능률성을 강화시킨다.

(3) 차별화

차별화는 가치의 독창성과 서비스의 특화를 창조하는 능력에 관한 것이다(Langley & Holcomb, 1994, pp. 183~185).

로지스틱스를 통해 고객가치를 창조하고 개선하기 위한 탐구는 로지스틱스 내에서 품질에 대한 탐구를 필요로 한다. 과거에는 재고, 주문저장, 수송과 같은 단순 기능만이 물류에 포함되었으나, 고객요구사항이 점차 복잡해지고 물적유통과 자재관리 등이 통합됨으로써 고객의 니즈와 요구사항에 대한 책임이 증가하게 되었다.

전통적으로 고객가치를 창조함에 있어 로지스틱스의 역할은 원가효율성과 경쟁적 서비스 수준간의 상반관계(trade-off)로서 간주되었다. 즉 고객들은 평균비용에 의한 평균 서비스, 높은 비용에 의한 완벽한 서비스, 낮은 비용에 의한 조악한 서비스 중 한 가지를 선택할 수 있다.

그러나 전략적 로지스틱스는 주요 기능영역을 횡단하여 많은 상호의존적 활동들을 동시에 통합하고 조정하는 능력을 통해 전통적인 접근법과 차별화를 이루고 있다. 이런 조정이 로지스틱스에서 고객가치를 창조하기 위한 추가적인 수단을 제공한다. 고객가치는 로지스틱스에서 전체 채널 방식을 채택함으로서 증진된다. 로지스틱스의 범위와 역할은 많은 기업들이 전략적 로지스틱스 지향의 고객가치를 창조하고 경쟁적 우위를 차지하는 데 필요하다고 믿는 정도에 따라 증진된다.

2) 물류고객가치 개념

물류개념을 정의한 것들을 요약해 보면, 물류에 있어서 고객 니즈를 충족시키는 물류 서비스를 제공해서 고객만족을 얻는 것이 중요하다는 것을 알 수 있다. 그러나 그 물류서비스로부터 얻어지는 물류고객만족과 당해 물류서비스를 제공하는 데 필요한 비용, 즉 물류서비스 비용을 비교하지 않으면 고객의 진정한 만족은 알수가 없다.

더욱이 물류서비스와 같이 제공조건, 즉 물류조건이 대부분 동일하지 않은 경우에는 시장에 있어서 자사의 경쟁력을 평가할 수가 없다. 그러므로 고객만족의 정성적인 중요성은 인정되나 객관적 평가기준으로서는 충분한 것이 아니라는 지적이 나오고 있다.

　이러한 고객만족의 결점을 보완하는 것으로서 새롭게 고객만족과 당해 고객만족을 얻기 위해 필요한 가격과 원가의 쌍방을 고려한 개념으로서 고객가치(customer value)라는 개념이 등장하게 되었다. 고객가치에 대해 가장 저명한 Kotler(1994)는 다음과 같이 정의하였다. "고객분배가치(customer delivered value)란 총고객가치와 총고객원가의 차이를 말한다. 여기서 총고객가치란 소정의 제품과 서비스로부터 기대되는 편익의 집합을 말한다." 보다 구체적으로 설명하면 총고객가치에는 제품가치, 서비스가치, 종업원가치, 이미지가치 등이 있으며, 총고객원가로서는 화폐가격(상품대금), 시간원가, 에너지 원가, 물리적 원가 등이 있다. 여기서 시간원가란 상품을 구입하기 위해 상점에 간다거나 상품지식을 얻기 위해 들어가는 원가를 말한다. 점포가 고객으로부터 멀리 있는 경우에는 시간원가가 크게 된다.

　한편 수명원가(life-time cost)를 포함해서 고객가치를 비교하는 데 유용한 개념으로서 고객경제가치(Economic Value to Customer : EVC)가 있다. EVC는 구입가격보다도 수명원가가 더 큰 생산재의 가격정책을 분석하는 데 유효하다(Kotler, 1994).

　이 이외에 Raffish & Turney(1991)는 고객가치를 Kotler의 고객분배가치와 거의 같은 개념으로 규정하고 있다. 즉 이들은 고객가치를 고객의 실현가치(realization)와 희생(sacrifice)의 차액으로 본다. 여기서 실현가치는 고객이 수취하는 것이며, 고객이 제품 또는 서비스를 사용, 유지, 그리고 폐기하는 코스트를 고려한다. 희생이란 고객이 제품대가로서 지불한 합계액인데, 예를 들면 제품을 입수하거나 사용법을 배우기 위해 소비한 시간과 노력이다. 고객가치의 최대화는 실현가치와 희생의 차액을 최대화하는 것을 말한다.

3) 물류고객가치의 검토

이러한 정의는 참신하지만 구체적으로 물류서비스의 고객가치를 논의·평가하기 위한 충분한 단서를 제공하지 않고 있다. 그래서 여기서는 보다 객관적인 평가가 가능한 물류고객가치를 검토하기 위해 게일(B. T. Gale)의 고객가치개념을 준용해서 물류고객가치를 검토해 본다. 게일은 기업의 성공이 경쟁기업보다도 우수한 고객가치를 제공하는 것에 있다고 해서, 고객가치를 중심에 둔 일반적으로 인정된 전략원칙(Generlly Accepted Strategic Principles : GASP)의 필요성을 제안하고 있다.

게일에 의하면 제품과 서비스의 고객가치는 당해 제품 및 서비스의 시장인지품질(market-perceived quality)과 시장인지가격의 두 가지 요소로 성립하고 있다고 하고, 시장인지품질은 자사의 제품과 서비스를 경쟁기업의 그것과 비교했을 때의 고객의 평가라고 하고 있다. 그 결과 고객가치는 자사의 제품과 서비스의 시장상대가격으로 조정을 한 시장인지품질이라고 결론짓고 있다.

여기에서는 보다 구체적으로 물류고객가치를 검토하기 위해 트럭운송업자가 실시하고 있는 루트 배송(공동배송)을 사례로 들어 게일의 사고 방식을 물류 고객가치의 파악에 적용해 본다. 그런데 루트 배송이란 트럭운송업자의 물류센터에 복수의 하주가 제품을 지입하고(지입은 하주가 한다), 트럭운송업자가 피킹·분류를 하며, 복수의 배달 루트(통상 일정한 지역별로 설정한다)에 복수하주의 제품(화물)을 실어서 정기적(통상 토요일을 제외하고 매일)으로 순회배송하는 것을 말한다. 우선 이 루트 배송에 대해서 시장인지 물류품질을 측정하기 위해서는 <도표 3-3>와 같은 물류품질평가표를 작성하는 것이 필요하다(中光政, 1996).

〈도표 3-3〉 루트 배송에 있어서의 물류품질평가표(A운송과 타사비교)

물류품질속성		가중치	A운송	타사평균	상대비율	지수
①		②	③	④	⑤=③÷④	⑥=②×⑤
배송 관련	납품빈도	25	9.5	8.0	1.19	29.7
	납품시각·시간대	25	9.0	8.0	1.13	28.1
	착하작업	10	9.0	7.5	1.20	12.0
보관 관련	피킹·분류	15	9.5	7.5	1.27	19.0
	재고관리	15	8.5	7.5	1.13	17.0
기타	수주처리	3	9.0	8.0	1.13	3.4
	매출확정·대금청구	2	8.0	7.0	1.14	2.3
	문의 대응	5	9.5	8.0	1.19	5.9
		100				
하주고객 만족도			9.1	7.8		
시장인지 물류품질지수						117.4

이들 물류품질속성은 루트 배송에 있어서 그 중요도에 차이가 있기 때문에 각각의 물류품질 속성의 중요도에 따라 가중치를 부여하고 있다. 예를 들면 가장 중요한 배송빈도나 납품시각·시간대에는 25를, 문의 대응에는 5를 주고 있다.

다음에 이러한 물류품질속성에 대해서 10점 평가로 자사(A운송)와 타사에 대해서 평가를 한 것이 ③과 ④열이다. 그리고 A운송과 타사에 대해서 평가치에 가중치를 곱해서 합계한 것이 하주고객만족도이다. 이 경우 A운송은 9.1, 타사는 7.8이 된다.

이 물류품질속성의 평가치를 근거로 A운송의 평가치를 타사의 평가치에서 나누면 상대비율이 계산되고, 그것에 ②열의 가중치를 곱해 합계를 하면 A운송의 루트 배송에 대한 시장인지 물류품질지수가 계산된다. 이 경우, 117.4가 되어 타사와 비교해서 A운송의 루트 배송에 대한 물류품질은 높은 평가를 받고 있다는 사실을 알 수 있다.

그리고 이러한 루트 배송에 대해서 시장인지 물류가격을 측정하기 위해서는 <도표 3-4>과 같은 물류가격 평가표를 작성하는 것이 필요하다. 루트 배송에서의 물류가격속성으로서는 하주기업이 트럭수송업자에 직접 지불하는 배송요금, 센터 작업요금, 보관요금 이외에 하주기업이 트럭수송업자의 물류센터에 제품을 지입하는 데에 필요한 비용을 하주부담 코스트로서 들고 있다.

〈도표 3-4〉 루트 배송에 있어서의 **물류가격평가표(A운송과 타사비교)**

물류가격속성	가중치	A운송	타사평균	상대비율	지 수	상대가격비율
①	②	③	④	⑤=③÷④	⑥=②×⑤	⑦=1÷⑥
배송요금	65	9.0	8.0	1.13	0.73	
센터 작업요금	15	8.5	7.5	1.13	0.17	
보관요금	10	9.0	8.0	1.13	0.11	
하주부담 코스트	10	8.5	7.0	1.21	0.12	
	100					
하주가격 만족도		8.9	7.8			
시장인지 물류가격지수					1.14	
상대가격 비율						0.88

이들 물류가격속성은 루트 배송에 있어서 물류품질속성의 경우와 마찬가지로, 물류서비스 가격을 하주기업이 평가할 때에 각 물류가격속성의 중요도가 다르므로 각각의 물류가격속성에 가중치를 부여하고 있다. 가장 중요한 배송요금에는 65를, 센터 작업요금에는 15, 보관요금에는 10, 하주부담 코스트에는 10을 주고 있다. 이러한 물류가격속성에 대해서 10점 평가로 자사(A운송)와 타사에 대해서 평가를 한 것이 ③과 ④열이다. 그리고 A운송과 타사에 대해서 평가치에 가중치를 곱해서 합계한 것이 하주가격만족도이다. 이

경우 A운송은 8.9, 타사는 7.8이 된다.

이상의 물류가격속성에 대한 평가치를 근거로 A운송의 평가치를 타사의 평가치로 나누면 상대비율이 계산되고, 거기에 ②열의 가중치를 곱해 합계를 하면 A운송의 루트 배송의 시장인지 물류가격지수가 계산된다. 이 경우에는 1.14가 되어 타사와 비교해서 A운송의 루트 배송요금은 시장에서 높은 평가를 받고 있음을 알 수 있다. 또 시장인지 물류가격지수의 역수가 상대가격비율인데, 이 경우 0.88이 되며 A운송의 루트 배송요금은 상대적으로 낮다는 것을 파악할 수 있다.

이상에서 구해진 시장인지 물류품질지수 117.4에 시장인지 물류가격지수인 1.14를 곱함으로써 A운송의 루트 배송에 있어서의 물류고객가치 133.8이 계산된다. 이 수치로부터 A운송의 루트 배송은 시장에서 물류고객가치를 상당히 높게 평가한다는 것을 알 수 있다.

4) 고객가치제공의 개념과 측정

(1) 고객가치제공의 개념

과거에는 기업들이 제품성과와 기술혁신을 강조하는 내부의 가용능력에 초점을 맞추었다. 그러나 고객의 니즈를 이해하지 못했던 기업들은, 경쟁자들이 고객이 선호하는 방향으로 제품과 서비스를 제공함으로써 시장을 잠식해 가는 것을 깨닫고서 점차 고객중심의 관리방식으로 전환하고 있다. 고객지향적인 관점을 형성하기 위해 경영자는 먼저 정확하게 목표 고객과 사업단위를 설정해야 하고, 이런 목표 대상에 대해 시장점유율, 고객 획득, 유지, 만족, 수익성과 같은 일련의 핵심적인 업적 측정을 해야 한다(<도표 3-5> 참조).

〈도표 3-5〉 핵심적인 척도

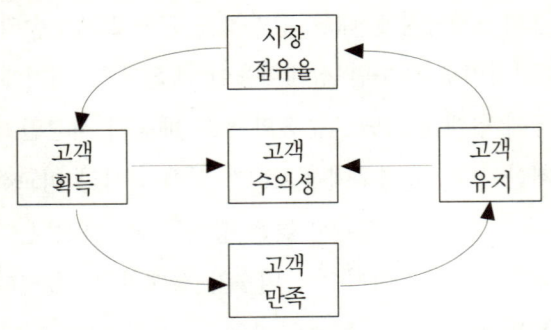

시장점유율	어떤 사업단위가 판매하는 주어진 시장(고객수, 소비액, 판매수량과 관련해서)에서 사업의 비율을 반영한다
고객획득	어떤 사업단위가 새로운 고객 또는 사업을 유치하여 성공하는 확율, 절대적 또는 상대적인 용어에서의 척도
고객유지	어떤 사업단위가 고객과의 현행 관계를 보존, 또는 유지하는 비율, 절대적 또는 상대적인 의미에서 궤적(추적)
고객만족	가치제안 내에서 특정 업적기준에 따라 고객의 만족수준을 평가한다
고객수익성	고객을 지원하는 데 필요한 단일비용을 허용한 후에 고객 또는 세그멘트의 순이익을 측정한다

이러한 업적 척도는 기업의 마케팅, 운영, 물류, 그리고 제품과 개발 프로세스에 대한 목표를 반영한다.

그러나 이런 업적 척도는 전통적인 재무척도의 결점을 가지고 있다. 전통적 측정지표들은 종업원 자신들이 고객만족과 고객유지에 어떻게 영향을 미치는가를 알지 못하며, 또한 이런 척도는 바람직한 성과를 달성하기 위해 종업원들이 매일의 일상활동에서 무엇을 해야 하는가를 전달하지 못한다.

경영자는 목표 고객이 가치를 두고 있는 것이 무엇인가를 인식하고, 이런 고객들에게 전달하는 가치제공을 선택해야 한다. 캐프란(R. S. Kaplan)은 Balanced Scorecard(1996)라는 저서에서 사업전략은 재무적 측면, 고객의 관점, 내부적 관점, 학습과 성장의 측면에서 종합적으로 측정되어야 한다고 주장했다. 이 중 고객의 측면에서 측정하기 위해 새롭게 개발한 것이 고객가치제공(customer value proposition)이라는 개념이다.

고객가치제공은 목표로 삼는 고객계층에서 고객들의 애호와 만족을 창조하기 위해, 제품과 서비스를 통해 공급회사가 제공하는 속성을 나타내는 말이다. 즉 가치제공은 핵심 고객계층에 대한 업적을 측정하고 고객만족, 획득, 유지, 시장점유율과 같은 측정의 동인을 이해하기 위한 주요개념이다. 이런 가치제공은 산업별로 달라지며 동일산업 내에서도 시장분야별로 변하게 되는데, 모든 산업에 적용할 수 있는 가장 일반적인 속성은 제품·서비스 속성, 고객관계, 이미지와 명성의 세 가지로 분류할 수 있다(<도표 3-6> 참조).

〈도표 3-6〉 고객가치제공(1단계 그룹)

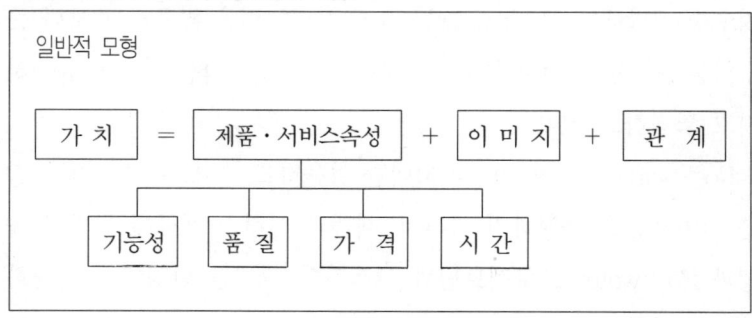

여기서「제품과 서비스 속성」은 제품과 서비스의 기능성, 가격, 품질을 포함하며,「고객관계」는 고객에 대한 대응과 수송시간 등과 같이 고객에게 제품·서비스를 배송하는 것과 고객이 기업으로부터 구매에 관해 어떻게 느끼는가를 포함한다. 그리고「이미지와 명

성」은 고객을 이끄는 무형의 요인을 반영한다. 이런 세 가지 부류의 속성을 통해 특정한 목표와 측정지표를 선택함으로써 경영자는 목표 고객계층에 최고의 「가치」제공을 위해 모든 조직에 초점을 맞추게 된다.

(2) Rockwater의 사례

이와 같이 목표고객에게 전달되는 자신들의 가치제공에 대해 개발된 측정지표와 목적이 어떻게 수행되는가를 Rockwater의 사례를 중심으로 살펴보자.

Rockwater는 개별 고객에게 직접 판매를 하는 회사인데, 이 회사는 고객을 주요고객 그룹(1단계 그룹)과 기타 일반고객 그룹(2차 그룹)으로 나누어 관리하고 있다. Rockwater는 고객순위조사와 주요 고객 그룹의 시장점유율을 업적척도로서 사용하고 있다. 가격에 민감한 2단계 고객 그룹에 대해서는 경쟁사와 비교가 가능한 가격지수를 개발했다. Rockwater는 유휴 시설능력을 활용하고 보다 큰 수익을 보장받기 위한 목적으로 이 2단계 고객 그룹도 계속 유지하려고 노력하고 있다.

Rockwater는 가용능력을 최대한 활용하고 주요(1단계)고객을 향한 가치제공을 측정하기 위해서, 제품과 서비스 제공에 관련된 속성과 Rockwater 프로젝트팀과 고객간의 관계를 반영하는 정형화된 고객만족지수를 개발했다. 그리고 Rockwater는 프로젝트 업무와 관련된 16개 속성을 인식했다. 각 프로젝트에 대해 고객들은 그 프로젝트에 대해 가장 중요하다고 느껴지는 이러한 16개 속성의 하부기준(subset)을 선택한다. 특정한 범주에 대한 상대적인 우선권과 중요성을 반영하기 위해 각 속성에 가중치를 부여한다.

〈도표 3-7〉 Rockwater의 고객만족척도

속 성	기 준	고 객						평균 만족
		A	B	C	D	E	F	
기능성	안전성	9	8	8	10		8	8.6
	엔지니어링 서비스	8	7	7				7.3
품 질	제출된 절차의 최소수정	9	5	6				6.7
	업적의 품질과 인식	10	6	8				7.8
	제공된 설비의 표준	9	7	7			8	7.8
	인적 품질	10	7	7	10		8	8.5
	생산 품질				10			10.0
가 격 (원가)	작업시간	9	5	4				6.0
	화폐의 가치	7	6	6	10	9	7	7.2
	원가절감의 혁신성					7		7.0
시 간	회의 일정	9	6	7				7.3
	절차의 적시 제출	9	4	5				6.0
관 계	계약자의 정직과 개방성	4	7	7	10	9		8.3
	유연성	9	4	7		9		7.3
	계약상의 책임	8	5	7				6.7
	팀 정신			7				7.0
만족 지수		8.8	5.9	6.6	10.0	8.4	7.6	7.9

그런 다음 〈도표 3-7〉에서와 같이 월별로 Rockwater의 프로 젝트팀은 각 선택된 속성에 대해 1점부터 10점까지 점수를 받은 다 음, 16개 속성에 대한 모든 프로젝트에 받은 점수를 합산한다. 각 속성의 평균점수는 어디에서 프로젝트팀이 잘 수행했는가를 보여 주며, 한편 고객만족의 극대화를 위해 어느 곳이 취약점이 되는 속 성인가도 보여 준다.

3. 맬컴 볼드리지 국가품질상

1) 맬컴 볼드리지 품질상의 개요

(1) 맬컴 볼드리지상의 목적

맬컴 볼드리지 국가 품질상(이하 MB상)은 미국 산업이 품질(quality) 저하로 경쟁력 수준이 바닥에 이르자 이를 타개하기 위해 학계, 산업계, 정부의 지도자들이 모여 다방면에 걸친 연구 결과, 일본산업 경쟁력의 원동력이 된 데밍 상과 같은 국가품질상의 제정필요성을 느껴 1987년 8월 20일 맬컴 볼드리지 국가 품질상(MBNQA)에 관한 법률을 제정하게 되었다.

이 상의 평가 기준은 당시 미국 정부가 '새로운 미래상'을 목표로 하여 MIT 대학 교수 16명이 7년간의 연구와 시험을 거쳐 그 효용성을 입증받은 '새로운 기업 경영의 틀'이라는 점에서 관심의 초점이 되고 있다. 중요한 것은 이 평가기준이 품질 경영, 고객만족 경영의 세계통일 기준으로, 또 '살아 있는 경영 교과서'로 그 품격을 높여 가고 있다.

맬컴 볼드리지상은 고객만족에 30%의 비중을 두고 있음에 비추어 '미국의 고객만족상'이라고도 할 수 있지만, 고객만족을 정착시키기 위한 과정에 나머지 70%를 배정하고 있는 점을 감안한다면 '경영 시스템 상'이라고 해야 옳다. 따라서 '고객만족'은 이 경영 모델의 기본정신에 비추어 '시스템적 경영의 결과'로 나타나는 최종적인 지향점일 뿐, 고객만족 그 자체를 수단으로 하는 경영이 아님을 알 수 있다.

이 상의 평가 기준에서 고득점은 이런 이유로 '종합적인 경영 시스템의 우수성'에 대한 평가이며, 장래의 기업수익성을 측정하는

지표라 할 수 있다. 시장에서의 성취도가 개선되면, 그 결과 프로세
스가 개선되어 생산성이 향상되고 코스트도 절감되므로 내부성과
는 그만큼 고양된다. 하지만 그것은 결과로 나타나는 산물일 뿐, 이
상의 주목적은 개선활동을 거듭하는 가운데 최상의 고객가치를 발
굴하며, 전사 차원의 경영개선 시스템 운용을 통해 업무 성취도를
지속적으로 향상시키는 데 있다.

(2) 맬컴 볼드리지 품질상의 효과

전세계적으로 유명한 기업들이 서둘러 이 상의 평가기준을 자사
에 도입하려는 것은 다음과 같은 효과가 있기 때문이다.

첫째, 이 기준이 최신 경영시스템을 집약하여 제정됐음에 비추어
자사의 경영내용을 이 경영틀에 따라 새롭게 구축하는 데 실질적
이고도 결정적인 도움을 주기 때문이다.

둘째, 계속적인 경영 학습도구로서의 이용가치를 들 수 있다.

셋째, 이 기준이 어떤 기업이든 업종이나 규모에 관계없이 자사
의 경영시스템에 대한 자기진단, 또는 자체평가 도구로서 최적의
가이드 라인을 제시해 준다는 점이 중요하다.

미국품질협회(ASQC)가 1995년 1월에 전세계 3천 명을 대상으로
설문 조사한 결과, 응답자의 21.7%가 최근 1년 간 적어도 1주일에
1회 이상 MB 평가기준을 활용하고 있으며, 응답자의 18.4%만이
평가기준을 활용하고 있지 않다고 답변하였다. 이용목적도 초우량
기업의 경영방식 및 사례획득(70.7%)을 위해 활용하고 있으며, 활용
만족도도 77.6%에 이르고 있다(<도표 3-8> 참조).

또한 MB상은 신청기업에게 품질상과 피드백을 주는 것 이외에
도 ① 실무와 역량의 개선에 도움을 주고 ② 미국의 모든 유형의 조

직 사이에 최선 실무에 관한 정보를 전파·공유하게 하며 ③ 성과,
계획수립, 연수와 평가를 이해하고 관리하는 실질적 도구 역할을
함으로써 미국의 경쟁력 강화에도 크게 기여하고 있다(이한영,
1997).

〈도표 3-8〉 평가기준 사용목적과 만족도

단위 : %

사용·목적·내용	사용자율	만족도
초우량 기업의 경영방식 및 사례습득	70.7	77.6
현 프로세스 개선	48.8	0.2
사내 커뮤니케이션 수단	47.7	60.7
사내 교육용	45.0	55.2
자기 평가 기준	44.2	60.5
협력업체 커뮤니케이션 수단	32.5	48.4
수상 신청용	23.9	47.1

(3) 맬컴 볼드리지상의 7대 범주

기업은 그 자체만으로는 '품질이라는 이름의 버스(quality bus)'에
지나지 않는다. 그럴 경우 능숙한 운전 솜씨를 지닌 버스기사
(driver)가 있어야 하고, 연료(fuel)도 충분해야 하며, 버스의 엔진
(engine) 역시 튼튼하지 않으면 안 된다. 또한 도착지에 이르기까지
도로(route)가 잘 닦여 있어야 함은 물론, 여정을 사전에 살필 수 있
는 지도(map)가 필요하며, 군데군데 길을 찾아 나서는 데 도움을
주는 표지판(landmarks)도 자리잡고 있어야 한다.

이 가운데 버스기사는 경영의 추진 원동력인 '리더십'이고 연료
는 '정보'이며, 지도는 '전략적 품질계획'을 뜻한다. 또 엔진은 '인적
자원의 개발'을, 도로는 '프로세스 품질의 관리'를 그리고 표지판은
'성과측정의 척도'에 견줄 수가 있다. 마지막으로 최종 목적지는 다

름 아닌 '고객만족도의 향상'이라고 할 수 있다(정준, 1997). 이 상의 평가기준을 7개 핵심 영역별로 살펴보면 다음과 같다.

먼저 '리더십'은 비전과 방향을 제시하는 가운데 끊임없는 개선을 통해 전 종업원이 고객의 니즈를 충족시키도록 이끄는 일을 뜻한다. 또 '정보'는 현재의 경영 상태를 올바로 파악하고 개선할 목적으로 고객 정보와 경쟁사 정보를 사실에 근거하여 수직 평가하고, 자사 정보와 비교 평가함으로써 객관적인 의사결정을 내릴 수 있도록 하는 데 그 뜻이 있다.

또한 '프로세스 품질의 관리'는 전사 각 부문이 내부 고객으로서의 인식을 갖고, 하나의 공동체로서 이음새 없는 수평 조직으로 품질 창출에 대응해 나가는 것을 말한다. 그러나 이에 앞서 장기적 관점에서의 '전략적 품질 계획'을 갖춰야 하며, 전체 구성원이 창의적으로 업무에 임할 수 있도록 지원하는 '인재 개발과 관리' 노력이 뒤따라야 한다.

더욱 중요한 것은 이같은 일련의 노력을 통해 달성된 성과가 반드시 '측정'되어 품질 계획과 프로세스 관리 등을 수정 개선함은 물론, 고객만족도를 예측할 수 있어야 한다는 점이다. 이 모든 노력은 결국 '고객만족'으로 집약되어야 하며, 그것은 고객의 니즈와 기업의 경영시스템을 연계시켜 주는 고리로 존치되어야 한다.

이를 요약하면 고객정보, 경쟁사 정보를 정확하게 분석한 후 장기적인 제품 사이클 타임의 조정과 같은 전략적 품질계획 수립을 거쳐 전 종업원이 창의적으로 일할 수 있도록 주인의식을 심어 주는 한편, 연구·개발(R & D), 구매, 생산, 마케팅 판매관리 등 경영 전 부문의 프로세스가 일관되게 흘러갈 수 있도록 시스템화할 경우 고객만족도와 사업성과는 필연적으로 향상된다는 개념이다.

2) 평가기준 구조와 세부내용

(1) 평가기준 구조

평가기준은 초기에는 품질의 중요성에 초점을 두었으나, 그 후에는 전략의 중요성을 강조하였고, 고객만족의 중시에서 좀더 구체적인 고객과 시장의 이해, 고객관계의 강화 및 사업결과를 중시하였다. 또한 벤치마킹(benchmarking)에서 시스템 학습역량과 높은 업적을 보장하는 작업 시스템에 초점을 두고 있다. 특히 1997년도 기준의 경우 성과를 관리하는 시스템적 관점을 중시하였으며, 기업전략의 강조와 시스템 학습(system learning) 및 사업결과의 통합성을 강조하였다.

〈도표 3-9〉 1997 MB 국가 품질상의 구조

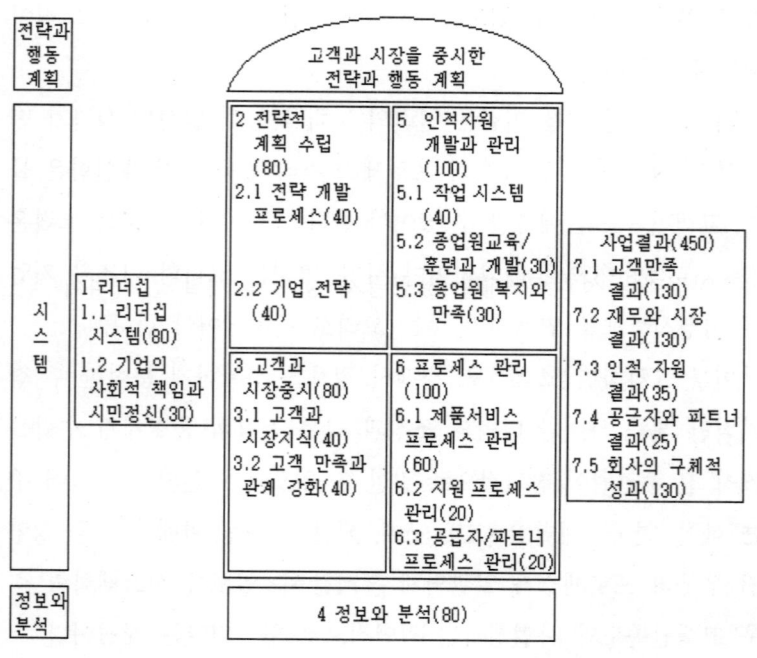

평가기준의 구조는 <도표 3-9>에서 보듯이 위에서 아래로 3개
의 기본요소(전략과 행동계획, 시스템, 정보와 분석)로 되어 있다.
전략과 행동계획은 회사가 성공하기 위해서 반드시 훌륭하게 수
행하여야 하는 장단기 전략에 연유한 전사 차원의 요건들의 집합
이다. 전략과 행동계획은 고객만족과 시장성공을 보증할 수 있도록
모든 조직단위에게 자원을 최적으로 배분하고 측정방법·내용의
정합성을 추구한다.
시스템은 조직, 운영, 결과를 정의하는 6개의 범주로 되어있다.
모든 비즈니스 행동들은 비즈니스 결과(고객·재무·인적자원개발과
공공책임을 포함한 비재무 성과결과 등)를 지향하고 있다. 정보와 분석
은 효과적인 회사경영에 필수적이며, 회사성과와 경쟁력 개선을 위
한 사실에 근거한 시스템에 있어서 아주 중요하다.

(2) 평가기준의 특징
평가기준의 주요 특징은 크게 네 가지이다.
첫째, 평가기준은 비즈니스 결과에 초점을 두고 있다. 평가기준
은 일곱 가지의 핵심 비즈니스 성과로서 ① 고객만족·유지 ② 재
무 및 시장성과 ③ 제품과 서비스 성과 ④ 생산성, 운영효과 및 대
응 ⑤ 인적자원 성과 및 개발 ⑥ 공급자 성과 및 개발 ⑦ 사회적 책
임과 기업시민정신을 중시하고 있다.
둘째, 평가기준은 특정 내용을 규정하지 않고 응용 가능하다. 평
가기준은 결과 지향적인 요건들로 구성되어 있으며, 이 요건이 어
떻게 충족되고 있는지를 평가한다. 수행 과정상의 특정 절차나 툴,
조직구조에 있지 않고, 평가기준에 초점에 있으며 수단(tool), 테크
닉, 시스템과 조직구조 등은 사업규모, 비즈니스 유형, 기업의 발전
단계, 종업원의 역량과 책임에 따라 다르게 선택할 수 있다. 즉 특

정 절차보다는 공통 요건의 이해, 공유, 상호 정합성에 두고 있다.

셋째, 평가기준은 전사차원의 목표정합성에 대한 시스템적 접근을 지원한다. 목표정합성에 대한 시스템적 접근은 평가기준의 구조에, 그리고 평가기준간 인과관계와 결과 지향적 연계성에 내재화되어 있다.

끝으로 MB 상 평가기준은 앞에서 설명한 바와 같이 목표대비 진단이 가능하다.

4. 고객서비스와 고객만족의 실태

1) 고객서비스의 개선책

고객만족이나 고객지향은 소비자 주권을 존중하는 경영임에 틀림없으며 경제활동이나 기업경영의 출발점이다. 이것은 우리나라의 기업으로서는 현재의 저성장기가 오히려 경영의 출발점이라는 것을 직시하고, 미래지향적인 체질 전환을 도모하는 절호의 기회로 활용할 수 있다는 것이다. 이러한 뜻에서 우리 기업은 '고객서비스를 개선하기 위해 어떠한 노력을 하고 있는가'를 분석한 것이 <도표 3-10>에 나타나 있다.

회답 결과는 소비자 요구사항(needs)의 조사(101사), 소비자 요구에 의한 수송(다빈도, 긴급수송, 소 롯트)(79사), 물류지점의 분산배치(40사)가 주종을 이루고 있으며, 이 3항목을 복수로 회답한 수가 대부분이었다. 그 외에 물류(주로 창고수송)사업부제의 채택(36사), 폐기물 처리와 소비자 교육(각각 20사), 자연보호(15사)의 순으로 나타났다.

〈도표 3-10〉 고객서비스 개선책

내 용	응답수	구성비
① 물류지점의 분산 배치	40	29.4
② 소비자 요구사항(needs)조사	101	74.3
③ 소비자 요구에 의한 수송(다빈도, 긴급시간지정, 소 롯트)	79	58.1
④ 폐기물 처리	20	14.7
⑤ 물류전문기업체제의 채택	11	8.1
⑥ 소비자 안전에 관한 협력 또는 지도(예:식중독, 교통사고)	12	8.8
⑦ 자연보호(예:프레온 가스)	15	11.0
⑧ 물류(주로 창고 수송) 사업부 체제의 채택	36	26.5
⑨ 소비자 교육	20	14.7
⑩ 기타	4	2.9
합 계	135사	100%

주) 기타 : 세미나 실시, 체인 검수(1사), A/S 및 B/S 실시(1사), 클로버 서비스
·해피 콜(1사), 소비자 불만 접수시 즉시 처리(1사).

이 결과를 보면 소비자 서비스의 개선으로서 경영이념의 전환·재구축과 경영전략을 충분히 개선하고 있는 기업은 적다고 할 수 있다. 1회사 평균 회답수가 2.5항목이 넘는데도 자연보호(예 : 프레온 가스)(15사), 물류전문 기업체제 채택(12사), 안전 문제(12사)에 관한 회답이 6위, 7위, 8위로 낮은 순위에 있다는 것은 우리나라 기업의 대부분은 환경보호라든가 쓰레기, 폐기물 문제, 혹은 소비자의 건강·안전 지향을 염려하는 의식 변화를 정확하게 파악하고 있지 않다고 할 수 있다.

경영전략이라고 하면 환경변화에 먼저 적응해야 한다는 것이 자주 강조되지만, 본 회답으로부터 알 수 있는 것은 '소비자 서비스의 개선'에 관한 단계에까지는 이르지 못하고, 대부분의 기업은 기껏해야 '소비자 니즈의 조사'에 착수하는 시작 단계에 지나지 않는다는 인상을 강하게 받는다.

대량생산에 의한 대량판매, 규모의 경제, 규모의 이익을 벗어난 경영전략, 지구환경의 보호와 다른 나라의 경제정세와 민족 발전 등의 글로벌 시대에서는 오직 전략책정, 품질·편리성·안전성을 중시하는 상품개발과 서비스 제공 등이 앞으로 우리나라 기업이 경영전략을 책정하는 데에 중요한 주안점이 될 것이다.

2) 제품하자 대처방법

다음은 소비자 서비스의 중요 항목인 「제품하자의 처리 및 수리」의 문제로 조사결과는 <도표 3-11>과 같다.

이것에 관해서는 소비자보호기준법을 비롯하여 소비생활용 제품안전법과 식품위생법 등의 개별 규제입법이 있기 때문인지 비교적 소수의 항목에 회답이 집중되었다.

〈도표 3-11〉불량제품의 처리, 수리 방법

내　　　　　　용	응답수	구성비
① 제품에 내재하는 불량의 무상처리/교체	99	72.3
② 수송도중 또는 설비 공사중의 불량품 무상처리/교체	63	46.0
③ 보증기간중의 불량품의 무상수리/교체	74	54.0
④ 보증기간 후의 불량품의 유상수리/교체	34	24.8
⑤ 정기적 순회점검	43	31.4
⑥ 기타	8	5.8

주) 복수회답으로 %는 회답기업 총수(137사) 대비 각 항목의 비율을 나타냄.

구체적으로 보면 1위가 「제품에 내재하는 불량의 무상 수리/교체」 (99사 : 72.3%)이고, 2위는 「보증기간 중의 불량품의 무상처리/교체」 (74사), 3위 「수송도중 또는 설비공사중의 불량품의 무상처리/교체」 (63사), 이하 「정기적 순회점검」(43사), 「보증기간 후의 불량품의 유상처리/교체」(34사)의 순서이며, 질문에 대한 수취방법의 차이 때문

에 회답에 약간 산만함이 보인다. 2항목 이상 회답한 기업도 많지만
(2항목 43사, 3항목 23사, 4항목 14사) 회답을 한 137사 중 거의 모든 기
업이 어떤 형태로든 「무상 수리/교체」의 보증을 실시하고 있다.

단, 그것이 「법적 규제가 존재하기 때문에」라는 소극적 대응으로
나타난 결과라면 앞으로 고객만족 중시 시대의 기업전략으로서는
문제가 될 것이다. 완벽한 제조물책임법(Product Liability : PL) 제정
의 요망이 소비자측으로부터 제기되고 있는 것도 그러한 기업측의
소극적인 자세 때문이라고 생각된다. 단지 매출액의 많고 적음을
경쟁하는 것이 아니라 결국 무엇에 의해 고수익을 달성하는가가
중요한 문제이며, 자사 제품의 차별화와 신뢰성을 높이는 것이 기
업을 성장시켜 기업 이미지를 제고하는 전략임을 인식해야 한다.
그러한 점에서 앞으로 기업은 소비자 서비스 향상을 위해 다양한
전략을 적극적으로 채택할 필요가 있다.

3) 고객만족도 측정기준

고객만족도를 조사할 때 우선 고려해야 하는 것은 고객의 정의
를 명확히 하는 것이다. 여기서는 다음과 같은 몇 가지를 정의해 두
어야 한다.

먼저 자사 제품이나 서비스를 이용하고 있는 고객만을 대상으로
할 것인가, 아니면 잠재적인 고객까지 포함할 것인가를 정해야 한
다. 다음은 고객을 실제 사용자로 할 것인가 또는 제품이나 서비스
의 구매를 결정하는 사람을 대상으로 할 것인가에 대한 문제이다.

셋째, 서비스업과는 달리 제조업의 경우는 고객의 만족도가 제품
자체에 대한 것 이외에 유통경로의 서비스 내용에 따라서 좌우된
다. 따라서 최종사용자의 만족을 얻는 것은 물론이고, 중간단계인

유통경로의 만족도 얻어야만 된다.

넷째, 사외뿐만 아니라 사내에서도 자기 부문의 일을 뒤이어 다음 일을 하는 부문을 고객이라고 볼 수 있으므로, 사내 고객이 무엇을 원하고 있는가를 파악해야 한다. 마지막으로 사용자를 고객만으로 한정하는 것은 오늘날과 같이 제품이 사회에 미치는 영향이 막강한 상태에서는 불합리하다. 사회도 고객이므로 그 만족도까지 고려하는 관점이 필요하다.

우리 기업에 있어서 고객만족도의 측정기준에 대해서는 「측정기준을 갖고 있다」는 기업은 60%(81사)이고, 「측정기준을 갖고 있지 않다」라고 하는 기업도 40%(55사)나 있었다(무회답 2사). 조사결과는 <도표 3-12>와 같다.

〈도표 3-12〉 고객만족도 측정 기준

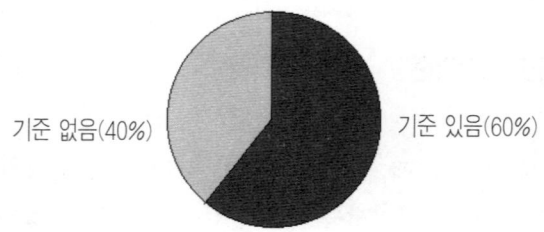

기준 없음(40%)   기준 있음(60%)

이것은 향후의 기업전략을 생각할 때 매우 큰 문제이다. 왜냐하면 국·내외의 경제환경으로부터 우리나라의 경제 동향을 전망할 때, 앞으로는 소비자 우선의 경제로의 이행이 필연적이기 때문이다. 또한 기업이 「고객의 만족도」를 얼마만큼 정확히 파악할 수 있으며, 그 측정지표로 무엇을 이용하고 측정에 얼마만큼의 비용을 투입할지에 대한 문제는 앞으로 기업의 마케팅 전략에 중대한 영향을 미치기 때문이다.

4장 물류조직

1. 인적자원의 구조와 전개

물류는 노동집약적 프로세스이다. 대부분의 물류작업은 직접 노동자가 참여하고 실질적인 노력이 많이 들며 연속적이다. 물류작업은 상상 이상으로 복잡하며 95% 이상이 감독의 시야 밖에서 일어난다.

지난 세기 동안 경영자는 공식적 조직구조를 만들어 물류를 제어하고 통제해 왔다. 통합을 용이하게 하기 위해, 물류작업에 관련된 많은 기능이 동일한 공식적 지휘와 통제구조 내에서 결집되어야만 한다는 것이 일반적인 의견이었다.

오늘날의 세계적 물류조직에서 경영자는 더이상 직선보고 라인이 통합을 용이하게 한다고 믿지 않는다. 정보 네트워크의 등장이 진보적인 경영자로 하여금 전통적 조직논리의 모든 면을 재고하게 하였다.

중간관리층의 역할은 정보의 수문장에서 일선 코치로 이동하였다. 현대의 물류 감독은 상당한 정도까지 일선반응을 지휘하는 데 필요한 모든 권한을 부여받고 있으며 동시에 지속적 개선에 대한 책임을 지고 있다. 감독을 용이하게 하기 위해, 횡단기능적 프로세스를 완성하는 데 필요한 모든 행동에 대해 책임을 지는 자기지도의 팀 작업이 폭넓게 사용되고 있다.

이러한 도전적 조직개념은 공급망상의 모든 수준에서 광범위하게 적용되고 있다. 전 세계적인 이러한 변화는 하나로 통제된 조직체가 없어지고 보다 넓은 통제범위와 권한을 위임받은 종업원들이 평면적인 구조를 이루게 되었다.

세계적 물류조직 사이에서의 공통성을 설문조사에 의거해서 보면 독특한 조직융합을 유도하는 ① 권한부여 ② 프로세스 ③ 학습 ④ 역동성 ⑤ 팀조직 ⑥ 충성심 ⑦ 정보관리자(infocrat) ⑧ 가상성의 8가지 속성을 인지할 수 있다.

<도표 4-1>은 이러한 속성간의 연계성을 보여준다. 어떠한 속성도 다른 것과 동일하게 중요하다(Global Logistics Research Team, 1995).

〈도표 4-1〉 조직 융합

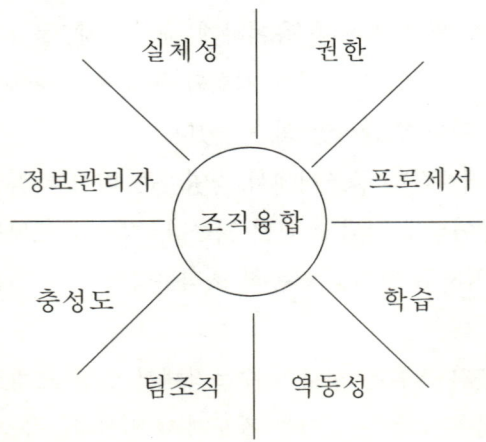

1) 권한부여

권한부여의 개념은 사람들은 중요한 공헌자로서 인식되어지는 자긍심과 희망뿐만 아니라 가치가 있다는 믿음에 근거하고 있다.

권한이 부여되는 것은 세계수준의 조직에서 책임을 지게 된다는 것을 의미한다. 작업의 자연적 상태는 대부분의 물류가 직접적으로 감독하기 어려운 분야에서 발생한다. 따라서 권한부여는 물류에서 큰 매력을 가진다.

2) 프로세스

사업이 기능적인 운영에서 프로세스 중심으로 이동하는 것은 공급망 틀의 구축과 전략적 결정을 유도하는 주요 추진력으로서 인식되었다. 전통적 조직구조는 소위 저장창고(silo)구조로서 유명하다. '사일로'는 그 내용물을 보호하는 수직적 구조인 반면에 프로세스는 수평적이다. 프로세스에 의해 이동되는 상황은 기능적 범위를 초월하는 흐름이다.

뜨로세스를 묘사할 때 두 가지 유의할 점이 있다. 한 가지는 프로세스 중심으로 채택하는 것이 기능적 우위를 포기한다는 것은 아니라는 점이다. 기능이 필수적이라면 당연히 수행되어야 하고 가능한 한 최선의 방법으로 달성되어야 한다. 두 번째 유의해야 할 것은 사업의 국가적 지역적 범위를 관통하여 함께 묶는다는 것이다.

그러나 새로운 조직이 다른 관련되는 사업과 통합을 추구하지 않으면, 기능횡단적 통합과 지식 이전을 강화하는 데 사실상 실패하게 된다. 사업 라인을 따라 기업이 글로벌화됨으로써 사업단위간에 관련성이 있는 지식을 공유하는 데 이전보다 더욱 어려움을 겪는 것이 실제로 현장에서 많이 보고되고 있다.

3) 학습

프로세스 통합에 직면하는 몇 가지 장애는 기업 내에서 학습정 진과 지식이전을 촉진함으로써 극복할 수 있다. 여기에서 의미하는 학습은 관련이 있는 경험을 포착하고, 보유하기 위한 프로그램과 그 방안을 포함하며 그리고 권한을 부여받은 자들간에 그러한 지 식을 공유하기 위한 능력을 포함한다.

일반적으로 적어도 종업원 시간의 10%는 짧아도 8년이란 기간 내에 진부화를 피하기 위해 새로운 기술의 학습에 할당해야 한다. 학습 프로그램은 작업자의 기동성을 가속화함으로써 관련있는 경 험을 보유하는 방향으로 나아가야 할 필요가 있다. 학습된 행동적 지식은 상호작용하는 정보기술과 지식기반 시스템의 전개에 의해 점차 전체조직과 공유되고 있다.

4) 역동성

오늘날의 물류세계에서는 조직의 역동성에 관련된 것보다 더욱 실질적인 제안은 별로 없다. 전세계를 통해 물류조직은 짧은 수명 을 가진다. 모든 수준이 세계수준으로 정교할수록 조직구조는 더욱 유동적이 된다. 물류조직의 역동성과 관련해서 세 가지 추세가 개 발 중이다.

첫째, 조직변화가 일어남으로써 세계수준 기업에서 상위의 물류 관리자는 기업 내에서 보다 높은 조직상의 위치로 수직상승하고 있다.

둘째, 조직평면화는 상대적이다. 대부분의 조직은 커뮤니케이션의 경로단축으로서 평면구조를 창조하고 있으나, 이런 개념은 전통적 명령과 통제구조와 비교해서 상대적일 뿐이다.

끝으로 조직은 보다 전문화되고 있다. 대부분의 기업은 물류서비스의 외주(outsourcing)를 증가시키고 있다. 일부 세계적 기업은 물류서비스 전문가와 함께 동맹을 구축하는 쪽으로 이동시키고 있다.

5) 팀 조직

자기지도의 작업 팀(Self-Directed Work Team : SDWT)의 개념은 현재 세계를 통해 일반적이다. 영구적인 SDWT 구조는 전통적인 '특별임무' 또는 '문제해결' 팀 또는 위원회와는 매우 다르다. 임무가 끝난 뒤에 해체되는 이러한 특별목적 팀과는 대조적으로 SDWT는 지속적 작업 요구사항을 수행하기 위한 최선책으로 평가되고 있다. 중요한 것은 이러한 팀은 자신의 업적에 대해 책임을 지는 한편 권한을 부여받는다는 사실이다.

6) 충성심

종업원이 고용주에 대해 충성심을 느끼지 않는다는 사실과 고용주가 그들에게 성실하지 않다고 믿는 사실은 세계적 관심사이다. 부분적으로 이 충성심 위기는 조직들이 경쟁에 살아남기 위해 실시해 온 많은 리스트럭처링의 결과이다. 조직이 항상 노동력 감소를 뜻하는 "적절한 규모"를 추구할 때는 미래에 관해 낙관적으로 느끼기는 어렵다. 물류에서 충성심 위기는 기본작업의 변화율에 관련된다. 왜냐하면 최선의 작업실무와 직무관계는 빠르게 변화하고 있으며, 지속적으로 경력을 쌓아가기가 어렵게 되고 있기 때문이다.

전반적인 충성심의 재구축과 종업원 진가를 확장하기 위한 방책은 교육을 장려하고 투자하려는 의지이다. 조직계층에 관계없이 종업원들이 자신들의 직업과 경력분야에서 최고수준에 남아 있을 때, 그들은 경쟁에서 안전해진다. 특별한 종류의 개인학습이 충성심을 갱신시키는 한 가지 비결이다.

7) 정보주의

모든 산업에 걸쳐 일어나고 있는 분명한 구조적 재조직은 관료적 명령과 통제구조에서 보다 유연하고 고객위주의 조직으로 대체하기 위해 계획되고 있다. 이 재조직 추세는 새로운 것이 아니다. 새로운 것은 글로벌 물류조직에 도전하게 하는 보다 정교한 의지이다.

이러한 속성을 '정보주의(inforcratic)'로 부르기로 한다. 처음부터 정보주의적 속성의 출현이 좋고 나쁨이 필요하지 않고 그것이 사실이란 것을 강조하는 일이 중요하다. 보다 정교하고 새로운 정보시스템이 개발될수록(1990년 초기부터), 정보주의적 구조가 통합을 방해하고, 기능적 초점을 영속시키는 데 이바지할 확률은 낮아진다.

정보주의 구조는 운용업적에 영향을 계속 미친다고 해도, 만일 적정하게 재배열된다면, 프로세스 통합을 방해하지 않고 증진시킬 것이다. 세계기업간에 정보하부구조에 대한 투자와 개발은 정보주의를 지지하는 변화를 가능하게 한다.

8) 가상조직

물류관리자는 인적인 네트워킹과 전자 형상화를 통해 조직통합의 가능성을 인식하기 시작하고 있다. 가상적(virtual)이라는 용어는 "공식적 구조 없이 기초가 되는 실존"이라고 할 수 있다. 따라서 가상적 조직은 통합된 업적이 가능한 존재로 정의되나, 공식적 조직구조에 의해서는 설명되지 않는다.

조직관계는 글로벌적으로 물류작업을 수행하는 데 포함된 모든 사람들이 전자적으로 연결될 수 있는 곳에 현존하고 있다. 종업원은 실체적으로 프로세스 팀의 일원이며, 가상적으로 기업의 전체 글로벌 물류가용력에서 자원이 될 수 있다.

2. 글로벌 물류를 위한 조직구성

과거 전통적인 조직에서 물류활동이 어떻게 이루어지고 있는가를 살펴보자. 일반적으로 물류활동은 주문이 발생하면 주문의 입력에서부터 시작하여 신용분석이 실시되고 다음에 생산계획부서 또는 창고부서에서 제조와 피킹 작업이 이루어진다. 일단 주문품을 제조하고 나면 물류부서와 사후관리부서의 책임이 된다. 동시에 이런 각 활동에 관련되는 문서작업 등이 별도의 과정으로 진행된다. 여기서 문제가 되는 것은 이러한 여러 활동들이 병렬적으로 이루어지는 것이 아니고 연속적으로 수행되는 순차적 활동이라는 것이다. 즉 각 기능별로 자신들의 역할을 수행하고 나서 다음 기능으로 책임을 전달하는데, 각 단계에서 다음 단계로 소위 '벽 너머로 공을 던져버리면' 그만이라는 사고방식이다.

릴레이 경기에서는 연쇄상에서 선행 주자로부터 배턴을 받기 전에는 아무도 출발할 수가 없다. 이러한 사고는 당연히 중복형·병렬형의 처리방식으로 전환되어야 물류과정이 전체적인 관점에서 효율성을 높일 수가 있다. 럭비 경기를 예로 들면, 이 경기에서는 혼연일체가 된 동료들이 각자 뛰어가면서 공을 패스하고 함께 경기장을 질주한다는 것이다.

이러한 중복형·병렬형 시스템으로 물류활동이 처리되기 위해서는 새로운 물류조직의 개발이 필요하다. 지금까지의 전통적인 수직형 조직을 수평적인, 즉 시장에 직면하는 사업체제로 재구축해야 한다는 것이다. 수평적 조직의 한 예로서 셀(cell, 세포조직) 방식의 다기능을 보유하는 팀 조직을 들 수 있다.

셀 방식은 세계적 컴퓨터 업체인 컴팩에서 도입해 주목을 받고 있는데, 기다란 컨베이어 대신 셀 형태로 구성된 공간에 소수인력이 투입되어 조립에서 검사-수리-포장까지 한 군데에서 끝내는 자기완결형 체제가 보편적이다. 컨베이어 라인이 공급중심, 분업위주의 대량생산, 대량판매에 초점을 두고 있다면 셀 방식은 수요중심, 다품종소량 생산에 주안점을 두고 있다.

셀 방식의 특징은 "팔린 만큼만 만든다."는 사고와 "팔린 양만큼만 자재구입을 한다."는 원칙에 있다. 셀 방식의 종류에는 U형, I형(플로우 형), S형, 복합형 등이 있다. 셀 방식으로 얻을 수 있는 장점은 다음과 같다. 첫째, 사람과 기계(자동화)를 최적화해서 사람의 능력을 최대로 발휘할 수가 있다. 둘째, 소 롯트 변동에 효율적으로 대응할 수 있다. 셋째, 제품설계에서 제조성이 양호한 설계를 실현할 수 있다. 셀 방식의 유연한 최적 생산시스템을 구축하기 위해서는 내외 환경을 정확히 분석하고 제품군의 다양성을 감안한 설계방식을 채택하여, 전반적인 물류시스템의 효율화를 추구해야 한다(Dhavale, 1996).

〈도표 4-2〉셀 방식(I형 과 복합형)의 예

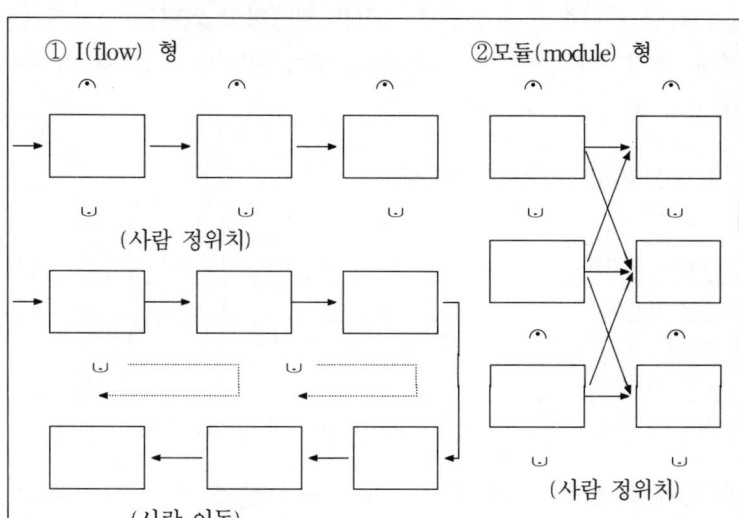

자료 : 한국표준협회 공장혁신(1997. 5.).

3. 물류관련 조직의 실태

1) 판매활동 조직

판매활동 조직에 대해서는 활동 분야별로 다음과 같은 순서로
분석하고자 한다.

(1) 판매조직

조사 결과 사업부 분권제(66사), 본사 집중제(56사), 「판매담당 부
문과 판매촉진 부문으로 분류」(33사)의 순서로 골고루 분산되어 있
다2)(<도표 4-3>). 그러나 「사업부 분권제」가 1위로 나타난 결과에
대해서는 설문항목에서 전사조직 형태로서의 사업부제 조직을 채

90

택하고 있는지 기능별 조직인지를 묻지 않았으므로, 「사업부 분권제」가 과연 전사적인 사업부제 조직을 채택하고 있다는 것인지 판매부문 조직의 단순한 「분권제」(가령 판매지점이나 영업소를 가지고 있다)인지 판단하기는 어렵다.

〈도표 4-3〉 마케팅과정의 조직(판매조직)

내　　　　용	응답수	구성비
① 사업부 분권제	63	46.7
② 본사 집권제	56	41.5
③ 판매를 담당하는 부문과 판매촉진 부문으로 분류	33	24.4
④ 상사회사 대행	8	6.0

주) 복수회답으로 %는 회답기업 총수(135사) 대비 각 항목의 비율을 나타냄.

이 점에 대해서는 설문의 검토가 불충분했다고 생각되나, 본 조사의 결과만을 두고 볼 때 우리나라에서는 「사업부 분권제」를 채택하고 있는 기업이 많다고 할 수 있다. 또한 경제적 하강국면인 최근에는 조직의 슬림화나 리스트럭처링에 의해 사업부제를 제고하고 있는 경우도 있어 향후 다시 조사하면 이 점이 보다 명확해질 것이라고 생각한다.

2) 물류관리의 조직

물류활동의 조직에 대해서는 활동 분야별로 크게 보관(창고)조직과 수송 시스템의 조직 2항목에 대해 질문했으며, 다음과 같은 순서로 분석하고자 한다.

---

2) 회답에서 1항목을 기입한 기업이 112사로 제일 많고, 2항목을 기입한 회사가 24사(「사업부 분권제」와 「판매부문의 분류」 9사, 「사업부 분권제」와 「본사집권제」 4사, 「본사집권제」와 「판매부문의 분할」 4사, 앞의 3항목과 「상사회사 대행」의 절충형이 7사)였다.

(1) 보관(창고)조직

수요와 공급의 시간 조정을 통해 시간적 효율을 창조하는 기능
이 보관이다. 지금까지 우리나라 기업들은 창고의 부족, 기존 창고
의 낙후, 계절적 요인에 따른 재고관리의 비효율성 등이 문제점으
로 지적되어 왔다. 따라서 이 부문에 대하여 질문을 했다.

조사결과 보관(창고)조직에 대해서는 공장창고(78.5%), 직영 지방
창고(26.7%) 등이 주류를 이루고 있었다. 보관활동에 대해서는 80년
대 중반부터 무재고 운송이라든가 JIT 배송이 언급되고 있었던 데
비해서 자사 직영시설을 가진 기업이 많다는 인상을 받았다. 그러
나 그 실시 규모가 이전보다 소규모가 되었는지의 여부에 대해서
는 회답이 없으므로 단정할 수 없다. 또, 타사(창고업자나 도매상·도
매업자)의 이용은 20사(④+⑤)로 회답 기업의 14%에 지나지 않았으
며, 또한 주문생산을 위해 재고 없음(을 위한 무기입)이라는 회답도
3사가 있었다.

최근의 경향으로는 감량 경영이나 대도시의 균형적 지가상승에
의한 공장 용지 난, 지방 고속도로망의 정비 등의 상황변화로 인해
제조공장의 지방 이전이 빈번하여 향후의 보관업무는 기업 단위의
중간관리방식보다도 지방분산관리(분산화)방식 내지는 여러 회사
공동의(지방) 집배 거점 정비방식으로 확대될 것으로 생각한다.

〈도표 4-4〉 물류활동의 조직 : 보관(창고)

내용	①공장 창고	②직영 지방창고	③직영 중앙창고	④독립업자 에 의존	⑤도매업자 에 의존	⑥사업부제 에 의함	합 계
응답수	106	36	17	10	10	16	135사
구성비	78.5	26.7	12.6	7.4	7.4	11.9	100%

또한 창고의 현대화 개선방안으로는 선입선출방식의 도입, 창고

의 현대화에 의한 고소이용율 제고, 창고신설, 제품 및 재고전담 관리자의 지정, 입출고 시스템의 자동화, 적정재고수준의 유지 등의 도입이 필요하다.

그리고 지금까지 우리나라 기업의 창고기능은 단순히 보관창고 기능만을 수행하여 왔으나 앞으로 다목적 기능을 갖는 유통창고로서의 전환이 필요하다. 유통창고를 판매거점으로 함으로써 제조업자 직판체제를 확립할 수 있고, 중간 유통경로의 단축, 유통의 간소화, 비용절감이 가능하게 된다. 그리고 고도의 정보망을 갖는 유통창고는 유통과정에서 제품재고에 관한 신속·정확한 파악이 가능하며 과잉재고의 편재를 방지할 수 있다.

(2) 수송활동의 조직

수송은 어느 나라를 막론하고 물류활동에서 가장 큰 비중을 차지하고 있는 부문이다. 특히 우리나라의 경우 사회간접자본의 취약에 따른 도로정체로 차량 대기시간의 증가와 물류비 증가의 요인이 되고 있다.

조사결과에 의하면 수송활동에 대해서는 독립된 수송업자에 의존하는 비율이 크게 나왔다. 이것은 보관활동의 분산화에 수반되는 같은 방법의 흐름이라고 보아도 지장이 없을 것이다. 즉, 기업의 보관활동이 분산화되면 각지에 흩어져 있는 수송거점에 운송차량을 배치할 필요가 있기 때문에 수송비가 증대하게 된다. 한편 수송경비는 기업에 있어서 비부가가치원가 항목이고 절감해야 할 원가관리 대상이므로, 수송경비를 효율화하기 위해 수송업무를 외부에 위탁하는 비율이 높아지고 있다.

각 항목의 순위는 독립업자에 의존(66사 : 48.5%), 공장의 수송부문(52사 : 38.2%), 직영의 중앙·지방의 수송부문(34사 : 25%)으로서 전체 회답의 80%가 되어, 대부분의 기업이 외부에 위탁하고 있는 것으로 나타났다(<도표 4-5>).

〈도표 4-5〉 물류활동의 조직 : 수송

내 용	①독립업자에 의존	②공장 수송문	③직영 중앙·지방수송부문	④사업부제에 의함	⑤도매상·도매업자에 의존	합 계
응답수	66	52	34	22	17	135사
구성비	48.5	38.2	25.0	16.2	12.5	100%

전문 운송업자를 활용하는 것은 규모의 경제가 있기 때문에 개별기업 입장에서는 결국 이 방법이 비용절감에 도움이 되고 효익이 크다. 이 점은 회답 항목 수에서 독립업자에 의존한다라고 회답한 기업이 많은 것으로도 입증된다.

우리나라 기업의 경우 수·배송계획의 미비, 수송차량의 회전율 저하, 성수기와 비수기의 수송중량의 차이 등과 같은 관리상의 문제점이 많기 때문에 수송관리의 개선을 위한 수송계획의 확립이 필요하다. 그리고 지역별 물류거점 센터의 설치, 자사 보유 차량의 적정유지, 공공배송제의 도입, 운전자 취급요령 교육, 차량 대형화, 제3자 물류 활용, 복합일관수송체제(Unit Load System : ULS)의 구축 등과 같은 개선방안들이 적극적으로 검토되어야 한다. 더 나아가 생산물류결제의 전자적 동시화와 일관된 통합관리를 도모하는 CALS와의 연계가 바람직할 것이다.

제2부 물류원가관리의 혁신

- 물류비의 개념과 종류
- 물류활동의 원가와 수익성분석
- 물류활동기준원가계산과 원가관리
- 수송·보관의 원가관리
- 물류활동의 예산관리·원가관리
- 물류업적의 측정과 평가

5장 물류비의 개념과 종류

1. 물류비의 개념과 범위

1) 물류개념의 변천

미국 물류관리협의회(NCPDM)의 1976년 정의에 의하면, "물류(Physical Distribution)란 원료, 재공품 및 완성품이 원산지로부터 소비지까지의 효율적인 이동을 계획, 집행, 통제하려는 목적에서 둘 또는 그 이상의 활동을 통합하는 것을 나타내는 용어이다. 물류활동에는 고객서비스, 수요예측, 유통정보, 재고관리, 운반관리, 주문처리, 부품 및 서비스 제공, 공장 및 창고의 입지선정, 조달 포장, 반품처리, 폐품회수 및 쓰레기처리, 운송, 화물의 보관 등을 포함하며, 이외의 활동도 포함될 수 있다."고 정의하고 있다.

이 단체가 1986년에 미국 로지스틱스 협의회(CLM)로 개칭하면서 '물류'대신에 '로지스틱스'란 용어를 보다 광범위하게 사용하도록 하였다. 로지스틱스란 고객의 니즈를 만족시키기 위해서 원재료, 반제품, 완성품 및 그에 관련되는 정보의 원산지에서부터 소비지까지의 능률적·효율적인 이동 및 보관을 계획·실시·통제하는 과정을 말한다. 즉, 로지스틱스는 전술한 물류에 비해 다음 세 가지 점이 다르다(西澤, 1997b).

1) 고객의 니즈를 만족시키기 위해 실행되며, 고객지향이 중시된다.

2) 원재료, 반제품, 완성품 이외에 그에 관련되는 정보를 대상으로 하여 정보관리가 새롭게 도입되었다.

3) 이동(flow)만이 아니고 보관(stock)을 포함하며, 능률만이 아니고 효율화도 촉진한다.

따라서 로지스틱스는 기업 내 물류영역(예 : 물류부문 내)에서 기업별(예 : 생산·판매·물류의 통합) 또는 기업간(예 : 공동물류나 물류동맹) 물류영역까지 광범위하게 포함하고 있다. 그리고 로지스틱스는 수직적 물류와 수평적 물류를 포함한 광범위하고 포괄적인 의미로 사용되고 있다.

그런데, 1990년대 후반부터 네오 로지스틱스 시대가 시작되면서 공급업자·제조업자·판매처·고객까지 포괄해, 제판동맹이나 아웃소싱에 따른 유통 채널 전체의 유통 최적화가 주장되었다. 네오 로지스틱스는 정보력을 살려서 넓은 범위에 관심을 갖고, 기본적으로 환경을 중시하며, 고객의 사용을 위해서(시스템의 기능), 특히 그 만족도를 높이는 것을 최종목표로 한다. 그리고 시스템에 요구되는 전략은 전체 최적과 경영전략이 합치되도록 다양한 목표를 세우는 것이다.

더욱이 네오 로지스틱스 시대로 전향하자, 가치사슬은 사내에서 사외로 확대되어 공급연쇄 관리가 새로운 과제로 되었다. 물류 회

계면에서는 사내의 원가관리만으로는 불충분해서 공급연쇄를 대상
으로 하는 전략적 원가관리가 요청되고 공급연쇄 분석을 개발하는
일이 강력하게 추구되고 있다.

2) 물류비의 특성과 정의

이러한 물류비를 제조원가와 비교해 보면 다음과 같은 특징이
있다. 첫째, 전자는 발생된 기간에 즉시 비용처리가 되기 때문에 재
고가능원가(inventoriable cost)가 아닌 기간원가의 성격을 지니고 있
다. 둘째, 투입과 산출사이의 인과관계가 뚜렷하지 않는 재량적 원
가(discretionary cost)이고 셋째, 제조원가에 비해 기간범위가 상대
적으로 단기이며 넷째, 허용하는 원가항목의 수가 제조원가보다 비
교적 적다.

기업물류비에 대해 이론적으로 정의를 내리고 있는 대표적인 것
으로는 1989년에 제정되어 공표된 「기업물류비계산준칙」(한국생산
성본부)을 들 수 있다. 물류비의 정의를 기업의 관점보다는 회계의
이론적인 측면에서 체계적으로 내리고 있는데, 「계산준칙」에 의하
면, "물류비라 함은 특정 제조업자의 제조와 판매활동(유통업자의
경우 유통과 판매활동)에 수반되는 물류를 위하여 자사 혹은 타사가
소비한 경제가치를 말한다."고 정의하고 있다.

한편 한국공인회계사회가 기본안을 마련하고 건설교통부가 1997
년에 발표한 물류원가계산기준에 의하면 물류란 "원자재의 도달에
서부터 생산된 제품의 수요가 공급까지의 과정에서 물자의 운반,
보관활동과 운반보관에 부대되는 활동 및 관련정보의 처리활동"을

말하며, 물류비는 "물류활동을 수행하기 위하여 발생하거나 소비한 경제가치"를 말한다. 물류비는 기업회계기준에서 비용을 인식하는 발생기준 이외에 투자보수비와 재고자산부담이자에 대해서는 기회원가개념을 적용하고 원재료나 상품의 매입원가로 귀속되는 조달물류비를 비용으로 인식한다."고 규정하고 있다.

이 기준의 특징을 보면, 물류비는 재무제표작성시 제조원가, 판매비와 관리비, 또는 매입원가 등 계정과목과 관계된 경제가치는 전부 대상이 된다는 점에서 기업회계기준과는 상이점이 있으며 기업회계기준에서는 인정하지 않고 있는 기회원가를 일부 적용하고 있다. 투자보수비는 토지 등과 같은 비상각자산에 대해, 재고자산부담이자는 재고자산에 대해 일정 이자율을 곱하여 투자자본에 대한 기회이자를 계산하여 적용한다. 이런 특징은 물류비계산이 재무회계의 영역이 아니고 관리회계의 영역이어야 함을 보여주고 있다.

기업물류비에 대한 실무적인 정의는 미국 관리회계사협회(IMA)의 관리회계지침서 SMA-4P 「물류의 원가관리」의 용어정의에 잘 나타나고 있는데, 이 협회에 의하면 "물류비(logistics costs)란 원산지로부터 소비자까지의 조달, 사내 이동 및 판매, 재고의 전 과정을 계획, 실행, 통제하는 데 소요되는 비용"이라고 하였다. 이 정의는 최근의 고객지향적 물류의 개념이나 영역 및 관리대상의 확대를 기초로 한 것으로 그 특질은 다음의 4가지를 들 수 있다(徐賢珍, 1995).

(1) 물류비의 범위

대상을 '원산지로부터 소비자까지'로 하고 있음은 종래의 제품생산과 판매과정을 전후로 한 물품의 흐름이 아니고 출발점은 해당 물품의 장소, 시간으로부터 최종점 소비자에 이르기까지 광범위하게 설정되고 있다. 이것은 물류가 개별기업의 대상에서 기업간, 산업간 또는 사회적 물류를 국내 및 국제활동을 전부 대상으로 한 개념이라 하겠으며, 특히 공급연쇄(supply chain) 또는 물류연쇄(logistics chain)에 있어서의 공동물류나 물류제휴를 전부 포함한다.

(2) 물류비의 영역

'조달, 사내 및 판매, 재고의 전 과정'을 설정하여 종래의 물류영역에서 재고영역을 별도로 구분하고 있다. 이것은 재고관리의 중요성에 기인한 것으로 볼 수 있으며, 이들 영역의 전 과정을 대상으로 하고 있음은 총비용적인 접근을 나타내고 있다.

(3) 물류비관리의 대상

물류활동에 관한 '계획, 실행, 통제하는 데 소요되는 비용'을 나타내고 있다. 즉, 종래의 물류기능이나 영역을 주로 대상으로 해서 물류비를 산정하고 있었으나, 물류관리의 프로세스까지 대상을 확대하고 있다.

(4) 물류비관리의 목적

① '고객 니즈의 대응'은 최근 고객만족, 또는 고객서비스의 향상을 위한 경영목표를 달성하기 위한 것이다.

② '비용효과(cost-effective)가 가장 높은 방식의 채용'은 물류가 단순히 원가절감만을 지향하는 것이 아니라, 비용에 대한 효과가 높게 나타날 수 있는 방식으로 원가관리시스템의 구축을 나타내고 있다.

③ '원재료 및 제품의 효율적인 흐름 제공'은 물류활동의 실시에 있어서 물품의 흐름을 효율적으로 운영 및 통제할 수 있도록 관리할 것을 나타내고 있다.

④ '구입, 운송 및 보관 기능의 통합'은 부분적(partial)인 물류기능의 최적화나 합리화보다는 전체적(total)인 물류기능의 통합화 내지는 시스템화에 대한 중요성을 지적하고 있다.

이와 같이 기업물류비는 최근의 변화하는 물류환경을 고려한다면, 상술한 것과 같이 고객 니즈에 부응하며 비용효과가 가장 높은 방식으로 물품의 효율적인 흐름을 제공할 수 있도록 구입, 운송 및 보관 기능을 통합하는 차원에서 물류비의 관리가 이루어져야 한다고 하겠다.

2. 물류비의 분류와 내용

물류비의 분류체계는 일반적으로 발생형태별, 영역별, 기능별, 관리목적별 등으로 구분되고 있다. 이들 분류체계는 물류비의 산정 또는 관리를 위해 제시된 이용가능한 분류체계나 분류기준을 나타내고 있는데, 기업에서는 기업자체의 물류특성, 물류비산정의 능력, 물류비관리의 수준, 물류비정보의 요구수준 등에 따라 각각 상이한 분류체계를 개발해 내야 한다.

이러한 분류체계에 의해 구분되는 물류비를 건설교통부에서 마련한 「물류원가계산기준준칙」을 중심으로 하여 그 내용과 실태를 살펴보면 <도표 5-1>과 같다.

〈도표 5-1〉 물류비의 비교

분류 체계	생산성본부의 분류 (1989)	상공회의소의 분류 (1995)	건설교통부의 분류 (1997)
(1) 발생 형태별	자사지불물류비 　자가물류비 　재료비 　노무비 　경비 　　공공서비스료 　　관리유지비 　　감가상각비 　　일반경비 　　투자보수비 　위탁물류비 　타사지불물류비	자가물류비 　(형태별 세분) 　변동비 　고정비 지불물류비	자가운반비 위탁운반비 타사지불운반비 자가보관비 위탁보관비 타사지불보관비
(2) 영역별	조달물류비 사내물류비 판매물류비 반품물류비 폐기물류비	조달물류비 판매물류비(광의) 　사내물류비 　판매물류비(협의) 　반품·폐기물류비	조달물류비 사내물류비 판매물류비
(3) 기능별	포장비 운송비 　수송비 　배송비 보관비 　창고비 　재고투자비 하역비 유통가공비 물류정보비 물류일반관리비	운송비 보관비 　(하역비) 포장비 기타물류비 　유통가공비 　물류정보비 　물류관리비	운반비 보관비 포장비 하역비 물류정보관리비
(4) 관리 목적별	원가중심점별 물류비 　직접물류비 　간접물류비 물류조업도별 물류비 　변동물류비 　고종물류비 관리기능성별 물류비 　관리가능물류비 　관리불능물류비	물류조업도별 물류비 　변동물류비 　고정물류비	부서 업체 수송수단 물류종류 물류지점

1) 물류관리의 영역별 분류

원재료의 조달부터 생산된 제품의 공급까지의 모든 물류활동을 관리범위로 하되 관리영역별 물류비는 다음과 같이 구분한다.

(1) 조달물류비 : 원재료(부품, 포장자재 등을 포함)가 조달처로부터 운송되어 매입자인 회사의 창고에 입고되어 보관되고 회사 내의 창고간에 운송되는 활동까지의 제반 물류활동에 따른 물류비.

(2) 사내물류비 : 생산과정 중 공정과 공정간의 반제품의 이동이나 보관활동에 관련된 제반 물류활동에 따른 물류비.

(3) 판매물류비 : 생산된 완제품을 창고에 보관하기 위해 운송하는 활동부터 그 이후의 모든 물동에 따른 물류비, 반품물류활동과 공용기, 팰리트 등의 회수물류활동 및 파손, 또는 진부화된 제품, 포장용기 등의 폐기물류 활동에 따른 물류비를 포함한다.

일반적으로 물류는 조달물류, 생산물류, 판매물류의 세 가지 형태로 구분할 수 있는 바, 우리나라 기업들은 물류비를 산정하는 데 있어 주로 판매물류만을 주 대상으로 하는 것으로 나타났다.

〈도표 5-2〉 물류비 산정영역   단위 : %

구 분	조달·생산(사내물류 포함)·판매·회수(폐기물류 포함)물류 등 전 영역에 걸쳐 산정한다	조달·생산·판매물류만을 산정범위로 한다	생산·판매물류만을 산정한다	판매물류만을 산정 범위로 한다	기타	합계
1995 평균	25.2	19.6	14.8	36.1	4.3	100

판매물류는 물류의 최종단계로서 제품을 소비자에게 전달하는 일체의 수·배송활동, 즉 제품창고에서 출고하는 과정과 중간의 물

류거점인 배송 센터(distribution center)까지의 수송, 배송 센터 내에
서의 유통가공 및 제품분류작업, 각 대리점 및 고객에게 배송하는
작업 등을 포함한다. 이렇게 판매물류만을 대상으로 물류비를 산정
할 경우 수송비가 주 대상이 될 수밖에 없어 많은 부분이 물류비
산정항목에서 누락되고 있는 것이 사실이다. 따라서 전체 물류활동
의 효율적 관리를 위해서는 조달, 생산(사내 물류 포함), 판매, 회수
(폐기물류 포함)물류 등 전 영역에 걸쳐 물류비를 산정하는 것이 필
수적이다.

2) 물류활동별 분류

물류활동별로 물류비를 다음과 같이 분류한다. 단, 포장비와 하
역비는 별도로 분류하지 않을 수 있다.

(1) 운반비는 물품을 물류거점간에 이동시키는 활동에서 소비된
비용을 말하며 하역비를 별도로 구분하지 않을 때에는 상차 및 하
차활동까지를 포함하나 창고에 부설된 하역설비를 이용한 하차활
동은 보관비에 포함한다.

(2) 보관비는 물품을 창고 등의 보관시설에 보관하는 활동에서
소비된 비용을·말하며 하역비를 별도로 구분하지 않을 때에는 창
고에 부설된 하역설비를 이용한 하역비를 포함한다.

(3) 포장비는 수송포장(최종소비자에게 인도되지 않고 이동과 보관을
용이하게 하기 위해 실시하는 포장으로 판매포장과 상대개념임)활동에서
소비된 비용을 말하며 별도로 구분하지 않을 때에는 물류정보관리
비에 포함한다.

(4) 하역비는 물자의 이동과 보관활동에 수반되어 동일 시설 내

에서 물자를 상하좌우로 이동시키는 활동에 소비된 비용을 말한다.

(5) 물류정보관리비는 물류정보를 처리하는 비용과 물류관리비로 구성되어 있고 물류정보처리비는 물류정보를 수집, 보관, 전달하기 위해 필요한 입력, 처리, 기억, 출력, 제어, 통신 등의 제활동을 컴퓨터 등의 자동적 수단을 사용해 실시하기 위해 소비된 비용을 말하며 물류관리비는 물류관리부문에서 발생한 기타 모든 비용을 포함한다.

1994년을 기준으로 기업의 총매출액에서 물류비가 차지하는 비중은 14.3%로 집계되었는데, 이는 1993년(1991 회계연도 기준)의 8.5%보다 무려 5.8%가 증가한 것으로 연평균 19%씩 물류비용이 증가했음을 의미한다. 또한 물류비 중에서 각 기능별 물류비 비중은 수송비, 보관비, 물류일반관리비, 포장비 순으로 나타났는데, 주목할 것은 이전 조사에 비해 물류정보비와 물류일반관리비의 증가가 두드러지게 나타났다는 점이다. 이처럼 물류비가 대폭 증가하고 있는 것은 교통체증 심화에 따른 수송비 증가와 더불어 과거와는 달리 산정기준을 마련하여 물류비를 산정하는 기업이 증가함에 따라 그 동안 누락되었던 항목들이 추가되었기 때문인 것으로 보인다.

이전에 비해 가장 높게 증가한 기능별 물류비에는 운송비, 물류일반관리비, 보관비 순으로 나타나 운송비의 증가가 물류비 증가에 절대적 영향을 미친 것으로 나타났다. 이것은 지난해 성수대교 붕괴 이후 정부의 과적차량 단속으로 인한 운임증가가 가장 큰 원인으로 작용하였음을 보여준다. 즉 그 동안 관행에 의존하여 화물을 수송하던 방식으로부터 적재적량만을 실어야 하는 규제때문에 동일한 화물을 싣는 데 소요되는 절대적인 운임이 증가하기도 했으며, 한편으로는 화물차 확보가 어려워지면서 납기준수 등의 문제로 추가운임을 부담하더라도 화물차를 미리 확보하려는 경쟁이 심해졌기 때문이다

물류일반관리비의 증가는 주로 인건비 상승에서 그 원인을 찾을 수 있으며, 보관비의 경우에는 물류센터의 신규설립, 보관료의 상승, 재고증가 등이 비용증가의 주된 원인으로 작용하였다.

최근의 한 조사에 의하면 물류부문의 효율화를 통한 물류비의 절감은 기업의 이익증대로 직결되며, 물류비 1% 절감에 의한 순이익 증대효과를 얻기 위해서는 매출액을 7.2%나 증대시켜야 하는 것으로 나타났다.

〈도표 5-3〉 매출액 대비 기능별 물류비   단위 : %

구 분		1995년 평균
매출액 대비 물류비	① 운 송 비	5.4
	② 보 관 비	2.5
	③ 하 역 비	0.7
	④ 포 장 비	2.0
	⑤ 물 류 정 보 비	1.4
	⑥ 물류일반관리비	2.3
	⑦ 총 물 류 비	14.3
물류비 대비 비중	① 운 송 비	37.8
	② 보 관 비	17.5
	③ 하 역 비	4.9
	④ 포 장 비	14.0
	⑤ 물 류 정 보 비	9.8
	⑥ 물류일반관리비	16.1
	⑦ 합 계	100.0

즉, 물류부문의 효율화는 매출신장보다 적은 노력으로 경영성과를 향상시킬 수 있으며 나아가 물류서비스의 개선을 통해 매출액

증대 및 경쟁력 향상의 효과를 기대할 수 있기 때문에 절실하다.

3) 자가·위탁구분별 분류

(1) 자가물류비는 자사의 설비나 인력을 사용하여 물류활동을 수행함으로써 소비된 비용을 말한다.

(2) 위탁물류비는 물류활동의 일부 또는 전부를 타사에 위탁하여 수행함으로써 소비된 비용을 말한다.

(3) 타사지불물류비는 조달물류활동에서만 구분하는데 물류활동을 공급자인 타사가 수행하고 지불이 이루어진 경우에 발생한 비용을 말한다.

자가·위탁구분별 분류는 개별기업 입장에서는 물류활동을 누가 수행하고 물류대금 지불을 누가 한 것인가에 대한 상세한 정보를 알 수 있도록 하고 정부입장에서는 물류비를 종합집계할 때 중복 (물류공급회사와 물류수요회사간, 공급자와 수요자간) 집계를 방지하기 위해서 필요하다.

물류원가계산을 위한 물류비의 분류와 집계방법으로는 기능별 물류비의 분류와 집계가 84.3%로 발생형태별 분류와 집계의 50% 보다도 많았다. 특히 제조업의 경우는 100%의 기업이 기능별 분류와 집계를 하고 있었다. 그리고 영역별과 관리목적별로는 20%전후의 기업이 물류비를 분류하고 집계하고 있었다.

발생형태별로 물류비의 분류는 노무비와 경비에 대한 분류와 집계가 가장 높게 나타났으며 제조업의 경우는 각각 100%의 기업이 이 비목을, 서비스업의 경우는 경비를 100%의 기업에서 분류하고 집계하고 있었다(상공회의소, 1995).

4) 세목별 분류

기업회계기준의 비용계정과목과 같은 체계로 구분하여 물류비를 상세화시킨다. 계정과목의 분류 및 정의 등은 기업회계기준을 준용한다. 기업회계기준과 상이한 세목은 투자보수비와 재고부담이자가 있다.

투자보수비는 토지 등 비상각자산에 대해 공시지가 등 현실성 있는 시가에 투자되어 있는 자금에 대한 금리부담분 만큼의 기회손실을 의미하며, 재고부담이자는 재고자산이 존재함으로써 발생하는 재고자산 가치에 대한 금리부담분 만큼의 기회손실을 의미한다. 세목을 포함한 물류비의 비목분류는 부록의 <별표 1>과 같다.

5) 관리목적별 구분

물류비를 더 상세한 항목으로 세분하여 파악하기 위한 목적으로 각 물류비 비목별로 관리목적을 정의하여 확정한 후 관리목적별로 구분하는 것으로, 회사의 관리목적에 따라 그 내용은 상이하나 몇 가지 사례는 다음과 같다.

(1) 부서 : 물류비가 발생된 부서 또는 관리책임부서.
(2) 업체 : 물류활동을 위탁할 경우 물류활동 수행업체.
(3) 수송수단 : 철도, 해송, 육송 등.
(4) 물류종류 : 물류활동의 대상인 물류 종류(원재료, 제품, 부품 등).
(5) 물류거점 : 물류활동이 발생한 장소.

실무적으로 적용하기 위해서는 물류비 비목별로 관리할 대상 관

리항목(관리목적별 구분항목)을 결정하는 매트릭스표를 작성하여야
한다. 물류비 비목과 관리항목간의 매트릭스 사례는 부록의 <별표
2>와 같다.

물류비를 관리목적별로 더 상세하게 계산하기 위해서는 최초로
비목별 데이터 집계 시 구분하여 집계하고자 하는 항목별로 구분
되어야 한다는 의미이며 사례에 있는 운반비를 예로 들어 설명하
면 다음과 같다. 운반비를 귀속될 부서별, 운반업체별, 물류 종류
(원재료 종류)별, 물류 거점(공급자→항구, 항구→보세창고, 보세창고
→자재창고 등)별, 수송수단(트럭, 선박 등)별로 구분하여 측정하여야
한다는 것이다.

6장 물류활동의 원가와 수익성분석

1. 물류활동의 원가분석

1) 판매 채널별 원가분석

판매 채널은 "제품·서비스의 생산과 이용·소비를 유효하게 결부시키는 일련의 흐름에 관한 상호의존 조직의 집합"이다(Stern and El-Ansary, 1992). 채널에는 거시적 개념과 미시적 개념이 있으나 여기서 대상으로 하는 채널은 어떤 특정기업에 있어서 제품의 소비자까지의 이동의 통로로서, 미시적 개념에 있어서의 채널이다. 이러한 판매 채널에는 0단계 채널부터 3단계 채널까지 있다. 0단계 채널은 소위 직판제, 1단계 채널은 메이커가 직접 소매상에 판매하는 형태, 2단계 채널과 3단계 채널은 메이커와 소매간에 하나 또는 복수의 도매기능을 갖는 업자가 개재되는 경우이다.

이와 같이 채널을 4단계로 분류함과 동시에 동일단계의 채널 중에서도 소비자에 이르는 상이한 통로가 있는 경우, 즉 복수의 판매회사가 존재하는 경우(<도표 6-1>)와 소매단계에 있어서 대형 수퍼

마켓(이하 SM), 할인점(이하 DS), 편의점(이하 CVS) 및 일반소매점에 제품이 흘러가는 경우 등은 각각 별도 루트라고 하고, 채널만이아니라 루트의 수익성을 산정하지 않으면 안 되게 된다. 이하에서는 특히 별다른 일이 없는 한 '채널'이라는 용어에는 '루트'를 포함하는 것으로 한다.

〈도표 6-1〉 2단계 마케팅 내의 상이한 루트

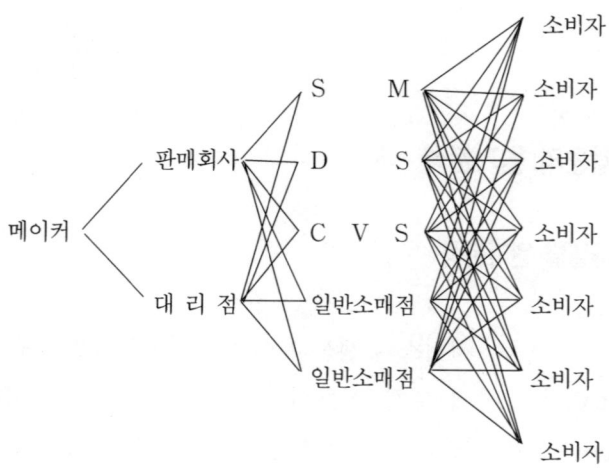

판매 채널의 수익성을 분석하는 경우, 먼저 마케팅 원가를 이 목적에 따라 분해하는 것이 필요하다. 마케팅 원가란 "제조업에 있어서는 제품이 제조되어 창고에 보관되었을 때, 또 판매기업에 있어서는 상품을 구매했을 때부터, 제품 또는 상품이 판매되어 현금으로 회수되기까지 발생하는 모든 비용"이다.

마케팅 원가는 주문획득비와 주문이행비로 분해할 수 있다. 주문획득비는 수익획득을 목적으로 직접 지출되는 비용으로서 전략적인 투자지출의 성격이 강하다. 또 주문획득비는 당해 기업의 외부에 지출되기 때문에 그 효과는 스스로의 노력에 의해 창출되는 것이 아니고 외부자(판매회사, 소매점 또는 소비자)에 의해 만들어지는 성질을 갖고 있다.

한편 주문이행비는 태반이 기업내부에서 효과가 일어나는 원가이다. 그러나 주문 이행비에 대해서는 내부에서 발생하는 것만이 아니고, 최종 소비자에 이르기까지의 모든 흐름을 범주에 넣어 파악하지 않으면 안 된다. 물류비의 관리에 대해서는 특히 이점이 중요하다.

이들 마케팅 원가의 발생장소에 대해서 2단계 채널을 예를 들어 고찰하면 <도표 6-2>와 같이 된다. 여기에서는 주문획득비로서 판매촉진비와 광고비만을 고려하고 있다.

〈도표 6-2〉 특정 채널에 있어서의 마케팅 원가의 발생장소

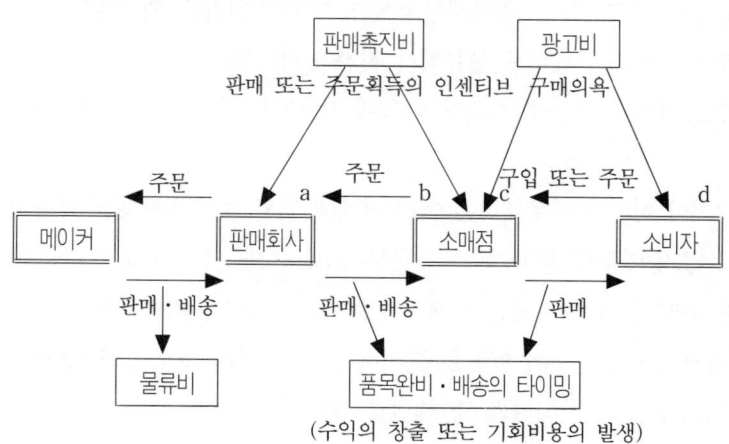

(수익의 창출 또는 기회비용의 발생)

판매촉진비는 2종류로 대별할 수 있는데 하나는 리베이트적 성질을 갖는 것(그림 중의 a)과 또 하나는 보다 소비자에 가까운 곳에서 이루어지는 판매점유율 등의 비용(그림에서 b)이다. 한편 광고비는 다양한 매체에 대해서 지출되는 비용(그림의 d)과 소매점에 있어서의 POP 등에 지출되는 비용(그림의 c)이다.

이러한 지출의 결과, 소비자가 구매하거나 주문이 발생하고 이에 따라 제품이 소비자에 흘러간다. 이것은 메이커에 대해 새로운 제품의 출하 또는 제조정보의 기초가 된다. 제품이 판매되면 재고를 보충하기 위해 메이커로부터 제품이 출하되며, 이 때 물류비가 발생하게 된다. 물류비는 메이커의 경우에는 앞에서도 지적한 바와 같이 판매회사까지를 인식하고 있는 경우가 많다. 단 금후 이익을 확대해 가기 위해서는 보다 하류의 단계가 중시된다.

2) ABC에 의한 판매 채널별 원가계산

종래의 세그멘트별 원가계산에서는 마케팅 원가는 세그멘트 직접비와 세그멘트 간접비로 분류해서 전자는 세그멘트에 직접 부과하고, 후자는 마케팅 기능에 집계한 다음에 각 세그멘트로 부과 또는 배부한다.

그러나 이러한 배부계산은 여러 단계에 걸쳐 그 원가행태를 왜곡시키고 있기 때문에 활동기준원가계산(Activity Based Costing : ABC)에 의한 마케팅 원가의 계산이 제창되고 있다. ABC를 실시하기 위해서는 마케팅에 있어서의 활동을 분석하여 원가집합(cost pool)을 선정하고 여기에 집계된 원가를 각 채널로 배분한다.

<도표 6-2>와 같이 상이한 계층에서 마케팅 원가가 발생한다. 이점을 지원하기 위해 Cooper 등(1992)은 마케팅 계층조직의 활동을 분할해서 <도표 6-3>과 같이 집계하는 Farell사의 방법을 소개하고 있다.

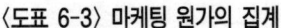

〈도표 6-3〉 마케팅 원가의 집계

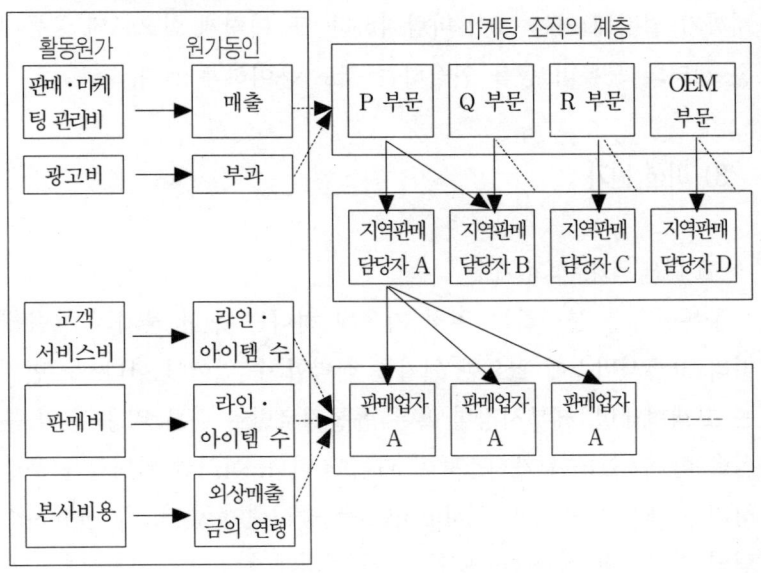

자료 : R. Cooper 등(1992).

〈도표 6-3〉에 있어서 조직계층의 1번 상부에 있는 것은 각 제품 판매부문이다. 다음으로 각 판매부문의 가운데에 위치하는 지역별 판매담당자가 놓여 있고, 그리고 판매업자로서 고객별 판매담당자가 그 밑에 자리잡고 있다. 마케팅활동에 집계된 원가는 이들 어딘가의 계층에 특정 원가동인(cost driver)에 의해 할당이 된 것으로 된다. 그리고 상위계층에서 집계된 원가가 하위방향으로 배분되는 것이 이 시스템의 특징이다.

이 방법에 의하면 원가계산에 다소 자의성은 남아 있어도 모든 마케팅 원가를 고객에 이르는 루트에 집계하는 것이 가능하다. 이 예는 사내의 계층에만 마케팅 원가를 배분하고 있으며, 판매촉진비나 광고비의 배부는 기업외부의 도매상이나 소매점과 같은 계층에

할당을 한다. 이 때문에 채널별 분석을 하는 경우의 계층은 소매단
계까지 설정해 가는 것이 바람직하다. 또 이렇게 함으로써 공동배
송 센터의 물류비 등을 인식하는 것도 용이하게 된다.

3) 미션 원가

(1) 미션 원가분석의 개요

물류원가를 분석하는 원칙 가운데 하나는 우선 물자의 흐름에
따라 고객서비스에 필요한 원가를 식별할 수 있어야 한다. 두 번째
는 고객형태별, 세부시장별 혹은 유통경로별로 다른 비용-수익 분
석을 할 수 있는 원가시스템이 되어야 한다. 이러한 원칙들을 운영
하기 위해서는 원가의 결과(output)를 중시해야 한다. 즉 물류시스
템의 바람직한 결과(산출물)를 먼저 정의해야 하고 그 다음에 그러
한 결과에 관련되는 비용을 파악해야 한다.

여기에서 중요한 개념이 '미션(mission)'이다. 물류에 있어서 미션
이란 특정 제품 또는 시장의 범위 내에서 물류시스템이 달성해야
하는 일련의 고객서비스라고 할 수 있다(Christopher, 1971, p. 61). 미
션은 대상 시장의 형태, 제품, 서비스와 비용의 제약조건에 따라 다
르게 정의될 수 있다. 본질적으로 미션은 전통적인 기업의 라인조
직을 가로로 횡단하게 된다. <도표 6-4>는 미션에 근거한 '결과(산
출)'지향과 기능에 근거한 '투입'지향 간의 차이를 보여주고 있다.

미션 회계는 전통적인 방법의 역순이라 할 수 있다. 즉 미션 회계
에서는 기능부서의 예산은 현재 그 기능이 서비스하는 미션의 수요
에 의해서 결정된다. 따라서 <도표 6-4>의 경우 미션별 원가는 가로
로 파악한 후에 다시 세로로 합계를 냄으로써 기능예산이 결정된다.

원가분석의 원칙에 의하면, 우선 물자의 흐름에 따라서 고객서비

스에 필요한 원가를 식별할 필요가 있다. 이를 위해서는 고객서비
스를 물류 미션으로 파악하여 그 원가를 계산한다. 이것이 물류 미
션별 분석(logistics mission costing)이다.

〈도표 6-4〉 사내와 사외의 물류 미션별 원가분석

단위 : £'000

사내의 가치사슬분석의 경우		구 입	생 산	판 매	물 류	합 계
미 션 　　활동센터						
물류미션별	원가분석 미션 A	100	90	20	80	290
	미션 B	50	70	200	20	340
	미션 C	70	30	50	70	220
기능 (또는 기업) 별 원 가 분 석		220	190	270	170	850
미 션 　　기업별		공급처	제조업자	채널	고객	합 계
사외의 공급연쇄분석의 경우						

주) Christopher(1992), 〈도표 3-3〉과 〈도표 3-4〉를 기초로 작성.

　물류 미션별 분석을 제창한 사람은 크리스토퍼로서 이미 1971년
에 물류 미션을 "특정 제품 또는 시장의 범위 내에서 물류시스템이
달성해야하는 일련의 고객서비스 목표"라고 정의하고, 다음과 같이
예를 들고 있다(Christopher, 1971, p. 61).

　① 물류 미션 A … 최저의 총원가로, 10일 이내에 95%의 배달율

로, 당사의 서구 시장에 판매한다.

② 물류 미션 B … 최저의 총원가와, 소정의 출하규모와 배달빈도로, 당사 제품의 기관 구매자에게 판매한다.

③ 물류 미션 C … 소매점의 서비스 요건과 원가를 균형화시켜 당사 이익으로의 물류 공헌도를 최대화하도록 현행 유통채널과 물류 시설을 이용해서 국내 소비자에게 판매한다.

이러한 물류 미션을 대상으로 하는 미션별 원가분석은 다음과 같은 2단계를 거쳐 실시된다(Christopher, 1992, p. 58).

제1단계 : 활동센터의 식별 … 특정한 물류 미션마다 활동센터를 식별한다. 활동센터는 <도표 6-4>에 나타난 것처럼 사내의 가치사슬분석에서는 구입·생산·판매·물류별로 식별되고, 사외의 공급연쇄 분석에서는 공급처·제조업자·판매처·고객이 식별된다. 물류 미션은 이와 같이 각 활동센터 또는 기업을 통합시킨 형태로 설정되어 횡단적으로 원가를 분석한다.

제2단계 : 증분원가의 측정 … 물류 미션에 필요한 각 활동센터의 증분원가를 산정한다. 미션별 분석은 의사결정을 위한 계산이 본질이기 때문에, 각 활동센터별로 산정하는 원가는 해당 미션을 실시하기 직전에 발생하는 증분원가(incremental costs)만으로 충분하다. 전부원가계산과 같이, 해당 미션을 중지하는 경우에도 발생하는 매몰원가(sunk costs)까지 배부할 필요는 없다. 미션별 분석의 선구자 바렛(Barreett)은 증분원가를 대신해서 귀속원가(attributable costs)라는 말을 사용하여, "현행의 조직 구조를 바꾸지 않는 한, 어떤 제품 또는 기능을 완전히 중지하면 회피할 수 있는 단위 원가"라고 정의하고 있지만(Barrett, 1982), 증분원가와 동일 개념으로 생각해도 좋다.

(2) 물류 미션 원가계산의 구체적 기법

중점관리의 기법으로서 ABC확인 또는 2 : 8의 법칙이라는 용어
가 있다. 매출 또는 이익은 겨우 20%의 고객에 의해 그 80%가 초
래된다는 법칙이다. 이것은 고객을 세분화함으로써, 우량고객에는
특별한 서비스를 제공해서 다시 매출과 이익을 증대할 수 있다는 말
이다. 여기에서 기술한 물류 미션(전략사업단위, SBU)이라는 사고방
식은 이러한 목적에 사용할 수 있다. 지금까지는 포장, 하역, 피킹,
배송 등의 평균치로 물류에 관련된 원가를 계산하고 있었기 때문에
고객의 유형이 바뀌면 그 물류 서비스의 원가가 바뀐다는 사실이 간
과되었다. 그러나 이 평균치는 다양한 요인으로 인해 변화하고 있다.

이 때문에 고객을 규모별·유형별, 세분화된 시장별로 집단화해
서(이것은 물류 미션을 나누는 것을 의미한다) 그 매출과 물류 미션에
속하는 각 항목(이것을 원가중심점(cost center)이라고 한다)의 원가를
집계한다. 이 물류 미션별로 '매출 - 제조원가' 즉 정확한 공헌액을
계산할 수 있다. 이를 간단히 계산하기 위해 원가중심점에 대한 귀
속비용이라는 사고를 도입한다. 원가중심점은 재고비, 포장비, 물류
관리비, 하역비, 물류 데이터 처리비, 품절과 클레임 처리비, 창고
비, 수송비의 각 항목을 말한다. 이것은 제조업을 예로 들고 있으
며, 도매업의 경우는 이것에 프로세스 단위(예 : 유통가공 등)를 더하
지 않으면 안 된다. 이렇게 해서 특정 물류 미션에 관련되는 원가중
심점을 명확히 한다.

다음에, 그 원가중심점이 그 미션을 인수했을 때에 발생하는 원
가증가분을 계산한다. 각 원가중심점에 있어서의 원가증가분이 이
물류전략 미션의 귀속비용이다. 이 귀속비용은 해당 원가중심점의

조직구조를 바꾸는 것이 아니고 , 그 물류 미션을 완전히 그만둔 경우에 회피할 수 있는 단위당 평균비용이다. 여기에는 이 물류 미션을 폐지해도 발생하고 있는 비용은 계상하지 않는다. 이 사고방식으로 원가중심점으로서 수송비의 경우를, 어떤 고객의 주문을 중지한 경우에 이 귀속비용을 <도표 6-5>에서 점검해 보자(和多田, 1995).

〈도표 6-5〉 Ⓐ에 귀속하는 수송비용의 계산

(a) 최초의 배송 루트   (b) ⓐ의 고객을 중지한 경우

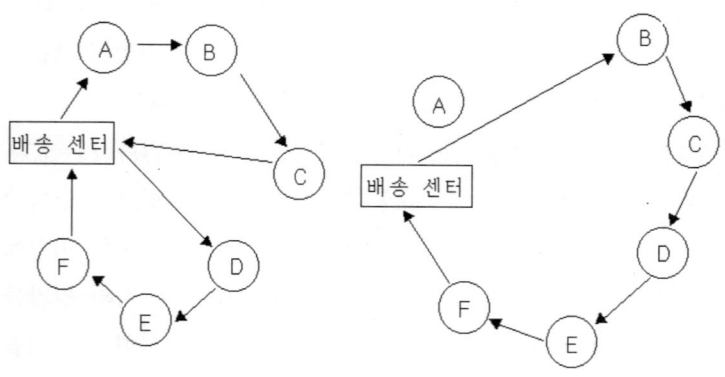

   도표 상에는 배송센터에서 A→B→C→배송센터→D→E→F→배송센터로 순회해서 배송을 실시한다. 이 때의 총수송원가를 X라 하자. A인 고객에 대한 수주를 중지한 경우의 배송 루트는 '배송센터→B→C→D→E→F→배송센터'이며, 이 총수송원가를 Y라 하자. 이 경우 (X-Y)가 A에 귀속하는 수송원가가 된다. 이 때에 이 물류 미션을 중지한 경우에 관련되는 다른 원가 중심점의 귀속비용을 계산한다. 이 합계비용은 그 물류 미션을 실행하기 위해 증가하는 총원가가 된다. 일반적으로 이렇게 해서 계산한 총원가는 대단히 작다. 왜냐하면 물류원가의 대부분은 고정비이기 때문이다.

이 물류 미션별 귀속비용의 총합계가 작다는 것은 매출액이 작은 고객에서도 고정경비를 조달하고 있고, 그 주문을 중지하면 그 만큼 이익이 악화되는 것을 의미한다. 여기에서는 각 물류기능의 원가중심점에 있어서의 귀속비용만을 생각했다. 만일 물류 미션을 수행하기 위해 필요한 설비투자가 발생한다면, 그 이자와 상각비용을 당연히 고려하지 않으면 안 된다. 여기에서 기술한 것은 그 원가중심점의 조직구조를 바꾸지 않는다는 전제에서의 사고 방식이다.

이 접근방식은 이렇게 계산한 물류 미션의 공헌액에는 공통비(일반적으로 고정경비가 많다)의 배부가 이루어지고 있지 않으므로 정확한 이익은 아니다. 그러나 고객서비스를 속행하는 과정에서의 의사결정에 필요한 정보임에는 분명하다.

다음에 나타내는 활동기준원가관리(Activity Based Management : ABM)는 이것들을 가미한 리엔지니어링을 실행하는 데 최적인 원가관리의 기법이다.

(3) ABC에 의한 미션별 원가분석

미션별 분석에서는 원가개념과 함께 원가의 계산방법이 문제가 된다. 전통적 원가계산에서는 비목을 조업도 기준으로 일괄 배부하지만, 이것으로는 불충분하여 활동기준원가계산(Activity Based Costing : ABC)을 활용하는 것이 필수 불가결하게 된다. Johnson과 Kaplan이 제창한 당시에는 ABC는 오로지 제조에 한정된 제조간접비 배부의 신기법이었으나(Johnson & Kaplan, 1988), 현재에는 물류에도 넓게 적용되어 물류회계의 신기법이 되고 있다.

이러한 물류 ABC를 IMA는 "실시하는 물류활동을 식별해 물류활동에 필요한 활동원가를 집계하고, 각종 원가동인을 사용해서 활동원가를 제품별로 재확인하는 원가관리의 한 방식"이라고 정의하고 있다(IMA, 1992, par, 14).

〈도표 6-6〉 전통적 원가계산과 ABC

전통적 원가계산		물류 ABC		원가동인
급료	550	주문처리비	300	주문수
임금	580	재고유지비	600	출하금액
감가상각비	250		300	주문종류수
임차·전기·전화료	700	포장·물품정리비	100	주문종류수
수선비	100	짐싣기비	200	중량
연료비	200	수송비	500	고객소재지
		고객배달비	200	하역수
		고정처리비	380	주문종류수
합 계	2,380	합 계	2,580	

자료 : Simmons & Steeple(1991).

　〈도표 6-6〉에 예시했듯이, 전통적 원가계산에서는 예를 들어 급료 임금 등의 형태별 금액이 개수와 중량 등의 조업도를 기준으로 일괄 배부되는 데 불과하지만 물류 ABC에서는 주문 처리비나 재고 유지비 등의 활동원가를 주문수나 출하금액 등의 원가동인을 사용하여 개별적으로 귀속시킨다. 이러한 물류 ABC를 도입한 물류 미션별 분석은 다음과 같은 단계를 거쳐 실시된다(Christopher, 1992, p. 78).

　제1단계 : 미션의 설정 … 고객서비스 별로 물류 미션을 설정한다. 모든 고객이 동일한 서비스를 요구하는 것은 아니므로, 각 고객을 별개로 취급하는 것이 고객관리의 기본원칙이 된다. 이를 위해 고객 종류별로 서비스 요건을 조사해서, 그것을 바탕으로 물류 미션을 설정한다.

　제2단계 : 활동요인의 식별… 고객서비스에 필요한 원가에 차이를 초래하는 활동요인을 식별한다.

물류 ABC를 적용하는 전제로서, 고객서비스에 필요한 원가에 직접 또는 간접적으로 영향을 미치게 하는 활동요인을 탐지한다. 이러한 활동요인으로는 제품 믹스(조합), 배달 특성(배달규모, 배달 빈도, 직송도 등), 상품계획지원, 특수포장 들을 예로 들 수 있을 것이다.

제3단계 : 원가동인의 식별… 특정 고객의 지원에 사용되는 개개의 경영자원을 산정하기 위해 원가동인을 식별한다.

이 단계에서 물류 ABC가 물류 미션별 분석에 도입되고, 고객의 종류별로 원가 등 경영자원을 산정하는 용구로서 원가동인이 식별된다. 이 경우 원가동인으로는 주문서에 대한 제품종류 수, 관여하는 요원의 인원 수, 재고지원 또는 배달의 빈도 등을 들 수 있다.

제4단계 : 활동원가의 귀속… 고객의 종류별로 활동원가를 귀속시킨다.

이렇게 해서 식별된 원가동인에 의거해서 고객의 종류별로 활동원가(활동센터의 원가)를 산출한다. 이 회계 절차는 원가배부(cost allocation)가 아니라, 원가귀속(cost attribution)이며 '회피가능성' 원칙(principle of 'avoidability')이 적용되는 것에 주목해야 한다.

즉, 활동원가를 자의적으로 각 고객 종류에 배부하는 것이 아니라 각 고객 종류마다 개별적으로 활동원가를 산정해야 한다. 그 경우에 산정의 대상이 되는 활동원가는 해당 고객으로의 판매가 중지될 경우에는 회피할 수 있는 증분원가에 한정되어야 하는 것은, 앞에서 서술한 그대로이다.

2. 물류활동의 수익성분석

수익성 원칙에서도 나타나고 있듯이, 공급연쇄분석에 있어서는, 원가분석에 이어 수익성분석도 실시할 필요가 있다. 이러한 수익성 분석의 중심은 고객별, 상품별의 수익성분석이다. 이하에서 순서대로 살펴보기로 한다.

1) 고객별 수익성분석

(1) 고객별 수익성분석의 초점

제조활동을 수행하고 있는 기업에 의하면 마케팅, 발송 및 고객 서비스 등 소위 하류 영역에 있어서 고객이 회사의 제자원을 이용하는 정도가 고객별로 크게 차이가 난다고 한다. 각각의 공헌액이 균등하지 않기 때문에 고객별 수익성분석을 필요로 한다.

고객별 수익성의 차이는 수익 또는 비용에 있어서의 차이에 의해 일어난다. 고객별 수익의 차이는 다양한 요인(각 고객에 대해서 단위당 부과되는 가격)의 차이와, 각 고객에 발송되는 아이템(제품 또는 서비스)의 차이 및 각 고객에 대해서 무료로 제공되는 아이템의 차이에 의해 발생할 수 있는 것이다. 또 고객별 원가의 차이는 고객이 스스로의 자원을 이용하는 방법의 차이에 따라 일어날 수도 있다. 예를 들어 어떤 컴퓨터 조립 회사에서는 대규모 고객에 대해서 특별히 구성된 소프트웨어와 하드웨어의 조합주문을 인정하고 있는가 하면 어떤 통신기기의 조립 회사에서는 고객에 대해서 구내 교환 시스템의 설계 및 제조방법에 대해서 상당한 탄력성을 제공하고 있다.

이렇게 고객별로 수익성에 차이가 난다면 '다른 고객과 비교하여

이 고객이 얼마나 수익성이 있는가'를 알아야 할 것이다. 보통 고객
수익성은 고객별로 에누리·할인공제 후의 순매출액에서 매출원가
를 공제해서 매출총이익을 구하고, 여기서 영업비를 빼서 고객별
이익을 산출하고 있다(<도표 6-7> 참조).

〈도표 6-7〉 고객별 및 상품별 수익성분석표

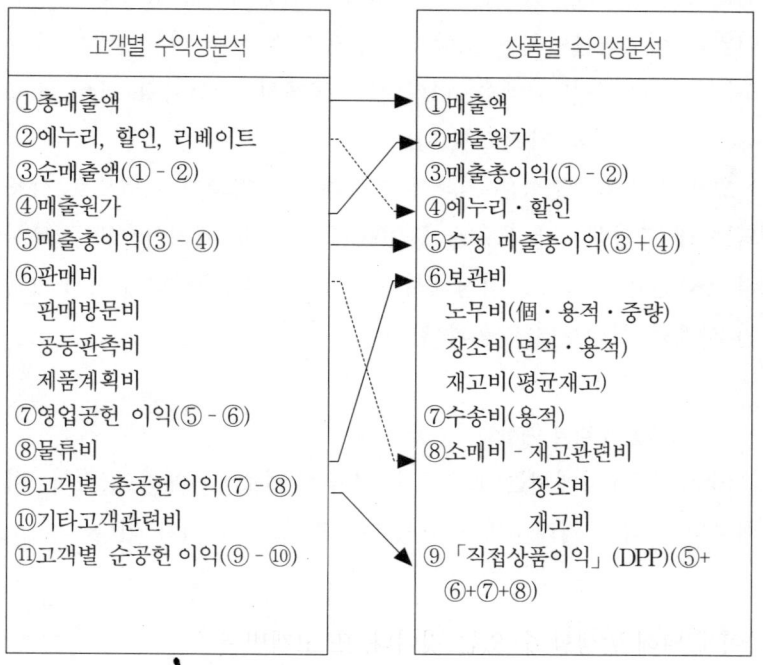

고객별 수익성분석	상품별 수익성분석
①총매출액 ②에누리, 할인, 리베이트 ③순매출액(① - ②) ④매출원가 ⑤매출총이익(③ - ④) ⑥판매비 　판매방문비 　공동판촉비 　제품계획비 ⑦영업공헌 이익(⑤ - ⑥) ⑧물류비 ⑨고객별 총공헌 이익(⑦ - ⑧) ⑩기타고객관련비 ⑪고객별 순공헌 이익(⑨ - ⑩)	①매출액 ②매출원가 ③매출총이익(① - ②) ④에누리·할인 ⑤수정 매출총이익(③ + ④) ⑥보관비 　노무비(個·용적·중량) 　장소비(면적·용적) 　재고비(평균재고) ⑦수송비(용적) ⑧소매비 - 재고관련비 　장소비 　재고비 ⑨「직접상품이익」(DPP)(⑤+ 　⑥+⑦+⑧)

주) Christopher(1992), Table 3-3 & 3-4에서 작성.

　문제는 매출총이익에서 빼는 영업비의 범위이다. 고객별 분석을
전략적 원가관리에 사용하는 데는 고객이익으로서 공헌이익만 구
하면 충분하며 순이익까지 계산할 필요는 없다. 이 때문에 매출총
이익에서 판매비와 물류비를 공제해서 고객별 총공헌이익을 구한
후,「기타의 고객관련비」를 차감하고 고객별 순공헌이익을 산출해,

다단계별로 고객별 이익을 표시한다.

여기에서는 영업비를 고객관련비와 비고객관련비로 대별한 후, 고객관련비를 판매비와 물류비 및 「기타의 영업비」로 구분하고 있다. 판매비는 거의 전액이 고객 관련비가 되지만 물류비 중 고객 관련비가 되는 것은, 전술한 바와 같이 증분원가 또는 해당고객에게 귀속시킬 수 있는 귀속원가뿐이다. 고객관련비만을 공제한 고객별 이익은 비고객관련비를 보상하면서 동시에 전체 회사이익을 도출하는 데 공헌한 금액을 나타내는 점에서 공헌이익(contribution margin)의 특징을 가지고 있다.

고객별 수익성분석은 지금까지 사내의 관리회계 기법으로 사용되는 데 불과했지만, Foster 등(1996)은 이것을 가치사슬과 결부시켜 공급연쇄 분석에도 확장해서 적용해야 함을 제창하였다. 구체적인 사례를 살펴보면 다음과 같다.

(2) 고객별 수익성 예시

Blue Ridge사에서는 스포츠용 타월을 제조·판매하고 있다. 이 회사의 고객은 거래량에 있어서 다음과 같은 차이가 있다.

- 대규모 고객 … 전국수준의 소매 체인.
- 중규모 고객 … 지방수준의 소매 체인점과 스포츠팀의 면허를 취득하고 있는 대리점.
- 소규모 고객 … 광고, 통신판매 캠페인이나 기타 마케팅 활동에 의해 타월을 구입하는 사람들.

Blue Ridge사는 크기, 색상, 로고, 자수, 염색이 다른 다품종의 타월을 판매하고 있다. <도표 6-8>은 3가지 고객 그룹에 대해서 보유하고 있는 데이터를 요약한 것이다.

〈도표 6-8〉 Blue Ridge사의 고객별 자료

구 분	대 규 모 (전국 체인점)	중 규 모 (지방 체인점)	소 규 모 (단일상점)
고 객 수	8(0.8)	154(15.6)	824(83.6)
판 매 수 량	100,250(36.3)	58,544(21.2)	117,406(42.5)
매 출 액	$308,762(38.1)	$183,744(22.7)	$318,024(39.2)
주 문 회 수	133(2.2)	845(13.8)	5,130(84.0)
발 송 회 수	147(2.3)	923(14.2)	5,431(83.5)
자수를 넣은 상품수	5,959(14.2)	6,490(15.5)	29,394(70.3)
염 색 상 품 수	20,536(48.0)	9,935(23.2)	12,328(28.8)
1 회 주 문 당 평 균 판 매 단 위 수	753	69	23
자수가 놓여 있는 상품의 판매단위수	5.9%	11.0%	25.0%
염색되어 있는 상품의 판 매 단 위 수 비 율	20.5%	17.0%	10.5%
평 균 단 위 당 매 가	$ 3.08	$ 3.14	$ 2.71

주) (   ) 안의 수치는 %를 나타낸다.

Blue Ridge사는 대규모 소매 체인점으로부터 가격할인에 대해 상당한 압력을 받고 있었다. 할인 요구에 대응하기 위해 Blue Ridge사에서는 고객별 수익성에 대한 조사를 착수했다. 각각의 고객에 대해서 자사의 제자원이 어떻게 차별적으로 이용되고 있는가를 정확히 파악하기 위해서, 활동기준원가계산(ABC)이 마케팅, 발송 및 고객서비스의 영역에 대해서 이용되었다.

이 조사에서 최초로 주목하고 있는 것은 3개의 고객 그룹별 수익성이며, 이들 그룹 내에 있어서의 개별 고객의 수익성에 대한 것은 아니었다. Blue Ridge사는 가격할인액, 수수료, 로고의 특허사용료와 같은 고객별 직접원가를 조사했다. 활동에 의거한 원가집합(cost pool)과 원가동인(cost driver)으로서는 다음과 같은 것이 포함되어 있었다.

원가 집합	원가동인
수주	주문회수
발송활동	발송회수
청구서	청구서의 매수
샘플·카탈로그 정보	매출액
고객 그룹별 마케팅	매출액

결과적으로 Blue Ridge사의 총영업이익액의 대부분은 다음과 같이 대규모 고객 그룹에 의한 것이라는 사실을 알았다.

구　　분	수익에 대한 비율(%)	영업이익에 대한 비율(%)
대규모 고객	38.1	67.3
중규모 고객	22.7	32.8
소규모 고객	39.2	-0.1

대규모 고객 그룹은 8개의 소매 체인점으로 구성되어 있다. <도표 6-9>에 나타난 바와 같이 각 고객별 수익성의 수치는 이들 8개사의 고객에 관한 것이다. Panel A에서는 수익액에 의거한 이들 8개사의 고객의 순위가 나와 있고, Panel B에서는 영업이익에 의거한 순위가 부여되어 있다.

이들 8개사의 대규모 고객 중 3개사(B, D 및 A)의 영업이익액이 대규모 고객 총영업이익액의 80%를 차지하고 있으며, 2개사(E, G)가 영업 손실을 보이고 있다.

〈도표 6-9〉 Blue Ridge사의 거래량이 큰 고객에 관한 수익성분석

〈PANEL A〉 수익의 순위부여

고 객	수 익	영업이익	누적수익	누적수익/전체수익
A	$ 71,632	$ 21,662	$ 71,632	23.2 %
B	64,531	37,616	136,163	44.1 %
C	44,153	15,707	180,316	58.4 %
D	39,521	23,407	219,837	71.2 %
E	30,915	− 4,209	250,752	81.2 %
F	25,627	13,654	276,379	89.5 %
G	18,279	− 10,874	294,658	95.4 %
H	14,104	5,699	308,762	100.0 %

〈PANEL B〉 영업이익의 순위부여

고 객	영 업 이 익	누적영업이익	누적영업이익/ 전체영업이익
B	$ 37,616	$ 37,616	36.6 %
D	23,407	61,023	59.4 %
A	21,662	82,685	80.5 %
C	15,707	98,392	95.8 %
F	13,654	112,046	109.1 %
H	5,699	147,745	114.7 %
E	− 4,209	113,536	110.6 %
G	−10,874	102,662	100.0 %

Blue Ridge사의 사례에서 예시된 바와 같이 고객별 수익성분석은 다음과 같은 점들을 식별한다는 특징을 가지고 있다.

- 가치사슬의 모든 영역에 대한 원가를 식별한다.
- 고객과의 1회 거래가 아니고 복수 거래에 초점을 둔다.
- 복수 고객에 의해 구입된 단일제품이 아니고, 단일 고객으로부터 구입된 복수 제품에 초점을 둔다.

- 1개의 제품, 서비스, 부문 또는 지역이 아니고 단일고객과 관련되는 원가를 파악한다.
- 상이한 배급 판로업자와 같은 고도로 집합적인 수준을 유지하거나 또는 개개 고객과 같은 극히 상세한 수준에 대해서 이용할 수 있다.

이러한 특징이 있기 때문에 앞으로 대부분의 관리회계 시스템이 현재 운영하고 있는 방식에서 탈피하여 합리적인 고객수익성분석을 하기 위해서는 적어도 다음 4가지에 대한 변화가 이루어져야 할 것이다.

(3) 고객별 수익성정보를 발전시키기 위한 방책

① 신뢰할 수 있는 고객별 수익과 비용의 수치를 발전시킨다.

많은 기업은 고객별 수익과 원가에 대해서 신뢰할 수 있는 예측을 할 때 여러 가지 문제가 존재한다. 먼저 고객별 수익액을 파악하기 위해서는 다음과 같은 다양한 사항을 고려해야 한다.

- 개별 고객은 상이한 유통경로 또는 상이한 지역에 있어서 상품을 구입할 수도 있다.
- 고객이라는 것은 구매행동의 분권화 정도에 따라 다르다.
- 어떤 단일고객이 컴퓨터 파일 내에 복수의 이름과 이중의 코드를 갖는 경우가 있다.
- 고객별로 외상 및 현금의 비율은 실제와 다를 수도 있다.
- 신뢰할 수 있는 각 고객별 수익수치를 개발하기 위해서는 교환거래, 지급기한의 연장 및 예외적인 정가의 할인과 같은 다양한 형태의 수익기록에 관한 검토가 필요하다.

다음으로 고객별 원가를 파악하기 위해서는 다음과 같은 사항을 적어도 하나 이상 고려해야 한다.

- 회계 시스템은 제품별, 지역별 또는 기업의 직능별 원가를 파악하는 데 관심이 쏠려 있으며 고객을 초점으로 하지 않는다.
- 고객이 어떻게 해서 조직의 제자원을 이용하는가에 대해서 파악하는 데 필요한 기록의 대부분을 비치하고 있지 않는다.
- 개별 고객의 원가를 수집하기 위해서는 가치사슬의 많은 영역으로부터의 원가를 수집하는 것이 필요하다.
- 조직의 상당수의 원가는 개개의 고객에 고유한 것이 아니므로, 예를 들어 연구개발비나 광고비와 같은 원가는 개별 원가로서 파악되는 것이 아니고 배부를 시켜야 한다.

② 고객에 관한 장래의 하류쪽 원가를 인식하는 방법

전통적인 원가계산 시스템에서는 수익과 비용이 대응하고 있다. 많은 시스템에서 강조되고 있는 것은 당기에 발생한 비용 또는 당기 이전에 자본화된 비용의 배분에 관한 부분이다. 대부분의 시스템에서는 오늘의 활동에 따른 장래의 비용을 파악하는 것에는 관심을 기울이고 있지 않다.

그러나 차세대의 고객별 수익성 보고서는 다음과 같은 영역에 있어서의 중대한 도전에 직면하게 된다. 첫 번째는 환경원가에 관한 영역인데, 환경에 관련되는 원가는 각각 고객에 관련된 원가이다. 정확한 고객별 원가계산을 위해 이러한 원가를 배분하기 위해서는 먼저 환경원가의 크기를 견적하는 것과 그리고 환경원가를 고객별 수익성 보고서가 산정되는 각 기간에 배분하는 두 가지의 문제를 해결해야 한다.

또 다른 영역은 소송원가인데 이것은 사안의 중대성에 따라 당초의 구입가격을 훨씬 초과하는 하류 쪽의 소송원가가 발생할 가능성이 있다. 소송에 관련된 고객원가의 산정에 관해서는 '발생할 가능성이 있는 소송원가에 관해서 몇 가지의 예측을 해야만 하는 가', '예측이 실시된다면 어떠한 방법을 사용해야 하는가' 등의 문제 해결에 관한 딜레마가 있다.

③ 복수기간의 시야를 분석에 도입하는 방법

고객별 수익성분석을 실시할 때에 하나의 개선책으로서 고객별 수익성을 계약기간에 걸쳐 예산화하고 추적을 하는 것을 들 수 있다. 계약기간에 걸쳐 고객별 수익성을 예산화하는 것은 <도표 6-9>와 같은 보고서에 의거해 의사결정을 하는 경우에 중요하다.

고객별 수익성 보고서를 시도하고 있는 몇 개 기업에서는 판매원에 대해서 당기만이 아니라 향후 3년간의 예산화된 매출액을 주요 고객별로 작성할 것을 요구하고 있다. 예상되는 수익성의 견적치가 당기만이 아니고 3년간에 걸쳐 포착된다면 해당 기업은 현재보다도 정교한 정보를 소유하는 것으로 된다.

당기만이 아니라 장래에 걸쳐 이익을 가져다주지 않는 상황이 계속된다면 그 고객에 대해서는 별도의 옵션을 강구할 필요가 있다. 이상적으로는 수익성이 높은 현재 고객의 유지를 최대화하면서, 새롭게 수익성이 높은 고객이 추가되는 비율을 증가시키는 방향으로 목표를 삼는 것이다.

④ 고객별로 상이한 원가동인을 인식하는 방법

Blue Ridge사의 예에서 보는 바와 같이 종합적 고객별 수익성의 제1세대에 관한 보고서에서, 모든 원가는 선택된 원가동인에 관해서는 장기적으로 변동적이며 서로 연결되어 있지 않다고 가정하였다.

그러나 최근의 연구에서는 보다 정확한 고객별 수익성보고서를 개발하기 위해 이러한 가설을 완화하고 있다. 먼저 "모든 원가는 장기적으로 변동적이다."고 하는 가설을 완화하기 위해 몇 가지 접근법을 생각할 수 있다.

첫 번째 방안은 원가동인과 그 배부율에 대해서 단기와 장기로 나누어 별개의 분석을 실시하는 것이다. 기존의 고객별 수익성보고서에서 장기적인 원가동인에 초점을 맞추는 것은 그릇된 결론을 도출하게 된다. 그 결론이란 현재 수익성이 좋지 않은 고객을 제거해 버리는 것(revenue shedding)은 이들 고객에 대해서 배부되는 원가를 단기적으로 소멸시킨다는 것이다. 만일 그 고객과의 관계가 없어진다면 고객지향의 원가는 단기적으로 소멸한다고 하는 회의적인 것이다.

두 번째 방안은 상이한 원가동인의 수준을 인식하기 위해 고객과 관련된 원가 계층을 준비하는 것이다. 종합적 고객별 수익성보고서의 제1세대에서는 전형적으로 모든 원가를 개개의 고객수준에 배부하고 있다. 고객과 관련된 원가 계층은 상이한 원가동인의 분류나 원인과 결과 및 향유하는 편익의 관계를 결정할 때, 어느 정도 곤란한가에 따라 고객원가를 상이한 원가집합에 분류하는 것이다. 가설적인 한 가지 예로서 다음과 같은 것을 들 수 있다.

```
    수익
  - 고객에 고유한 원가
  ─────────────────
    고객에 고유한 공헌
  - 고객라인의 원가
  ─────────────────
    고객라인의 공헌
  - 배부되지 않는 기업원가
  ─────────────────
    영업이익
```

(3) 고객수익성 매트릭스 활용

이상과 같은 분석을 실시함으로써 얻을 수 있는 가치는 상당하다.

이러한 정보는 우선 다음 판매계약을 협상할 때 이용할 수 있고, 또한 영업 및 마케팅 전략의 기초로서 수익률이 낮은 형태의 고객으로부터 보다 수익률이 높은 고객과의 거래에 자사의 노력을 기울일 수 있게 한다.

　더욱 중요한 것은 이렇게 함으로써 높은 서비스 비용을 유발하는 고객을 관리할 때의 전략대안을 알 수 있다는 점이다. 이상적으로는 자사의 모든 고객이 중장기적으로 수익성이 있도록 유도해야 하며, 현재 수익성이 확보된 고객은 더욱더 수익성을 높일 수 있도록 추구해야만 한다.

　<도표 6-10>이 보여주는 고객수익성 매트릭스는 전략적 방향설정을 위한 일반적 지침을 제공한다. 매트릭스의 각 면에 대한 적정한 전략은 다음과 같다.

〈도표 6-10〉 고객수익성 매트릭스

		서비스의 내용	
고객의 순매출액	고	보호 (Protect)	비용유발자 (Cost Engineer)
	저	구축 (Build)	위험구역 (Danger Zone)
		저	고

　① 구축(Build) : 이런 유형의 고객에게는 제공하는 서비스의 비용은 적으나 순매출규모가 낮다. 여기에 대한 전략은 서비스 비용의 추가 없이 매출액을 증가시킬 수 있는가, 보다 수익성이 높은 판매 믹스를 향해 판매 팀들이 이런 고객의 구매품에 영향을 주는 것을 어떻게 찾을 것인가?

② 위험구역(Danger Zone) : 이런 고객들은 조심스럽게 관찰해야 한다. 즉, 순매출액을 개선하거나 또는 서비스 비용의 감소가 중장기적으로 가능한가? 그들을 유지하는 전략적인 이유가 있는가? 그들의 이익공헌도가 낮더라도 구매물량 때문에 그들이 필요한가?

③ 비용유발자(Cost Engineer) : 이런 고객은 현행 서비스 비용을 줄일 수 있다면 상당히 수익성에 도움이 된다. 배달이 통합될 수 없는가? 동일지역 내에 새로운 고객이 개발된다면 배달의 경제성이 향상될 수 있는가? 이러한 고객으로부터 주문을 수집하는 보다 저렴한 방법이 없는가?

④ 보호(Protect) : 저렴한 서비스비용으로 높은 순매출액을 가져다주는 고객은 보다 비중을 둘 가치가 있다. 이런 고객에 대한 전략은 다른 곳으로 옮겨가지 않도록 관계를 강화해야 한다.

이상적으로는 고객 수익성에 대한 자료를 정규적으로 수집하고 분석하는 회계 시스템을 개발해야 하나 불행히도 대부분의 회계 시스템은 고객보다도 제품에 초점을 맞추고 있다. 마찬가지로 원가 시스템도 활동이나 거래보다도 기능에 의거해서 계산하고 있으나, 앞으로는 제품에 대한 회계뿐만이 아니라 고객과 마케팅에 대한 회계 시스템으로 기업들이 전환해야 할 필요가 있다. 왜냐하면 제품이 아닌 고객이 이익을 창출하기 때문이다(Christopher, 1993). 특히 고객수익성에 관한 연구는 전략적 의사결정의 지원, 무형자산의 평가, 고객유지율의 분석 등과 같은 경영관리 연구의 영역에서 핵심적인 위치를 차지하게 될 것이다.

이상을 요약하면 고객수익성의 분석은 ABC 분석에 의한 비용의 효율화를 도모함과 동시에 ECR(효율적 소비자 대응)의 확립을 위해 기업 외에 가치사슬을 구축하고, 이를 위한 비용을 지출함으로써 최종소비자의 구매의욕·만족감을 증진시켜 가면서, 수익유발요인으로서 채널·루트의 정비를 촉구한다는 점에서 가장 큰 의의를 찾을 수 있다.

2) 상품별 수익성분석

직접이익의 극대화를 실현하는 이론으로서 직접상품수익성(Direct Product Profitability : DPP)이 있다. 이 기법은 본질적으로 고객수익성분석과 상당히 유사한데, 그것은 이 분석 역시 상품이 물류 채널을 통하여 이동함에 따라 해당 상품이나 주문에 부가되는 모든 비용을 파악하고자 하기 때문이다. 즉 DPP는 모든 물류활동(예를 들어 수송, 자재이동, 저장, 주문처리 등)을 통해 각 개별 제품 항목을 최종고객에 까지 배송함에 따른 실제의 비용과 수익성을 계산하는 것이다(Johnson & Wood, 1996, p. 462).

DPP의 계산은 <도표 6-7>의 오른쪽 표와 같이 고객별 분석과는 다음과 같은 여러 가지 점에서 차이가 있다(西澤, 1997a).

(1) 에누리·할인은 상품과는 직접 관계없으므로 매출총이익으로 되돌리고, 그것들을 공제하기 전의 수정매출 총이익을 사용한다.

(2) DPP 분석은 소매업에서 개발되었기 때문에 판매비로서 소매판매비가 계상되고 있다.

(3) 상품이익으로서 「직접상품이익」이 산출되고 있지만, 그 본질은 바로 상품별 공헌이익이다. 물론 이러한 상품별 분석은, 공급연쇄 분석에서는 소매점뿐만 아니라 공급처·제조업자·도매점 전체에 대해서 실시된다. 그러므로 제판동맹 등의 전략적 제휴계약을 맺어 회계정보의 교환 등을 적극적으로 전개하는 것이 필요하다.

DPP의 배경이 되는 사고방식은 많은 거래에서 고객이 제품의 직접적인 구입가 이외의 비용을 유발한다는 점이다. 이러한 비용은 때때로 숨겨져 있으며 그 규모가 상당히 커서 특정 품목의 순이익을 감소시키거나 없애는 경우도 있다.

공급업자는 DPP를 이해하는 것이 중요한데 그것은 자신들이 저원가로 공급할 수 있는 능력은, 제품이 물류시스템을 통과하여 흘러갈 때 발생하는 비용에 의해서 영향을 받기 때문이다. 그리고 도매업자나 소매업자 또한 각 품목별 DPP를 더욱 의식하고 있으므로 공급자로서도 DPP에 영향을 미치는 주요 원가유발요인을 이해하고 효과적으로 활용하면 큰 이점을 얻을 수 있게 된다.

〈도표 6-11〉 직접상품이익(DPP)

```
┌─────────────────────────────────────────────────────────────┐
│ 매출액에서 에누리 및 할인액을 더하고, 개별 제품에 합리적으로      │
│ 배부 및 할당될 수 있는 모든 비용을 공제한 후의 순공헌이익         │
│                                                               │
│   매출액                                                      │
│ - 매출원가                                                    │
│ = 매출총이익 + 에누리 및 할인                                  │
│         = 조정 후 매출총이익-창고비                            │
│                     인건비(작업단위 : 케이스· 중량· 체적)      │
│                     공간점유비(체적)                          │
│                     재고비(평균재고)                          │
│                   - 운송비(체적)                              │
│                   - 소매비용                                  │
│                     재고관련 노무비                           │
│                     매장 노무비                               │
│                     매대 점유비                               │
│                     재고비                                    │
│                   = 직접상품이익                              │
└─────────────────────────────────────────────────────────────┘
```

자료 : M. Christopher(1992).

소매업에 있어 자사 DPP의 극대화는 직접상품원가(Direct Product Cost : DPC)의 절감과 총이익율의 개선을 통해서 실현될 수 있다. 소매업에서 DPC 극소화를 위한 가장 간단한 방법은 자사의 원가를 공급업자(vendor)에 전가시키는 것이다. <도표 6-11>은 소매업에 있어서 대략적인 총이익 측정으로부터 보다 상세한 DPP로 전환할 때 거쳐야 할 단계를 나타내고 있다.

제품의 특성과 그에 관련된 비용이 품목별로 크게 다르기 때문에(예를 들어 체적, 중량, 케이스당 내용수량, 하역비, 공간점유율 등), 소매업자는 DPP를 품목수준에서 관찰할 필요가 있다. 또한 매장의 공간이 소매업자에게는 제약요인이므로 주요 성과척도는 제곱 미터(㎡)당 DPP가 된다. 상이한 제품이 소매업 자체의 물류시스템을 통과하여 흘러가는 동안에 제곱 미터 단위당 DPP가 일반 총이익과 얼마나 다른가를 <도표 6-12>에서 알 수 있다.

〈도표 6-12〉 직접상품이익(DPP)

구 분	총이익(%)	DPP(%)	평균DPP/㎡($)
유아식	11	3.4	0.11
콩, 쌀	11	3.9	0.24
쇼트닝, 식용유	11	7.3	0.98
종이제품	19	7.2	0.47
케이크 믹스	19	10.1	0.44
젤리, 잼	22	16.7	1.01
가정용 세제	24	17.3	1.05
아이스크림	23	6.2	0.99
버터	10	4.6	1.97
냉동야채	34	23.	1 2.60
냉동과일	24	17.3	3.28
담배	12	13.2	6.56
치약	31	18.6	1.42
화장용 티슈	15	–	(0.01)

DPP를 이용한 사례를 살펴보면 화학회사인 Boots사는 메인 프레임 컴퓨터를 이용한 DPP 시스템을 통하여 심층분석을 한 후에

애완동물용 식품항목을 모두 없애버렸다. 코카콜라 Schweppes사는 주요 슈퍼마켓 연쇄점들과 협력하여 소프트 드링크 품목수를 41개에서 18개로 줄이고, 공급업체를 7개에서 2개로 줄이는 조치를 취하였다. 이 결정으로 매출의 감소를 가져오기는커녕 물량이 증대되었을 뿐만 아니라 이익도 20% 향상되었다(M. Aston, 1989).

이 이외에도 제품포장 디자인에서부터 시작하여 제조업체 또는 공급업체가 DPP/㎡를 개선시킬 수 있는 수많은 요소들이 존재하는데, 예를 들면 케이스 크기의 변경, 배송빈도의 증가, 그리고 점포로의 직송 등을 들 수 있다.

7장 물류활동기준원가계산과 원가관리

1. 물류활동기준원가계산

1) 기존 원가계산 방식의 한계

전통적 회계실무에 있어서 원가관리의 가장 큰 문제점은 중요비용을 분류하고 보고하는 데 있어 적절한 물류척도를 제공하지 못한다는 것이다. 물류를 측정하기 위한 필요성을 이해하기 위해서는 통합물류시스템에 관련되는 원가를 인식하고 분석하는 일에 결부시켜 전통적 회계방법을 검토해야 한다(Bowersox & Closs, 1996, p. 643).

물류기능은 대차대조표와 손익계산서 양쪽에 모두 관련된 분야이다. 그러나 물류원가계산과 분석을 하는 데 있어 일차적인 결점은 표준화된 회계원가가 일반적으로 인정된 회계원칙에 의해 인식·분류·보고된다는 것이다. 불행하게도 이러한 전통적 회계방식은 물류원가계산의 요구사항을 충족시키지 못한다.

첫 번째 문제는 회계실무가 활동기준보다도 표준, 또는 자연계정과목에 의거해 원가를 집계한다는 사실이다. 즉 급여, 지대, 집세,

소모품비, 감가상각비 등으로 분류하는 실무는 관리책임의 조직 분야별로 원가를 인식하고 할당할 수 없다. 따라서 물류활동을 설계하고 평가하기 위해서는 특정 전략사업단위(SKU)에 대한 창고비용과 같이 특정 과업과 활동을 수행하는 데 따르는 원가를 인식할 필요가 있다. 이 결과 물류활동기준원가계산을 추구하는 것이 세계적인 추세이다.

전통적 회계의 또 하나의 결점은 수송비지출을 보고하는 방식이다. 총이익액을 달성하기 위해 제품원가의 일부로서 총매출액에서 운임을 공제하는 소매업의 회계실무가 남아 있다. 대부분의 구매에서 운임은 특정원가로서 전혀 보고되지 않는다. 대부분의 제품은 수송비를 포함한 도착가격기준에 의거해 구매된다. 모든 서비스에 대한 비용이 평가목적을 위해 수송비를 통합하여 총구매원가에서 분리되어 계산되어야 한다.

전통적 회계실무에서 마지막 결점은 재고원가를 규정하고 할당하지 않는다는 것이다. 여기에는 두 가지 면이 있는데, 첫째는 재고유지에 관련된 모든 원가(보험료와 세금 등)가 인식되고 할당되지 않아서 재고원가를 보고할 때 과소평가 또는 불분명하게 된다는 것이다. 둘째는 재고로 인한 재정상의 부담을 인식·측정할 수 없다는 것이다. 현행 회계원칙에 따르면 재공품과 완제품의 재고는 자산으로 처리되므로 단기간에는 이익에 영향을 미치지 않지만 결국 재고부담으로 인한 현금회전의 감소 등으로 어려움을 겪게 된다. 따라서 재고로 인한 기회이익의 상실분을 감안하여 의사결정에 반영시켜야 한다.

이와 같이 여러 가지 문제점이 있는 전통적 회계를 종합적으로 수정하기 위해서는 물류활동기준원가계산(Activity Based Costing : ABC)을 추구하는 것이 필요하다. 물류 ABC가 주목을 받고 있는 것은 원가계산에 필요한 기초 데이터를 입수하는 것이 현실적으로 어렵다는 것이 문제이지만, 하주별 또는 거래처별 배송과 물류센터 내 작업의 난이도를 반영한 물류원가의 파악이 가능하기 때문이다. 그리고 물류서비스가 단순한 수·배송서비스에서부터 물류센터의 창고작업과 보관서비스도 포함한 복합적인 물류서비스를 제공하는 경우가 많아짐에 따라, 물류 ABC는 보다 중요한 원가관리 기법이 된다고 생각할 수 있다.

2) 물류활동기준원가계산

일반적으로 전통적 원가시스템의 원가정보는 활동별로 보고되지 않고 계정과목이나 기능 부문별로만 보고되기 때문에 너무 통합되어 있고, 제품 생산 또는 고객을 서비스하기 위한 개별 활동에 사용되는 원가가 얼마인지를 알기 어렵다(안태식, 1997).

기업의 생산성이 향상되거나 감소하는 것은 결국 활동의 효율성에 달려 있다. 따라서 생산성 향상은 결국 활동의 성과를 계속 향상시킴으로써 가능하다. 원가는 활동의 결과일 따름이다. 이와 같이 활동을 중심으로 관리함으로써 정확한 제품원가 정보를 제공하고 활동의 효율화를 도모하기 위해 탄생한 방법이 활동중심원가시스템인 것이다.

활동기준 원가계산은 기업에서 수행한 활동을 인식하고, 이런 활동에 관련된 원가를 추적하고, 이런 활동들의 원가를 각 제품에 배부하기 위한 다양한 원가동인을 사용하는 원가관리 방법이다. 원가동인은 각 제품별로 소비된 활동을 반영한다. 활동기준 원가계산 시스템은 이러한 활동과 제품에 관련되는 다양한 목적을 위해 경영자들이 사용한다.

이하에서는 활동기준 원가계산의 방식을 통해 물류원가의 직접 할당과 배분에 대해 설명한다. 물류원가의 발생원인이 인식되고 이해될 때에만 효과적인 의사결정을 위해 원가를 직접 할당하거나 적정하게 배분할 수 있다. 또한 어떤 물류원가는 두세 가지 제품간에 공유되므로 공통활동원가를 인식·분리·할당하는 능력은 이용 가능한 원가회계정보에 달려 있다.

활동기준 원가계산은 직접노무비와 직접재료비를 기준으로 간접비를 배분하고 있는 전통적 원가회계방법을 개선하기 위해 창안되었다. 기업의 완전한 제품공급망에 새로운 원가계산을 적용하는 것은 중요하다. 업종에 따라서는 총수익의 40%에 이르는 이런 물류원가를 산정함에 있어, 모든 공급망 활동을 통합하지 않는 제품원가정보는 불완전하게 된다.

수송과 창고업무 이외의 물류기능에 대해서도 ABC의 접근법은 유사해야 하며, 활동과 그 활동의 빈도는 각 물류기능 또는 프로세스별로 인식되어야 한다. 예를 들어, 포장 자재를 조달함에 있어 전형적 활동단계는 매일 구매주문을 하고 납입품을 수취해야 한다. 그리고 주기적으로 포장자재 소요량의 결정, 공급업자 인정, 구입명세서의 작성, 공급원의 전략 평가와 수정, 공급업자 입찰(경쟁), 공급업자의 선정, 공급업자 업적의 평가 등을 실시하게 된다.

이렇게 일단 활동들을 이해하고 나면 활동에 대한 원가와 사이클타임을 결정하는 것이 필요하다. 이것은 지속적인 관찰과 역사적 데이터를 통해 결정된다. 결정에 필요한 요인에는 출발부터 종료까지의 사이클에 필요한 시간(1시간 또는 1일)과 사이클에 관련된 원가(노무비와 기타 비용) 등이 포함된다.

<도표 7-1>은 기업전체를 통하여 재료의 흐름과 관련된 노무비

요소에 대한 원가/사이클타임을 나타낸 것이다. 이 사례는 특정 유통경로를 통해 주문품을 고객에 배송하는 것인데 여기에서는 기업자체에 대한 조달-판매물류 공급망을 포괄하고 있으나 공급업자, 수송업자, 고객에 대한 비교 가능한 공급망 활동은 포함되지 않고 있다.

〈도표 7-1〉 원가/사이클타임의 사례

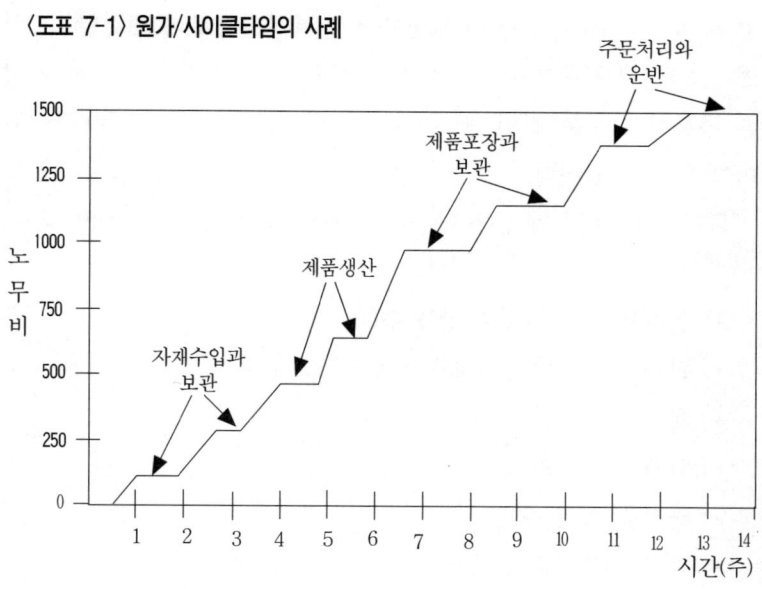

자료 : IMA, SMA 4P.

<도표 7-1>에 나타난 시간축은 원재료에서 고객배달까지 제품의 운송에 지출된 금액과 관련된 원가를 나타낸다. 이 시간은 저장, 재고, 그리고 흐름, 포장, 상표부착에 직접 관련되지 않는 시간을 소비하는 활동과 같이 제품이 머무르고 있을 때의 임시정지 활동을 포함한다. 또한 구매, 주문처리, 보관·저장, 수송, 정보지원 등의 기능 활동에 대해서도 마찬가지로 원가/사이클 타임의 측정치

를 파악할 수 있어야 한다. 이러한 모든 원가/사이클타임 측정치의 합계는 제품그룹, 사업라인, 유통경로, 고객, 또는 다른 원가관리 집단별로 활동기준 원가계산을 나타내게 될 것이다.

활동기준 원가계산의 핵심은 물류 파이프라인을 따라 자원을 소비하여 비용을 유발시키는 '원가동인(cost driver)'을 찾아내는 것이다. 예를 들어 만약 주문에 대한 피킹 비용을 해당 주문에 부과하려고 할 때 과거에는 주문당 평균비용을 계산함으로써 해결할 수 있었다. 그러나 활동기준 접근방식은 주문 피킹 자원을 소비하는 것은 주문상의 주문 라인(행) 수이므로 이것이 원가동인으로 간주되어야 한다는 것이다.

원가동인은 다음과 같은 다양한 물류활동에 대해 인식되어야 한다.

- 원자재(재고유지단위 항목 수)
- 원자재 공급망(공급자와 거점 수)
- 재료 재고수준
- 완제품 배송망(유통망과 거점 수)
- 완제품 재고 수준
- 고객 수요수준과 유형
- 고객서비스 수준
- 수송(반입/반출)
- 창고(저장·이동)

이러한 주요 원가동인과 관련해서 기업의 물류전략과 운용정책에 따라 활동수준별로 원가가 발생한다. 원가가 발생하는 이유만이 아니라 시기와 방법을 이해하는 것이 중요하다. 기업들이 활동기준 원가계산을 개발함에 있어 유용한 방식은 한 사업단위, 한 제품그룹,

한 기간, 한 가지 유형의 유통경로에 대한 원가모형을 개발하는 것이다. 원가흐름모형을 개발하는 데 뒤따르는 단계는 <도표 7-2>에 표시되어 있다.

〈도표 7-2〉 원가모델의 개발

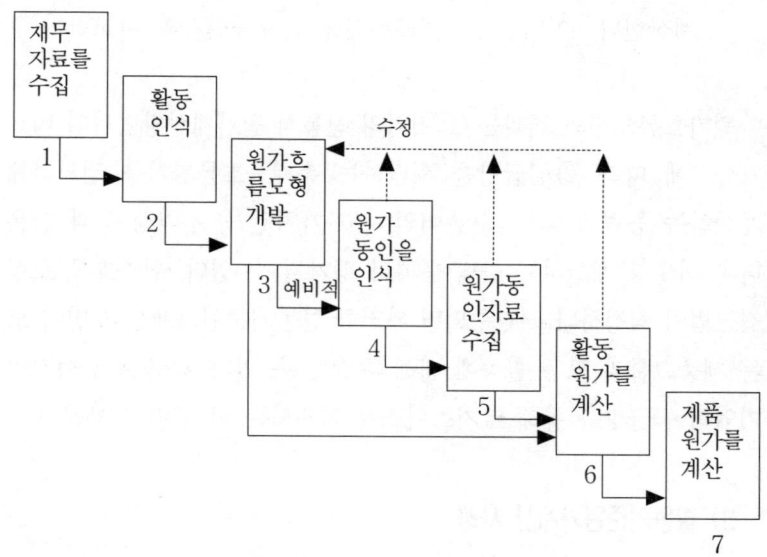

이러한 단계를 상세히 설명하면 다음과 같다.

① 재무자료를 수집한다 : 단기예산(또는 과거실적).

② 활동을 인식한다 : 선택된 제품그룹에 대해 인식한다.

③ 예비적 원가흐름 모형을 개발한다 : 제품그룹에 할당할 수 있는 모든 원가를 인식한다.

④ 원가동인을 인식한다 : 원가를 유발하고 활동을 착수하는 사건을 인식한다.

⑤ 역사적, 예상된, 관찰된 또는 예측된 원가동인 자료를 수집한다.

⑥ 원가동인과 활동별로 계산된 활동원가를 계산한다 : 원가합계

액에 대한 범위를 조정한다.

⑦ 각 제품그룹과 유통경로에 대해 계산된 화폐의 시간가치를 결정한다 : 변수는 기업의 자본코스트에 총사이클타임과 총 제품원가를 곱한 것이다.

⑧ 적절한 동인과 활동에 근거한 제품그룹에 대해 제품원가를 계산한다 : 이익을 계산하고 전통적 제품원가와 비교한다.

원가흐름모형의 결과는 ① 기업의 전통적 원가계산방법과의 비교 가능성에 따라 ② 공급망을 횡단하는 총제품흐름원가를 정확하게 계산하는 능력에 따라 ③ 총이익, 부가가치원가, 수익성 등과 같은 다른 척도를 계산하는 능력에 따라 평가될 수 있다. 원가흐름 모형 접근법이 적정하다고 간주되면 완전한 활동기준원가계산 방법이 모든 제품그룹과 모든 활동에 대해 개발될 수 있다. 다음은 전형적인 기업의 공급망을 통해 로지스틱스에 적용되는 이 방법의 사례이다.

3) 활동기준원가계산 사례

이 예제는 '주요 고객'을 타깃으로 삼아 물류전략에 착수하고자 하는 일반 소비재 제조업체를 대상으로 한다. 여기에서의 전략은 선택된 고객에 대해 특별한 포장과 상표부착, 선적의 촉진, 직접상 점인도, 자동재고보충 등의 분야에서 차별적 물류서비스를 제공하 는 데 초점을 둔다.

이 기업은 항상 양질의 제품생산과 적시배달에 주력했으며, 현재 특별한 물류프로그램 개발을 통해 특정 대상고객과의 관계를 증진 시키고자 한다. 특별한 물류서비스 규정이 마케팅과 제조관리자에 의해 완벽하게 명문화되어 있으며, 경영자는 그 프로그램에 대한 원가분석을 요청했다. 이렇게 함으로써, 새로운 각 서비스의 원가가 명시적으로 결정될 수 있으며, 적정한 제품가격이 계산될 수 있다. 더불어 순이익 분석(수익, 할인, 환불, 제조와 마케팅 원가를 비교해서)에 의해서 프로그램이 수익성에 미치는 영향을 결정할 수 있다.

물류와 재무관리자는 주요고객을 위주로 하는 물류전략과 관련된 활동을 인식하기 위해 활동기준원가계산 분석을 실시했다. 원가흐름모형이 공급망 전체에 걸쳐 활동원가와 제품원가를 결정하기 위해 개발되었다. 모형을 개발하기 위해 단일제품 라인(조명기구), 특정한 유통경로(소매점), 특정 주요고객이 선택되었으며, 1997년의 1/4, 2/4분기가 대표적인 사업기간으로 선정되었다.

전통적으로 비제조원가는 함께 집계되어 생산된 수량에 의거해 각 제품라인으로 배부된다. 이에 비해 활동기준원가계산은 "주요고객" 위주의 물류전략 프로그램(구매, 고객서비스, 주문처리, 정보처리, 수송과 창고업무)에 의해 영향을 받는 물류기능을 인식하며, 기능이 선택되고 나면 각 물류기능 내의 특정 활동이 파악된다.

사이클타임과 관찰치의 측정을 통해 구매, 고객서비스, 주문처리, 정보처리기능에 대한 원가동인이 결정되고 또한 동시에 납품업자 구매주문을 처리하고 고객의 주문을 입력하고 선적을 이행하는 데 필요한 개인별 시간이 측정되었다. 여기에 적정한 임률(재무자료로부터)과 특별급여를 적용함으로써 직접노무활동원가가 계산되었다.

활동원가는 주문된 라인 항목, 처리된 클레임, 선적량과 같은 특정한 원가동인을 사용하여 조명기구 제품 라인에 배부되었다. 활동원가를 더 세분화하기 위해 원가흐름모형은 활동원가를 직접노무비, 운용재료비, 구입서비스, 간접물류와 같은 4가지 범주로 분리했다.

그리고 이 기업은 공장-창고간의 이동과 고객으로의 판매물류를 제공하기 위해 공공창고 네트워크와 전문 자동차 운송업체를 이용했다. 창고와 수송에 관련된 활동원가는 이러한 구입 물류서비스의 분석을 통해서 결정되었다. 이 분석에는 소비고객에 대한 선적과 선박에 관련된 적정한 활동원가를 결정하기 위해 창고수취와 주문 피킹/선적 활동에 대한 특정한 동작과 시간연구 등이 실시되었다.

선박에 대한 개별 활동원가가 모두 계산되고 집계되면, 개발된 모형은 새로운 물류서비스 제공에 대한 원가의 영향을 예측하는 데 사용되었다. 이러한 방식으로 최고경영자는 특별 물류서비스를 그들의 주요고객에 제공하기 위해 필요한 추가노동, 재료, 그리고 외부서비스만이 아니라 현행 목표원가를 상세히 구축할 수 있게 되었다. <도표 7-3>은 이러한 원가흐름 모형에 대한 예제의 결과 를 보여주고 있다.

계산을 위한 기초자료

① 재료조달부서 예산 $440,000, 105백만 파운드 구매, 완성상자 당 평균원재료 20파운드.
② 포장조달부서 예산 $134,000, 3.5백만 파운드 구매, 제조상자 당 평균포장 0.5파운드.
③ 모든 원재료의 평균 반입원가 $200, 트럭당 45,000파운드 구매, 제조상자당 평균 20.5파운드.
④ 예측/생산계획부서 예산 $500,000, 연간 7백만 상자 생산.
⑤ 재고계획부서 예산 $300,000, 연간 7백만 상자 생산.
⑥ 공장에서 창고까지 평균트럭비용 $500, 트럭당 600상자.
⑦ 주문당 1인 30분, 시간당 $13.50, 선적당 350상자.
⑧ 주요고객 No.1에 대한 $500이상의 트럭비용, 트럭당 350상자.
⑨ 선적당 1인 45분, 시간당 $13.50, 선적당 350상자를 기준.
⑩ 클레임당 1인 3시간, 주요고객 No.1에 5주문당 1클레임을 기준
⑪ 물류활동과 연간 생산을 지원하는 연구를 기준.

〈도표 7-3〉 활동기준원가계산 가치 : 조명기구제품라인 소매주요고객 No.1

물류기능	활동	원가/단위	원가/상자	비고
구매	재료의 조달	$0.004/파운드	0.08	(1)
구매	포장의 조달	0.038/파운드	0.02	(2)
수송	반입운임-재료와 포장	0.004/파운드	0.09	(3)
예측/생산계획	모든 활동	0.07/상자	0.07	(4)
재고관리	재고계획	0.04/상자	0.04	(5)
수송	공장간 운임 완제품	500/선적	0.83	(6)
창고	완제품 수취와 처분	0.15/상자	0.15	(7)
정보처리	완제품 데이터 입력이전	0.04/상자	0.04	(8)
주문처리	소매조명기구 고객주문입력	6.75/주문	0.02	(9)
정보처리	주문 피킹 리스트 작성	0.05/상자	0.05	(8)
창고	소매조명기구 주문 피킹	0.21/상자	0.21	(7)
창고	소매조명기구 주문선적	0.09/상자	0.09	(7)
정보처리	소매고객 선적통지	0.04/상자	0.04	(8)
수송	반출운임 주요소매고객 No.1	500/선적	1.43	(10)
고객서비스	선적추적	10.19/선적	0.03	(11)
고객서비스	조명기구 클레임 처리	40.50/클레임	0.02	(12)
간접서비스	모든 활동	0.34/상자	0.34	(13)
		총물류비 총제조원가	$ 3.55 6.25	
		총제품원가	$ 9.80	

2. 물류활동기준원가관리

1) 물류ABC에서 ABM으로

물류 ABC는 물류활동별로 원가동인(물류원가의 소비원인이 되는 동작)을 식별하고, 이 동인을 기준으로 해서 물류원가를 제품과 고객에 배부한다. 그런데 이 원가동인을 물량 그대로 제품과 고객별로 비교하거나 전기의 실적과 당기의 표준을 비교하면, 물류동인이 소비하고 있는 물류활동이 판명된다. 이 결과 가치를 창조하지 못하는 물류관련활동을 제거 또는 축소하면 물류활동을 대폭적으로 개선, 효율화, 능률화할 수 있다. 이것이 물류활동기준관리 (Activity-Based Management : ABM)이다. 물류 ABM이 물류효율화의 신기법으로 불리는 것은 이런 이유 때문이다. ABC와 ABM을 모형화하면 <도표 7-4>와 같다.

〈도표 7-4〉 ABC와 ABM

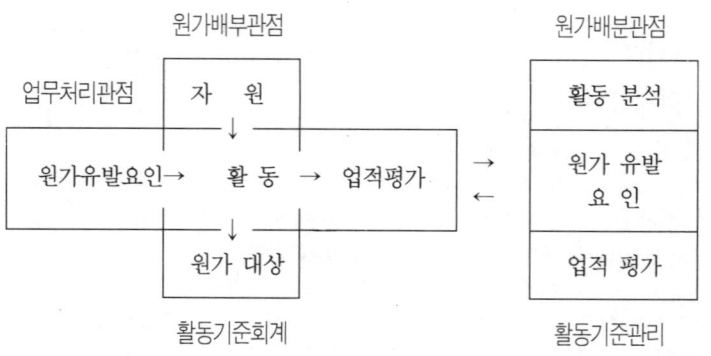

자료 : Raffish & Turney(1991), p. 54.

활동기준관리는 기업의 모든 활동 즉, 제품의 설계 단계에서 고객에 대한 A/S 때까지의 활동을 관리함으로써 프로세스의 개선을 도모하자는 것이다. 자원을 소모하는 여러 활동들을 분석하여 가치를 창출하는 활동(부가가치 활동)과 가치를 창출하지 못하는 낭비적 활동으로 구분해서, 비부가가치 활동을 최소화하고 부가가치 활동 등은 효율화하자는 것이다.

예를 들면 창고에서는 입출고·포장·하역 등은 고객에 도움이 되지만 저장, 보관, 준비, 회의는 고객에 불필요한 것이다. 수주생산 내지 즉납·직송체제를 택하면 창고와 배송센터조차 소용없게 된다. 이것이 물류 리엔지니어링이다. 역으로 물류 ABM에 의해 물류전략이 다음과 같이 전환될 수 있다(西澤, 1997. 8.).

(1) 비효율적인 물류활동을 발견할 수 있으므로, 이것을 배제한다면 물류의 효율화가 실현된다

(2) 고객서비스의 향상에 불필요한 활동이 식별되므로, 이것을 제거한다면 고객서비스를 감소시키지 않고 물류원가를 대폭 절감할 수 있다.

(3) 가치사슬 분석과 제품 공급사슬(supply chain)관리를 병용하면, 고객지향의 물류전략을 세울 수 있다.

2) ABM의 구체적 활용

(1) 어느 정도까지 세분화된 활동을 분석할 것인지를 결정한다.
각 프로세스 단위의 활동에까지 분석해서 원가동인과 활동의 특성을 분석한다. 활동을 세분하면 할수록 정확한 분석이 가능하지만 시간이 걸린다. 따라서 목적에 따라 세분하는 정도를 결정할 필요

가 있다.

(2) 원가와 부가가치의 대응을 분석한다.

각 활동에 얼마나 시간이 걸리는가를 측정한다. 또는 배송을 위해 포장을 하고 있다면 재료비와 노동시간을 측정하는 것도 필요하다. 인건비라면 직접급여, 상여, 복리후생비 등의 적당하다고 생각되는 비용항목을 배분해서, 예를 들어 1분 간 얼마를 계산한다. 영업이라면 기간을 정해 매일 보고하게 하여 각 활동별 원가를 파악한다.

ABM 분석은 리엔지니어링을 필요로 한다. 프로세스를 대상으로 실시하고, 원가계산과 같이 월별로 결정해 정기적으로 실시할 필요는 없다. 리엔지니어링을 위한 정보를 수집하고 어떤 프로세스를 개혁하는가를 결정해, 그것을 실행하고나서 효과를 확인하는 절차를 밟는 것이 바람직하다. 부가가치분석을 통해 고객의 서비스를 향상시키지 않는 활동은 당연히 폐지나 삭감의 대상이 된다. 시간분석에 의해 이동에 소요된 시간은 부가가치에 공헌하지 않으므로 삭감의 대상이 되고, 벨트 컨베이어 등이 자동화하게 되면 이동시간은 대폭 줄어들게 된다.

(3) 활동의 원가와 부가가치를 증감시키는 요인을 발견한다.

상품의 보관위치는 피킹 담당자의 이동시간에 크게 영향을 받는다. 이 때문에 피킹 빈도가 높은 상품은 창고의 입구근처에 두고, 피킹 빈도가 낮은 것은 안쪽에 둠으로써 피킹이라는 부가가치를 일으키는 작업을 현저하게 효율화시킬 수 있다. 취급상품이 많게 되어 보관선반이 많아지고, 보관공간이 증대하고, 피킹 담당자가 걷는 시간이 증대하므로 피킹이라는 부가가치에 대한 동인은 취급상품의 수가 된다. 피킹 담당자의 대기시간이 많다고 하면 픽킹 작업의 평균화가 가능하도록 피킹 전표 등을 사용하여 개선한다.

(4) 부문횡단적인 프로세스의 부가가치와 원가구조의 관계를 파악한다.

작업 프로세스의 각 작업이 평준화되어야 하며 작업량에 불균형이 없도록 인원를 배치한다. 또한 프로세스 내의 낭비적인 시간을 발견해서 삭감할 수 있다. 물류서비스에서 '리드타임'을 줄이기 위해서는 입하활동과 보관, 피킹이 동시에 원활하게 이루어질 수 있도록 병목현상(bottleneck)을 제거할 필요가 있다.

〈도표 7-5〉 물류 ABC/ABM의 세대구분과 그 특질

명 칭	시스템특성	계산목적	계산성과	원가계산의 절차
제1세대 물류 ABC	물류부문 내 물류활동 가치사슬	제품별 물류가격 계산	실상을 반 영한 가격 계산 가능	물류원가 → 물류활동비 → 제품·고객
제2세대 물류 ABC	기업내의 통합된 가치사슬	기업전체 공급사슬 분석	지속적 개 선과 물류 원가 절감 가능	물류자원 → 부가가치활동 / 비부가가치활동 ⇒배재 → 제품·고객
제3세대 물류 SCM	거래기업 간만의 공급사슬	거래기업 간 공급사 슬 분석	기업간 경쟁에서 제휴로 전환	거래기업간 물류활동 → 부가가치활동 / 비부가가치활동 ⇒배재
제4세대 유통 SCM	채널전체 통합된 공급사슬	채널전체 공급사슬 분석	유통기구 전체의 조 화를 실현	채널전체의 물류활동 → 부가가치활동 / 비부가가치활동 ⇒배재

자료 : 西澤(1997. 8.), 〈도표 2-1〉에서 인용.

3) 물류 ABM에서 물류 SCM으로

물류 ABC가 궤도에 오르면 다음에는 물류 ABM를 실시하고, 나아가 물류공급연쇄관리(Logistics Supply Chain Management, 물류 SCM), 유통공급연쇄관리(Distribution Supply Chain Management, 유통 SCM)로 나아가야만 한다(<도표 7-5> 참조). 제3세대에 해당하는 물류 SCM에 있어서는 기업 내만이 아니고 거래기업간 물류도 대상이며, 거래기업간 제품공급연쇄도 관리한다. 회계적으로는 공급자와 제조업, 제조업과 도소매업과 사이에서 물류 ABM을 실시하고 제품공급연쇄분석을 실시하는 것이 목적이 된다. 역으로 그때까지 경합관계에 있던 공급자·도소매인과 제조업은 제휴관계로 전환하고 제판동맹이 성립한다.

제4세대에 해당하는 유통 SCM에 있어서는 공급자에서부터 소비자까지의 유통채널 전체에 공급연쇄관리가 전개된다. 이렇게 되면 유통기구 전체의 조화가 실현되지만 아직은 이상향에 지나지 않는다

이상을 요약하면 프로세스 관점에서 물류활동은 프로세스 활동, 지원활동, 관련활동으로 계층분류할 수가 있으며(SMA 4T, 1993), 이러한 프로세스에 속하는 물류활동을 연계시켜 관리하는 것이 물류연쇄 관리이다. 이 중 기업 내 고객을 대상으로 하는 것이 가치연쇄관리(VCM)이며, 기업 외 고객을 대상으로 하는 것이 제품연쇄관리(SCM)이다.

8장 수송·보관의 원가관리

1. 수송관리

1) 수송의 하부구조

수송이란 자동차, 철도, 선박, 항공기, 기타의 수송수단에 의해 재화의 장소를 이동시키는 활동이다. 수송에 관한 의사결정을 이해하기 위해서는 먼저 수송환경을 이해해야 한다. 일반 상품의 매매와는 달리 수송거래는 하주(발송자), 수탁인(인수자), 수송업자, 정부, 그리고 공공기관으로 구성되는 5곳의 당사자에 의해 영향을 받는다(<도표 8-1> 참조). 대부분의 경우에 각 이해당사자는 독자적으로 소유되고 운영되므로, 거래 환경의 복잡성을 이해하기 위해서는 각 당사자의 역할과 배경을 검토하는 것이 필요하다.

수송관계는 당사자간의 상호작용 때문에 상당히 복잡하다. 미시적 관점의 당사자인 위탁자, 수탁자, 그리고 수송업체 뿐만 아니라 거시적 관점의 당사자인 정부와 공공기관간에도 빈번하게 갈등이 일어난다. 이런 갈등이 수송서비스의 제한, 규제, 중복을 일으킨다.

〈도표 8-1〉 수송거래에 관련되는 당사자간의 관계

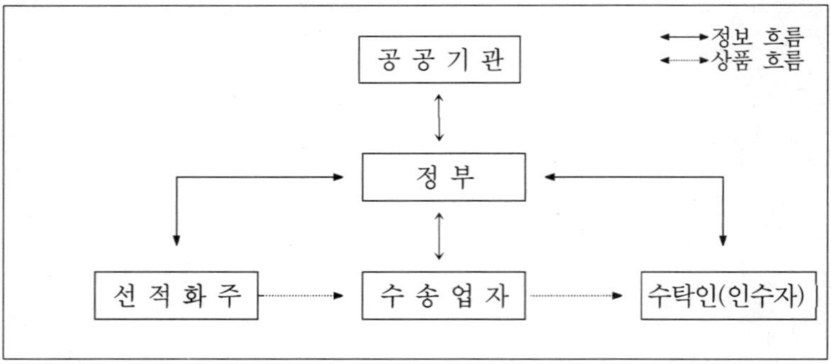

자료 : Bowersox & Closs(1996), p. 315.

다음으로 수송의 기능에 대해서 살펴보자. 수송수단의 근대화가 진행됨에 따라 집하수송, 간선수송, 배송, 그리고 이에 따르는 하역작업 등의 기능이 발달되었다. 또한 소량수송기관과 대량수송기관의 연결, 자가용과 영업용 또는 전용수송과 공공수송의 연결 또는 이들을 합리적으로 운영하기 위한 터미널 기능의 발달이 이루어져 모든 물자에 대한 수송서비스의 향상과 수송기관의 효율적 운용에 의한 원가절감을 꾀할 수 있게 되었다.

효율적으로 수송하기 위해서는 제품을 모아서 운반하고 배달하는 기능이 필요하게 되므로 여기에 적응한 각종 수송수단이 발달하게 되었다. 각 수송기관은 나름대로의 특징과 자가용, 영업용의 구분 속에서 각각의 수송기능을 발휘함으로써 생산과 소비활동에 기여해 왔다. 이러한 활동 속에서 대량으로 신속, 안전, 저렴한 근대적 수송이 탄생하게 됨으로써 사회적 분업화가 이루어졌다.

적절한 수송수단이란 단순히 수송서비스를 향상시킨다거나 수송비를 절감시킨다는 것이 아니라 목적에 적합한 서비스 수준을 유

지하고 물류비 전체를 값싸게 할 수 있는 수송을 의미한다. 물류활
동에서는 이러한 수송활동 중에서 어떠한 수송수단을 적절히 결합,
투입해야 하는가가 중요한 과제가 되고 있다. 즉 ① 수송량 ② 운임
③ 기후환경 ④ 수송의 안전 ⑤ 일관수송체계 ⑥ 중량제한 ⑦ 신속
성 ⑧ 하역, 포장, 보관의 연결 등의 측면에서 각종 수송수단의 장
단점을 다각적으로 비교·검토하여야 한다.

〈도표 8-2〉 수송수단별 원가구조와 상대적 운영특성

수송수단별 원가구조		상대적인 운영 특성					
		스피드	유용성	의존성	수용능력	빈도	종합접수
철도	높은 고정비(설비, 터미널 등) 낮은 변동비	3	2	3	2	4	14
고속도로	낮은 고정비(공공지원의 고속도로) 중간 변동비	2	1	2	3	2	10
수상	중간 고정비(선박, 시선) 낮은 변동비(대규모 수송능력)	4	4	4	1	5	18
파이프 라인	높은 고정비(토지점유, 펌프시설 등), 낮은 변동비(노무비가 거의 없음)	5	5	1	5	1	17
항공	낮은 고정비(항공기, 화물시스템) 높은 변동비(연료, 노무비 등)	1	3	5	4	3	16

주) 1점이 가장 좋고 5점이 가장 나쁘다.

　〈도표 8-2〉의 수송수단별 원가구조와 상대적인 운영 특성을 보
면, 자동차수송이 수용능력을 제외하고는 전세계적으로 항상 1위
또는 2위를 차지한다. 그러나 자동차의 수용능력이 개선된다고 해
도 중량 제한과 특수 트레일러 승인 등의 문제가 있기 때문에 철도
와 수상(해상) 수용능력을 능가할 수는 없을 것이다.

우리 기업에 있어 수송수단의 선택에 관련하여 살펴보면 현재 내수용인 경우 화물 트럭 이용이 산업별로 평균 96.2%로서 절대적으로 많은 부분을 차지하고 있다. 이러한 수치는 우리나라에 있어서 도로수송의 상대적인 경제성, 신속성, 안정성, 편리성을 대변한다고도 할 수 있지만, 다른 수단들의 비효율성에 원인이 있다고 보는 것이 타당할 것이다(남익현, 1995).

현재 물동량을 기준으로 할 때 내수용 화물수송은 거의 화물 트럭(96.2%)을 이용한 공로수송이며, 수출용 화물수송은 화물 트럭(54.3%), 선박(41.4%)의 순으로 이루어지고 있다. 화물 트럭 이용시 내수용 화물의 경우에는 영업용의 비율이 76.4%이고 자가용의 비율이 23.6%이며, 수출용 화물의 경우에는 영업용 화물 트럭이 94.2%의 압도적인 비율을 차지하고 있다.

〈도표 8-3〉 수송수단별 구성비율

내수용		수출용	
영업용	자가용	영업용	자가용
76.4%	23.6%	94.2%	5.8%

자료 : 대한상공회의소(1995) 조사보고서.

이러한 사실은 영업용 차량 이용이 자가용 차량 보유보다 비용 측면에서 훨씬 더 효율적이라는 것을 의미한다. 즉 수·배송에 자기차량을 이용할 경우에는 회송 시에 공차가 발생할 가능성이 높기 때문에 수송효율이 떨어질 수밖에 없다(〈도표 8-3〉 참조).

그러나 지나친 화물 트럭 위주의 수송 패턴은 성수대교 붕괴사건의 예에서 알 수 있듯이 공로수송에 문제가 생겼을 경우 그것 때문에 발생하는 모든 물류비용을 그대로 기업에게 부담시키는 문제점을 발생시킨다. 이에 따라 공로의 대체수단으로서 경제성과 안전성을 지닌 철도수송의 중요성이 최근 부각되고 있다.

2. 수송의 경제와 가격결정

1) 경제적 요인

수송경제와 가격결정은 수송원가와 수송율을 결정하는 요인 및 특성과 관련이 있다. 수송경제와 가격결정은 세 가지 주제로 구성된다. 첫째는 수송경제에 영향을 미치는 요인이다. 둘째는 비용배분에 영향을 주는 원가구조이며 마지막은 실제 고객부담의 근간을 이루는 비율구조이다.

수송은 거리, 물량, 밀도, 적하공간 활용도, 특별취급, 책임정도, 시장요인 등의 7가지 경제적 요인에 의해 영향을 받는다. 이 중 수송원가에 가장 중요한 영향을 미치는 것은 거리이다. 수송원가(가격)와 거리의 관계를 나타내는 것이 <도표 8-4>인데, 여기서 특기할 것은 첫째로 거리에 상관없이 선별작업과 배송에 관련된 고정비가 존재하며, 둘째로 원가 곡선은 거리에 대해 체감적으로 증가한다는 것이다. 다음으로 중요한 요인은 적재중량인데, 수송원가도 다른 물류활동과 마찬가지로 규모의 경제가 적용된다.

<도표 8-5>에서는 단위당 수송원가가 적재중량이 늘어날수록 체감한다는 것을 보여주고 있다. 이것은 선별작업과 배송의 고정비뿐만 아니라 관리비도 추가물량에 따라 분산되기 때문이다. 여기서 알 수 있는 것은 소규모 적재량은 규모의 경제 실현을 위해서는 대규모 수송수단으로 통합되어야 한다는 사실이다.

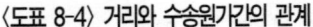
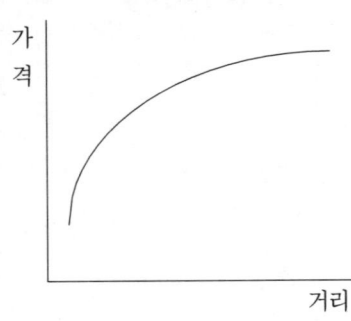

〈도표 8-4〉 거리와 수송원가간의 관계

가
격

거리

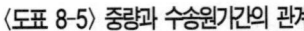
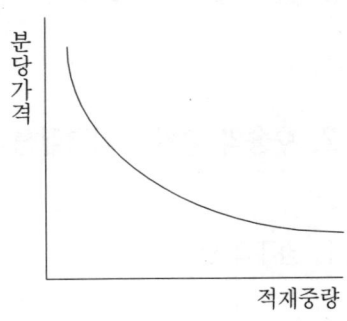

〈도표 8-5〉 중량과 수송원가간의 관계

분
당
가
격

적재중량

이러한 요인들은 특정한 제품의 성질에 따라 달라지므로, 물류관리자는 이런 영향들을 이해하고 수송비용을 최소화할 수 있는 제품선적과 관리에 책임감을 가져야 한다.

(2) 수송원가의 구조

물류원가 중에서 수·배송원가가 차지하는 비중이 크다. 수·배송 활동 여하에 따라 물류시스템의 효율화가 결정된다고 볼 수 있는 만큼, 특히 신중하게 다루어야 할 사항이다. 일반적으로 수송원가는 다음과 같은 4가지 범주의 원가로 구성된다.

① 변동원가 : 변동원가는 차량을 운행하지 않아야만 회피할 수 있다. 변동원가 범주는 각 화물이동과 관련된 직접수송비를 포함한다. 이 범주에 속하는 대표적인 것은 노무비, 연료비, 그리고 유지비 등이다.

② 고정원가 : 고정원가는 단기간에 변하지 않는 원가이며, 기업활동이 중단되어도 발생한다. 수송업체에 있어 고정요소는 터미널, 통행권, 정보시스템, 그리고 차량 등을 포함한다.

③ 결합원가 : 결합원가는 특별한 서비스를 제공하는 의사결정에 의해 회피불가능하게 발생되는 원가이다. 수송업자가 A에서 B

장소로 트럭 운반하기로 할 때, B에서 A로의 귀로에 대한 결합원
가가 발생한다는 암묵적인 결정이 있는 것이다. 따라서 수송요금의
책정시에는 이러한 결합원가가 의사결정에 중요한 요인이다.

④ 공통원가 : 터미널 또는 관리비와 같은 공통원가는 간접비의
특성을 가지고 있다. 이런 원가는 취급하는 선적수와 같은 활동수
준에 따라 하주(발송인)에게 배분된다. 그러나 이같은 방식으로 간
접비를 배분하는 것은 정확하게 원가를 할당하지 못하므로 활동기
준원가계산(ABC)을 도입하는 것이 바람직하다.

(3) 가격전략

수송요율을 산정할 때는 수송업자에 의해 발생되는 서비스의 원
가와 하주(발송인)에 서비스하는 가치간의 상반관계(trade-off)를 고
려하게 된다. 먼저 서비스 원가전략은 운송업자가 서비스를 제공하
는 원가에 이익 마진을 더해 요율을 산정하는 방식이다. 이것은 저
가의 상품 또는 경쟁이 심한 상황에서 이루어지는 방식이다.

서비스 가치전략은 실제로 제공되는 서비스의 원가보다 하주(발
송인)의 가치인식에 근거를 둔 요율 산정방식이다. 이 전략은 심야
할증 수송시장에서 종종 볼 수 있는데 주로 고가의 상품 또는 경쟁
이 거의 없는 상황에서 활용되고 있다. 실제로 대부분의 수송업체
에서는 서비스원가 최소치와 서비스가치 최대치간의 중간수준에서
요율을 결정하는 경우가 많다.

3) 수송 의사결정

일반적으로 하주(발송인)는 운송업자가 규정된 서비스 의무를 다
하는지를 측정할 필요가 있는데, 이 때 수송업자의 의무사항에 ①

운송업자 통합 ② 운송업자 평가 ③ 수송서비스 통합이 포함된다.
먼저 운송업자 통합은 새로운 운송업자의 상품과 서비스를 물류
운영에 결합시키는 것이다. 이 때 새로운 운송업자의 장기적인 추
세와 서비스 능력이 통합에 대한 판단기준이 된다. 둘째 운송업자
평가는 매우 복잡하고 중요하다. 효과적으로 상반관계(비용 대 편익)
분석을 실시하기 위해 평가에 필요한 기준을 설정할 필요가 있다.
그리고 이런 분석은 하주(발송인)보다 오히려 수탁자(인수인) 관점
에서 중요하다고 판단되는 기준에 초점을 맞추어야 한다. 통상 관
리해야 할 기준에는 원가, 통행시간, 신뢰성, 가용능력, 접근성, 안
전 등이 포함된다.

〈도표 8-6〉 운송업자 평가의 사례

평가요인	상대적 중요성	×	운송업자 업적	=	운송업자 등급점수
1. 원 가	1	×	1	=	1
2. 통행시간	3	×	2	=	6
3. 신 뢰 성	1	×	2	=	2
4. 가용능력	2	×	2	=	4
5. 접 근 성	2	×	2	=	4
6. 안 전	2	×	3	=	6
총 점 수					23

주) 상대적 중요도척도 : 1 = 매우 중요하다, 3 = 중요도가 낮다.
　　운송업자 업적척도 : 1 = 좋은 업적, 3 = 나쁜 업적.

이와 같은 기준들을 사용하여 개별 운송업자의 비교평가를 하기
위해서는 2단계의 절차가 있다. 첫 번째 단계는 하주(발송인)의 관
점에서 가중치를 부여한 결과로부터 각 기준의 상대적 중요도를
결정하는 일이다. 두 번째 단계는 각 척도에 대한 운송업자 업적을
곱한 다음 합계하여 운송업자에 대한 평가점수를 산출(23점)하는
것이다. 이런 식으로 각 운송업자의 총점수를 비교하여 가장 낮은

점수를 얻은 운송업체를 최종 선정하게 된다.

세 번째로 수송서비스에 대한 통합적인 파악이 이루어져야 한다. 어떤 주어진 운영기간에 대해, 수송관리자는 명시된 운영예산 내에서 필요한 수송서비스가 제공되기를 기대한다. 수송이 전체 물류시스템 원가를 감소시키기 위해 효과적으로 활용될 수 있는 대체안을 찾는 것이 수송관리자의 책임이기도 하다. 예를 들어 포장원가가 증가하더라도 이 추가된 비용이 수송원가의 실질적인 감소에 의해 상쇄될 수 있다. 즉 가치사슬의 관점에서 가장 낮은 원가를 달성하면서 새로운 서비스를 동시에 제공해야 하는 어려운 과제를 안고 있는 것이다. 앞에서 지적한 바와 같이 수송은 대부분의 물류시스템에서 가장 높은 단일원가 분야이므로 수송부서는 미래계획에서 능동적인 역할을 담당해야 한다.

3. 창고관리

1) 창고관리의 의의와 전략

보관이란 일반적으로 물품을 물리적으로 보존하고 관리하는 일인데, 이 물품을 보관하는 시설을 창고라고 한다. 최근 물류를 total system 개념으로 이해하기 시작하면서 창고가 단지 저장장소라는 과거의 인식이 변하고 있다.

창고는 물품의 생산과 판매의 시차를 해소하기 위한 저장과 보관 기능만이 아니라 재고관리를 통하여 적시에 물품을 출하하는 역할 및 전체 물류시스템의 조정 역할을 담당하게 된다. 창고의 전통적 기능인 보관보다는 적시출하를 그 주기능으로 하는 새로운 형태의 창고를 우리는 흔히 유통센터라고 부르고 있다(문상원, 1994).

이러한 기능을 가진 창고를 분류하는 데 사용되는 기준에는 여러 가지가 있다. 보관화물을 기준으로 보통창고와 특수창고, 자동화를 기준으로 수동, 반자동, 자동창고, 그리고 소유를 기준으로 자가창고와 공용(임대)창고로 분류한다.

일반적으로 많은 기업에서 채택하고 있는 창고 전략을 보면 개인, 공공, 계약창고를 결합해서 활용한다. 개인과 계약시설은 기본적 연간 요구사항에 대처하기 위해 사용되며, 공공시설은 성수기에 대처하기 위해 사용된다.

그리고 창고의 활용도는 대개 가용능력의 평균 75~85%로서, 15~25%는 성수기를 위해 보유하고 있는 것이다. 이런 상황에서는 75% 요구량에 대해서는 개인설비를 구축하고, 성수기에 대응하기 위해 공공시설을 사용하는 것이 보다 효율적이다.

이 이외에 창고관리를 위해 필수적인 전략 중의 하나는 질적인 창고 의사결정 요인들을 고려해야 한다는 것이다.

〈도표 8-7〉 질적인 의사결정요인　　　　　　　　　단위 : %

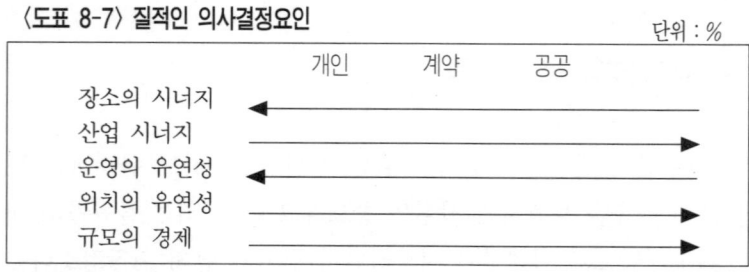

자료 : Bowesox & Closs(1996)에서 인용.

즉 〈도표 8-7〉에서 보면 상단부분은 횡축으로 창고전략이 개인, 계약, 공공창고의 순서대로 나열되어 있다. 그리고 종축으로는 질적인 고려사항이 제시되어 있다. 장소 시너지(synergy), 산업 시너지, 운영의 유연성, 위치 유연성, 규모의 경제가 여기에 해당된다. 여기서 화살표 방형은 이 5가지의 고려사항에 대해 어떤 종류의 창고를 선택하는 것이 유리한가를 나타내고 있다.

예를 들어 장소 시너지란 고객들은 공급업자가 가능한 가까운 장소에서 재고를 보유하고 있는 것을 선호하므로, 이런 효과를 위해서는 공공창고보다 개인창고를 선택해야 한다는 의미이다. 또 위치의 유연성은 계절적, 또는 지속적 수요변화에 대처하기 위해 창고의 숫자와 위치를 신속히 조정할 수 있는 능력을 말한다. 상품에 따라서는 성수기와 비수기로 나누어 창고를 유연하게 관리해야 하는데, 이 경우 공공창고나 계약창고가 개인창고보다 적합하다는 것이다.

2) 창고관리의 실태

우리나라의 경우 1994년 현재 기업이 보유하고 있는 보관시설은 면적기준으로 볼 때 자가창고의 경우 재래식 창고가 66.1%, 적층식 창고가 13.9%, 자동창고가 8.4%를 차지했고 임대창고의 경우에는 재래식 창고가 34.4%였다.

〈도표 8-8〉 창고의 현황

구분		자동 창고	랙 시스템 창고					적층식 창고	재래식 창고	합계
			팰리 트팩	드라 이브 인팩	하이 스택 팩	슬라 이딩 랙	기타 랙			
자가 창고	비 율	8.4	5.9	0.9	0.3	0.1	4.3	13.9	66.1	100.0
임대 창고	비 율	0.7	0.7	–	–	1.0	1.3	34.4	61.9	100.0

자료 : 대한상공회의소, 『1995년도 기업의 물류관리실태 조사보고』, 1995. 8.

또한 자사보유창고의 물동량 처리능력에 대해서는 대부분의 기업이 부족함을 느끼고 있는 실정이다. 이는 경제규모의 확대에 따라 물동량이 급격히 증가한 반면, 그간의 창고에 대한 인식부족과 정부의 무관심, 그리고 지가의 상승 때문에 보관시설이 제대로 확충되지 못했기 때문이다. 따라서 종래 저장 장소로서의 기능만을 담당하던 창고가 이제는 물류활동의 중심으로 자리매김을 하고 있으며, 특히 우리나라의 경우는 토지 면적이 협소하므로 자가창고의 설립보다는 공동물류를 위한 공용창고로서의 창고개념이 물류의 효율을 증대시키는 데 도움이 될 것이다.

한편 우리나라 기업의 경우 보관시설을 이용하는 제품의 수송·하역단위의 규격화 정도는 그다지 높지 않은 것으로 나타났다. 대부분의 기업이 팰리트를 사용하지만 31.9%에 달하는 기업들은 아직도 팰리트를 단지 물건을 깔판 대용으로 사용하는 것으로 밝혀져 팰리트를 복합수송 내지는 일관수송의 전략적 차원의 도구로서까지 확대, 사용하려는 노력이 부족한 것으로 나타났다. 이러한 이유로는 화물의 종류와 형태가 다양하여 팰리트화(palletization)가 곤란하다는 기업이 28.4%, 팰리트 사용은 가능하나 그 필요성을 느끼고 있지 않다는 기업이 14.4%를 차지했다. 즉 화물의 종류와 형태가 다양하여 화물을 팰리트화하는 데 어려움을 느끼고 있는 것으로 나타났는데 이러한 문제점을 해결하기 위해서는 팰리트 관리가 용이하고 비용이 적게 들도록 팰리트 풀 제도(pallet pool system)를 정착시켜야 할 것이다(남익현, 1995).

4. 통합이론에 의한 관리

이 단원의 목적은 관리자가 물류전략을 짜고 실행하는 것을 지원하기 위한 이론적인 틀을 제시하는 것이다. 대개의 경우 관리자는 물류 리엔지니어링 노력을 경주하고자 할 때, 새롭고 도전적인 관계에 직면하게 된다. 여기에서는 물류시설망 설계에 중요한 시간적·공간적 상반관계를 인식하고 평가하는 데 도움이 되는 개념적

틀을 개발한다.

1) 수송원가의 최소화

창고 설립을 판단하는 기본적 경제원리는 수송통합(합동수송)이
다. 전형적으로 제조업자는 광범위한 시장을 상대로 제품을 판매한
다. 만일 고객주문이 소량이라면 창고를 건설하는 데 경제적인 타
당성을 제공할 수 있다. 예를 들어 제조업자의 평균 선적 사이즈가
500파운드이고, 100파운드당 7.28달러의 운임율을 고객에 적용할
수 있다고 하자. 시장까지 한번 선적 때마다 수송원가가 36.40달러
가 든다. 20,000파운드 이상의 대량 탁송에 대한 운임율은 100파운
드당 2.40달러이다. 마지막으로 시장 내에서의 지역배송은 100파운
드당 1.35달러이다. 이런 조건 하에서 대량운임율을 통해 시장까지
제품을 선적하고 다시 지역배송까지에는 100파운드당 3.75달러, 또
는 500파운드당 18.75달러가 들어간다. 만일 창고를 지어서 저장하
고 운영하는 데 500파운드 선적당 총원가가 17.65달러(36.40~18.75)
이하가 된다면 창고를 사용하여 운송하는 것이 경제적으로 물류원
가를 감소시키게 된다.

일반적인 규칙으로서, 다음 조건이 만족되면 창고를 건설하는 것
이 타당하다. 부등호의 오른쪽이 평균선적원가이다.

$$\sum \frac{P\bar{v} + T\bar{v}}{N\bar{x}} + W\bar{x} + L\bar{x} \leq \sum P\bar{x} + T\bar{x}$$

여기서 $P\bar{v}$ = 대량선적의 처리원가
$T\bar{v}$ = 대량선적의 수송원가
$W\bar{x}$ = 평균선적의 창고원가
$L\bar{x}$ = 평균선적의 지역배송
$N\bar{x}$ = 대량선적당 평균선적수
$P\bar{x}$ = 평균선적의 처리원가
$T\bar{x}$ = 평균선적의 직접운임원가

이런 일반화의 한 가지 한계점은 충분한 선적물량이 각 창고시설 고정비를 감당할 수 있어야 한다는 것이다. 창고와 지역배송을 결합한 원가가 고객에게 직접 선적하는 원가 이하로 떨어질 때는 추가로 창고시설을 구축하고 운영하는 것이 경제적으로 타당하다.

창고 숫자와 수송원가와의 관계를 살펴보면 <도표 8-10>과 같다. 총수송원가는 새로운 창고시설(하역시설, 크로스도크 시설)이 물류망에 추가될수록 감소할 것이다. 총수송원가 곡선의 극소점에서 최대의 창고통합의 효과를 얻을 수 있는 시설수가 제시되고 최저 수송원가가 인식된다. 만일 이 지점을 지나게 되면 각 시설당 반입 물량이 감소하게 되어 총수송원가는 상승하게 된다.

2) 재고원가의 최소화

수송을 원가를 기준으로 평가한다면 재고는 소비자에 대한 서비스를 기준으로 창고의 타당성을 평가하게 된다. 물류시스템에서 창고 수 증가가 평균재고에 미치는 영향은 <도표 8-9>에 나타나 있다.

<도표 8-9>에서 총수송재고 T_t 는 직선이기 때문에 평균 수송재고의 감소를 I_t 라고 하면, 네트워크 내에서 창고 수와 평균 수송재고는 선형관계이다. I_{ss} 로 표시된 곡선(평균안전재고)은 창고가 추가될수록 증가한다. 각 시설에 대한 순증가분이 제한되므로, 실제 재고는 체감적으로 증가한다. 따라서 고객서비스 업적을 유지하는 데 필요한 증분재고는 물류시스템에 추가되는 새로운 각 창고 설비에 따라서 감소한다. 평균재고곡선 I 는 안전재고와 수송재고의 결합 효과를 보여준다. 중요한 점은 안전재고가 수송재고의 영향을 지배한다는 것이다.

전체 시스템에 대해 평균재고는 [안전재고 + 주문수량의 1/2 + 수송

재고]가 된다. 따라서 동일 수요와 고객서비스 목표 하에서 총재고는
물류시스템 증가에 사용되는 창고수에 따라 체감적으로 증가한다.

3) 최소 총원가의 설계

최소 총원가시스템의 인식이 물류통합의 목표이다. 전체 물류시
스템에 대한 총원가의 기본개념이 <도표 8-10>에 나타나 있다. 이
그림에서 총수송원가의 최저점은 8개의 창고시설인 경우이다.
평균재고 발생에 관련된 총원가는 창고가 추가될수록 증가한다.
물류시스템 전체로 볼 때 최저 총원가는 창고설비가 6개인 지점이
다. 재고원가가 가장 낮은 곳은 창고 1개인 경우이다.

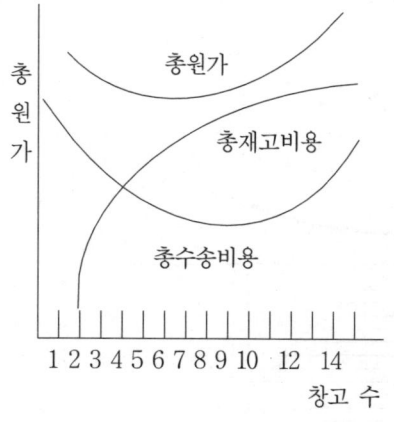

〈도표 8-10〉 물류 네트워크의 총원가

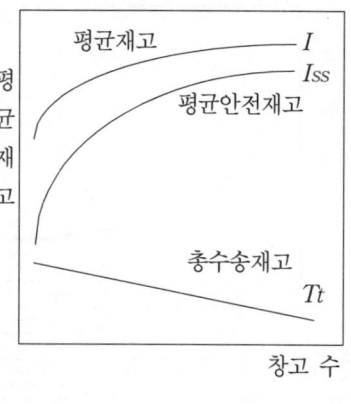

〈도표 8-9〉 창고 수와 평균재고

<도표 8-10>은 원가를 발생시키는 활동간의 상반관계(trade-off)
를 보여주고 있다. 시스템상에서 최소 총원가점은 수송이나 재고의
최소원가가 되는 지점이 아니다. 이것이 통합물류분석이 필요하다
는 증거이다. <도표 8-10>과 같이 2차원적인 전개는 단일 계획기
간을 통한 예상 판매물량 수준을 나타낸다. 그리고 수송은 평균 사

이즈가 한가지 유형인 선적을 가정하고 있다. 그러나 현실적으로는 두 가지 모두 유효하지 않다. 그 이유는 첫째, 물류 네트워크는 본질적으로 단기간이 아닌 다년간에 걸쳐 이루어지며 매년 상이한 규모의 판매계획이 수립되기 때문이다. 둘째, 실제 선적과 주문크기도 변화하며 고객이 요구하는 수송방식에 따라 계획이 수립되기 때문이다. 따라서 이러한 2차원적 가정을 극복하기 위해서는 적어도 선적 사이즈, 수송방식, 그리고 대체적인 창고수를 동시에 고려하는 모형이 필요하다. <도표 8-11>에서 최저원가 지점은 선적 사이즈와 수송방식의 결합이 창고 수가 4개에서 8개 사이에 있다는 것을 보여준다.

〈도표 8-11〉 3차원 총원가 곡선

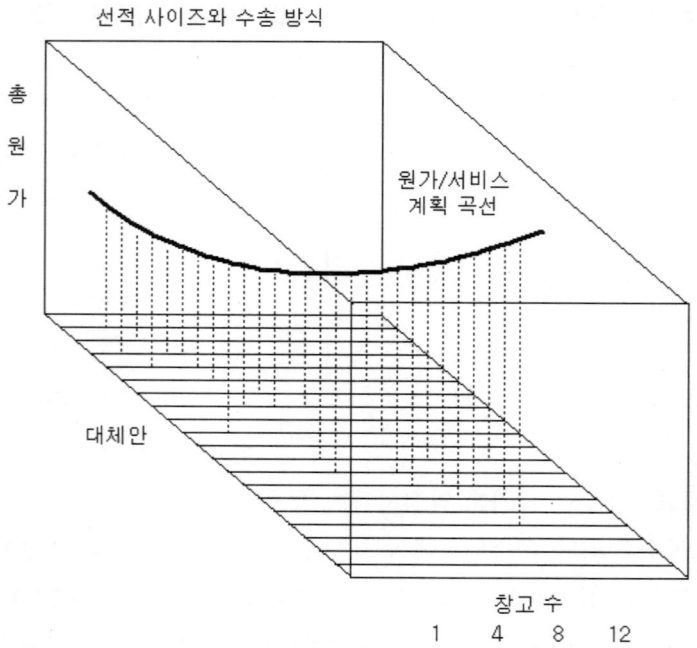

창고 수가 4개인 경우부터 차례로 증분원가를 분석하면 최저 총

원가를 찾을 수 있을 것이다. 물류정책을 완결짓는 데 주의할 사항
이 몇 가지 있다. 최저원가를 떠나서 서비스의 극대화, 이익의 극대
화, 경쟁우위의 극대화, 설비투입의 극소화의 4가지 추가적 전략을
인식해야 한다(Bowersox & Closs, 1996, p. 511). 최종적으로 대체적
인 고객서비스 수준과 관련된 원가간에 관련성을 전략적으로 평가
할 필요가 있으며, 여기에는 수익발생과 직접적으로 관련된 증분서
비스와 원가를 비교하는 민감도 분석을 실시하여 고객중심의 물류
전략을 수립해야 한다.

9장 물류활동의 예산관리 · 원가관리

1. 물류비 증대의 실태

1) 물류비 산정 현황

물류활동에 관련되는 의사결정과 그 성과를 측정하기 위해서는 정확하고 일관성 있는 물류비계산이 무엇보다 중요하다. 그러나 우리나라 각 기업의 물류비 산출은 아직 물류관리의 초기단계로서 물류원가계산이 도입되지 않은 관계로 대부분의 기업이 재무회계 계정항목상 영업비 속에 포함되는 비용 중 물류활동에 들어간 비용을 임의로 산출해 내고 있는 실정이다.[3]

현재 우리 기업에서는 물류비를 어떻게 산정하고 있는가를 살펴

---

3) 상공회의소 조사(1995)에 의하면, 물류비산정 영역에 있어 판매물류만 산정하는 기업이 36.1%, 판매 · 생산물류만을 산정하는 것이 14.8%, 판매 · 생산 · 조달물류만을 산정하는 기업이 19.6%, 회수물류까지 포함한 전영역에 걸쳐 산정하는 비율이 25.2%이므로 대부분이 판매물류만을 주대상으로 하고 있다. 참고로 미국의 조사결과(Novack 등, 1995)에서는 표본기업 중에서 판매물류는 95.1%, 생산물류 93.6%, 조달물류는 83%가 물류비를 산정하고 있다.

본 결과, 직접 파악할 수 있는 비용만 집계한다(49사 : 48%)가 제일 많고, 그 다음이 물류작업에 들어가는 모든 비용을 추출한다(39사 : 38%)가 2위이며, 물류비를 파악하지 않는다고 회답한 기업이 11사이며, 기타 3사로 나타났다. 회답 기업의 대부분(88사/102사 : 86%)이 어떤 형태로든지 물류비용을 집계한다는 것은 물류활동의 성과분석을 위한 객관적인 경영지표를 제공한다는 측면에서 물류비 파악의 과학화가 확산되고 있음을 반영하고 있다.

직접 파악할 수 있는 비용만 집계한다는 기업이 가장 많다는 사실은 물류원가계산의 필요성은 느끼고 있지만 노하우가 없는 기업도 상당수 있다고 추정할 수 있다. 또 물류활동에 관련되는 정확한 원가계산을 실시하지 않고 있는 기업이 많으며, 이 결과 물류비를 적정하게 평가하고 지급받지 못하고 있는 기업도 적지 않다는 것을 알 수 있다. 따라서 각 기업이 물류비에 대한 관심이 높아지고 있다는 점에서, 물류활동을 계획·관리하고 실적평가를 위한 물류비계산 체제의 확립과 범위의 설정이 필요하다. 이를 위해 간편하면서도 각 사업자가 공통으로 이용 가능하며, 각 기업의 특성에 맞는 물류영역별, 형태별, 기능별 물류비를 산정하는 물류비 산정 지침을 시급히 개발함과 동시에 그 보급 활동을 촉진하는 것이 필요하다.

2) 물류비 증대의 실태

물류비 증대의 원인은 노동력 부족과 외부불경제에 있으나 직접적인 원인으로서는 다품종·소량·다빈도 물류, 특히 JIT 물류를 들 수 있다. <도표 9-1>에 나타난 조사 결과를 보면, 다양화·고도화하는 소비자 욕구를 만족시키기 위해 다품종·소량·다빈도 물류가

급속히 진전하고 있다는 사실을 알 수 있다.

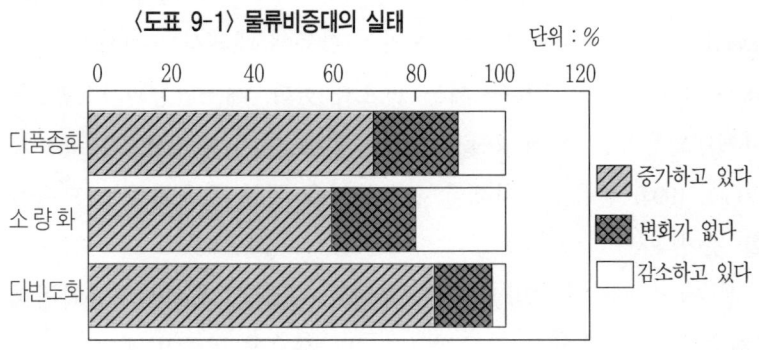

〈도표 9-1〉 물류비증대의 실태

자료 : 육근효(1997b), p. 672.

    다품종·소량·다빈도 물류에 따라 제조업체와 소매점은 소비자지향에 적합한 생산·판매가 가능하게 되고, 서비스 수준의 향상에 따라 매출액의 증대와 재고의 경감을 실현할 수 있었다. 반면에 납입업자측에서는 물류효율의 저하와 물류원가의 앙등을 초래한다는 반발도 일어났다. 또, 사회적으로는 교통정체와 교통공해를 유발하는 결과를 초래하였다. 특히 납입업자측으로서는 노동력 부족과 인건비 상승에 의해 물류는 한계에 이르고 있으며 그 시정을 요구하고 있다. 다품종·소량·다빈도 물류는 기업의 합리화 노력과는 상반관계(trade-off)에 있기 때문에 그 적정한 수준을 객관적·과학적으로 산출해야 할 것이다.

2. 물류비의 원가계산

    기업이 효율적 경영이라는 목표를 달성하기 위해서는 모든 업무활동을 적절하게 인식하여, 가치를 창출하는 부가가치활동(value added activity)과 가치를 창출하지 않는 비부가가치활동(non-value added activity)으로 구별해서, 후자의 활동에 대해서는 반드시 제거 내지 축소시키는 대책을 세울 필요가 있다. 제조활동과 비교해서 마케팅활동에는 아직 효율화할 수 있는 여지가 크므로(Foster & Gupta, 1994) 한층 더 자세한 활동분석을 통한 효율화를 도모해야 할 것이다.

본 절의 논의대상인 보관활동은 JIT 시스템 사고와 마찬가지로 「재고의 축소」에 관련된 문제인데, JIT 사고에 의하면 재고는 쓸데 없는 비부가가치 원가이기 때문에 보관활동의 원가는 작은 쪽이 바람직하다. 그리고 「경제적 롯트 크기」를 어느 수준으로 결정 하는가가 중요한 문제가 되며 더불어 그러한 원가를 어떠한 방법으로 산정하는가도 중요한 문제가 된다.

그래서 본 절에서는 판매·유통 활동에 있어서의 관리회계 문제를 원가계산과 예산편성의 방법 및 보고 시스템으로 나누어서 살펴보았다(육근효, 1997).

1) 판매 및 촉진부문의 원가계산과 보고형식

「판매부문의 원가계산과 예산」에 관한 설문으로 우선 「판매(및 판매촉진)부문의 원가계산」에 대해서 조사한 결과는 1위가 「변동·직접비와 고정비를 구분」(64사), 2위 「부문·비목별」(43사)이라는 극히 교과서적인 결과가 나왔다(<도표 9-2> 참조). 또한 「활동별 원가」의 파악에 대해서는 29%(30사)로 소수의 기업에서 실시되고 있음을 알 수 있다.

〈도표 9-2〉 판매 및 판매촉진 부문의 원가계산 방법

내 용	응답수	구성비(%)
① 부분 · 비목별	43	41.3
② 변동 · 직접비와 고정비를 구분	64	61.5
③ 부분 · 활동별(예:광고선전비)	30	28.9
④ 변동 · 직접비와 고정비를 구분하지 않는다	16	15.4

주) 복수회답으로 %는 회답기업 총수(104사) 대비 각 항목의 비율임.

첨단 제조기업에서는 최근 몇 년 동안 공장 제조과정의 자동화 투자에 수반되는 자본장비율의 상승에 따라 변동비와 고정비의 역전 현상이 생기고 있다.4) 당연히 원가구조도 과거와는 차이가 있으며 따라서 새로운 원가계산의 등장이 기대되고 있다. 판매과정에 있어서는 현재는 그렇게 절실한 문제라고 인식되고 있지 않지만 앞으로는 제조과정과 같이 판매과정에서도 원가효율이 중요시 될 것이기 때문에 개개의 「활동」을 원(原) 단위로 한 정밀한 원가계산이 필요하게 될 것이다.

판매활동 원가의 계산은 「판매활동」의 분석과 활동기준에 근거를 둔 원가동인의 탐구로부터 시작된다. 또 서두에 서술한 것처럼 우리나라의 기업에서는 판매과정에서 발생하는 원가(비용)는 「예산에 의거하여 기간적으로」 관리되고 있는 것이 일반적이라고 할 수 있다.

「원가와 예산의 보고 형식」에 대한 질문에서는 「제품별로 작성한다」는 회답이 가장 많은 87사이며, 다음으로 「지역별로 작성」이

---

4) 노무비를 어느 쪽으로 취급하는가에 따라서 커다란 차이가 날 수 있다. 실제 우리 기업의 경우도 내부의사결정에는 노무비를 고정비로 취급하는 경우가 증가하고 있다.

31사이고,「고객별」29사,「경로별」13사,「기타」가 8사로 나타났다 (<도표 9-3>).

〈도표 9-3〉 원가계산 및 예산의 작성

내 용	응답수	구성비(%)
① 제품별	87	82.9
② 지역별	31	29.5
③ 경로별	13	12.4
④ 고객별	29	27.6
⑤ 기타	8	7.6

주) 복수회답으로 %는 회답기업의 총수 대비(105사) 각 항목의 비율임.

또 회답 항목 수에서는 1항목을 회답한 기업이 59사로 가장 많고 그 다음에 2항목 31사, 3항목 13사, 4항목 2사로, 다양한 형식의 보고서가 작성되고 있지만 그 이용은 소수 기업에 한정되어 있는 것을 볼 때, 보고 양식은 아직 보급되어 있지 않은 것 같다.

그러나 판매비를 엄격하게 관리하기 위해서는 「경로별」과 「고객별」로 분석된 보고서의 작성이 불가피하다. 왜냐하면 무의식적으로 매출액이 작은 고객이나 경로에 더 많은 판매 노력과 경비를 기울이고 있는 경우를 볼 수 있는데, 그러한 경우에는 그 노력과 비용을 오히려 매출액이 큰 고객(또는 경로)으로 향하게 하는 것이 보다 큰 효과를 기대할 수 있기 때문이다.

2) 물류비의 원가계산

물류비의 원가관리와 의사결정을 실시하기 위해서는 물류원가계산을 시도하여 물류비의 실태를 파악하는 것이 그 전제가 된다. 그러나 실제 상당 수의 기업이 관련기관에서 정한 물류비 산정기준

을 적용하지 않고 있어, 물류비의 실체를 명확히 파악하고 관리체
계를 확립하는 데 어려움이 있다. 물류비의 원가계산을 실시하고
있는 기업에서도 물류활동을 부가가치활동과 비부가가치활동으로
구별해서 후자의 활동에 대해서는 제거 내지 축소시키는 대책을
세울 필요가 있다.

예를 들어 JIT 사고에 의하면, 재고는 낭비적인 비부가가치 원가
이기 때문에 보관활동의 원가가 작게 되는 것이 당연히 효율적이
다. 그리고 경제적 롯트 크기를 어느 수준으로 결정하는가와 더불
어 그러한 원가를 어떠한 방법으로 산정하는가도 중요한 문제가
된다. 본 절에서는 물류비의 목적별 · 기능별 · 세그멘트별 원가계
산 방식에 대해 구체적으로 살펴보기로 한다.

(1) 물류비의 목적별 원가계산방법

먼저 물류비에 관한 원가계산의 현황을 이해하기 위해 예산 · 원
가관리, 재무보고, 의사결정의 세 가지 목적을 위해 각각 현재 어떤
원가계산제도를 사용하고 있는지를 살펴보았다(<도표 9-4>).

그 결과 예산 · 원가관리의 목적을 위해서는 표준원가계산이 46
사, 실제원가계산 36사, 전부원가계산 28사, 종합원가계산이 26사로
표준원가계산을 채택하고 있다는 회답이 많았으며, 재무보고목적
에 대해서는 종합원가계산이 41사, 실제원가계산 41사, 개별실제원
가계산 26사, 전부원가계산 24사의 순으로 회답하고 있다. 예산 ·
원가관리는 경영계획에 있어서 기간계획의 범주에 속하는 문제임
과 동시에 우리나라의 기업에서는 예산 · 원가제도가 재무회계나
재무보고제도와의 일관성을 의식하여 설정되는 것이 많은 점으로
보아 당연한 결과라고 이해할 수 있다.

〈도표 9-4〉물류비의 목적별 원가계산방법

단위 : 업체수

방법 목적	① 전부 원가계산	② 표준 원가계산	③ 종합 원가계산	④ 실제 원가계산
예산·원가 관리 목적	28(27.7)	46(45.5)	26(25.7)	36(35.6)
재무보고 목적	24(23.5)	16(15.7)	41(40.2)	41(40.2)
의사결정 목적	10(10.0)	39(39.0)	20(20.0)	21(21.0)
방법 목적	⑤ 개별실제 원가계산	⑥ 직 접 원가계산	⑦ 수명주기 원가계산	⑧ 기타
예산·원가 관리 목적	16(15.8)	12(11.9)	0(0.0)	0(0.0)
재무보고 목적	26(25.5)	17(16.7)	1(1.0)	1(1.0)
의사결정 목적	22(22.0)	18(18.0)	24(24.0)	5(5.0)

주) ( ) 안은 %를 나타낸다.

의사결정 목적에 대해서는 전자와 비교하여 회답 수가 크게 다르지는 않지만 회답 자체가 크게 분산되어 있다. 1위는 표준원가계산(39)이고, 2위 개별실제원가계산(22사), 3위 실제원가계산(21사), 이하 수명주기원가계산(Life Cycle Costing : LCC)(24사), 종합원가계산(20사)으로 나타났다. 이 점에 관해서는 의사결정계산의 대부분은 개별계획(project planning)의 범주에 속하는 문제이므로, 특정 문제에 대한 다양한 측면에서의 검토가 필요하기 때문에 다양한 방법이 이용된다고 판단할 수 있다. 특히 수명주기원가계산이 의사결정목적으로 1/4 정도의 기업에서 채택한다는 것은 수명주기에 속하는 비목의 범주가 어디까지인가가 문제이지만, 조사 결과에만 의존해서 판단한다면 우리 기업도 수명주기원가 개념을 점차 도입하고 있다는 점에서 바람직한 현상이라고 생각한다.

(2) 물류 기능별 원가계산방식

운송비는 그 자체가 한 부분으로 포함되는 발주비용과 재고 보관비용과의 상반관계로서 받아들여져 양자의 합계 비용을 최소로 하는 발주량을 구하고자 하는 경제적 주문량 문제로서 기업에 있어서는 중요한 원가요소이다. 결국 보관활동비를 절감하고 싶다면, 한번에 대량 수송할지, 혹은 소량 다빈도로 수송할지의 선택이 필요하게 되어 수송활동의 원가가 증대할 염려가 있다. 이처럼 수송비는 보관비와 밀접한 관계를 가지고 있다.

물류활동을 구체적인 활동내용으로 세분화해서 어느 활동의 어떠한 (계산)목적을 위해 어떤 원가계산방법이 채택되었는가를 수송과 보관활동비를 중심으로 조사했다.

우선 보관(창고)활동에 어떠한 원가계산을 채택하고 있는가를 질문했다. 회답 결과에 의하면 부문·비목별 실제원가계산이 46사 이며, 직접원가계산 준거의 표준원가계산이 26사, 종래의 표준원가계산이 21사의 순이었다. 그러나 ABC에 의한 표준원가계산이 18사에 지나지 않아 우리나라 기업에서는 물류활동에의 ABC 도입 실태는 극히 소수의 기업에 지나지 않음을 알 수 있다. 그리고 ABC에 의한 분석에 대해서 상세한 활동항목(cost driver)을 제시하지 않아 그 진행 정도를 파악할 수 없었다.

수송활동에서의 원가계산에 채택되고 있는 방법을 보면, 부문·비목별 실제원가계산이 45사로 가장 많고, 다음으로 직접원가계산 준거의 표준원가계산이 38사, 종래의 원가계산이 18사이며, 나머지는 ABC에 의한 표준원가계산이 9사로 나타났으며, 원가계산 자체를 실시하지 않는다는 기업도 10사나 되었다.

184

〈도표 9-5〉 물류비의 기능별 원가계산

내　　　용	보관·창고		수송부문	
	응답수	구성비	응답수	구성비
① 부문·비목별 실제원가계산	46	44.7	57	60.6
② 종래의 표준원가계산	21	20.4	43	45.7
③ 직접원가계산방식에 준거하는 표준원가계산	26	25.2	5	5.3
④ ABC (활동기준원가계산)에 의한 표준원가계산	18	17.5	8	8.5
⑤ 원가계산 자체를 실시하지 않는다	11	10.7	10	10.6
합　　계	103	100.0%	94	100.0%

특히 마지막의 ABC에 의한 분석에서는 보관비와 마찬가지로 상세한 활동항목을 제시하지 않아 설문 내용을 재검토해서 다시 조사할 필요가 있다.

(3) 세그멘트별 물류비계산의 보고형식

일반적으로 판매·물류조직 계층의 가장 상부에 있는 것이 제품별 부문이다. 다음으로 가운데 위치하는 지역별 부서가 있고 그 밑에 고객별 담당자가 자리잡고 있다. 동일 제품범주에 대해서도 지역별·경로별·고객별로 상이한 수익성을 나타낼 수 있으므로 세그멘트(채널별) 수익성 정보는 채널의 신설 또는 통폐합의 기초가 되는 정보로서 유용할 뿐만 아니라 판매·물류비 자체의 효율성을 증진시킬 수 있다.

즉 세그멘트별 수익성의 분석은 ABC 단계 분석에5) 의한 비용의

---

5) 이것은 원가관리를 위한 ABC 계산방식과는 상이한 용어이다. 이 분석은 중요도와 가치를 기준으로 재료 등을 A, B 및 C 군으로 적절히 분류하여 재고관리 효율을 높이는 방식이다. 예를 들어 Foster(1995)의 조사연구에서 주요

184

효율화를 도모하는 한편으로 효율적인 소비자 대응(Efficient Con-
sumer Response : ECR)의 확립을 위해 필요하다. 이러한 효율성을
위해 물류공급망 전체의 가치사슬을 추구하고 그것을 위해 지출함
으로써 최종소비자의 구매의욕과 만족감을 증진시켜, 수익에 대해
서 작용하는 요인(profit driver)으로서의 세그멘트를 정비할 수 있는
장점이 있다.

우리 기업에서는 얼마나 세그멘트별로 물류비를 파악하고 있는
가를 살펴보았다. 조사결과는 제품별 보고가 74사로 가장 많고 그
다음이 지역별 보고로서 37사, 이하는 고객별(26사), 경로별(15사),
기타(5사)의 순서로 되어 있다. 제품별 보고 외의 세그멘트별 물류
비계산은 소극적으로 이루어지고 있다고 판단되므로 향후 적극적
인 대처가 요망되는 항목이다.

(4) 물류공통비의 배부기준

물류활동기준원가계산(ABC for Logistics)은 기업에서 수행한 물
류활동을 인식하고 당해 물류활동과 관련된 물류원가를 추적·집
계하고, 이 물류활동원가를 각종 원가동인(cost driver)을 사용해서
제품이나 서비스별(하주별 또는 거래처별)로 계산하는 물류원가관리
기법이다. 물류 ABC를 구축하기 위한 전제로서 현재 우리 기업에
서는 물류공통비에 어떤 배부기준을 사용하고 있는가를 검토하기
로 하자.

먼저 보관활동에 대한 공통비의 배부기준인데, 이것은 보관활동
에 있어서의 원가동인을 아는 중요한 문제이다. 회답 결과는 보관
수량에 의한다가 57사, 창고면적에 의한다가 43사, 팰리트 수에 의
한다가 8사, 나머지 기타가 10사로 나왔다.

고객은 고객 수에서는 0.8%에 지나지 않으나 매출액은 38.1%, 그리고 영업이
익에서는 67.3%에 달하고 있다는 사례가 여기에 해당한다.

〈도표 9-6〉물류공통비의 배부기준

내 용	응 답 수	구 성 비
① 보관수량	57	60.6
② 창고면적	43	45.7
③ 하역시간	5	5.3
④ 팰리트 수	8	8.5
⑤ 기 타*	10	10.6
합 계	94사	100%

내 용	응 답 수	구 성 비
① 수송수량	36	37.5
② 수송경로의 거리	26	27.1
③ 중량	13	13.5
④ 중량×용적×거리	38	39.6
⑤ 중량×용적	8	8.3
⑥ 기 타**	5	5.2

주) *기타 : 재고일수(1사), 매출실적(2사), Cost Table(1사), 제품별(1사), 재고금액
(1사), 제품별 재고금액+창고 입출고 횟수(1사), 무기입(1사).
**기타 : 용적×거리(1사), 제품별(1사), 직접배부(1사), 매출액(1사), 비목별 실
제원가계산(1사).

조사 결과를 보면, 보관업무에 대해서는 일단 보관수량과 창고면
적이 원가동인으로서 보편적으로 이용되고 있다고 판단해도 좋을
것이다. 그러나 가능하면 이런 창고(보관)활동도 입고·수주검사,
분류(구분)·격납작업, 보충, 주문 피킹, 납입스케줄 결정, 물품완비,
포장, 대량보관, 주문별 보관, 적재·출하와 같이 세분하여 활동별
로 원가동인을 추출해 정확한 배부를 실시해야 할 것이다.

한편 수송에 있어서 공통비의 배부기준으로는 「중량×용적×거
리」가 38사이며, 「수송 수량」이 36사이고, 나머지는 「수송경로의
거리」가 26사, 「중량×용적」은 8사에 지나지 않았다. 따라서 수송

활동의 원가동인으로서는 일단 「중량×용적×거리」와 「수송수량」
을 지적할 수 있다. 이것 외에도 앞으로는 수송거리는 물론, 제품
(가격, 중량, 용적, 개수, 형태, 냉동의 필요여부, 기타), 수송경로, 수송수
단(트럭, 화차, 만재, 혼재, 기타), 화물의 수송도중 환적, 수송의 속도,
지정 시간, 위험물 수송과 같은 요인도 가능한 한 감안하도록 노력
해야 할 것이다.

3. 물류비의 예산관리

1) 판매비의 예산관리

과거 우리 기업에 있어 예산관리는 예산체계에 따라 종합예산의
하위 시스템인 부문예산에 의해 관리되어 왔다. 가령 '판매예산'이
라든지 '일반관리비 예산' 등으로 설정하여 포괄적·기간적으로 관
리하는 것이 일반적이었다.

이러한 포괄적인 관리방식의 문제점은 개별적이며 치밀하고 섬
세한 관리가 어렵다는 점이다. 예를 들어 판매부문의 책임자는 일반
적으로 이익관리의 책임을 맡고 있으며, 판매경비가 예산을 다소 초
과하더라도 결과적으로 업적목표인 매출액이나 이익을 달성하면 되
기 때문에 판매비 예산(경비의 절감) 보다도 매출액 예산(매출액의 증
가) 관리를 중시하는 방향으로 판매활동을 실시하게 될 것이다.

또한 판매예산의 하위 예산인 「판매촉진비」나 「광고선전비」 등
의 예산은 제품별, 또는 지역(영업소)별로 세분화하여 관리하지 않
으면 그 효율을 판단하는 것은 불가능하다. 이처럼 마케팅비라고
하더라도 그 내용이나 특성이 동일하지 않기 때문에 각 비목의 특

성을 고려하지 않는 포괄적 관리로서는 효율성을 기대할 수 없다.

(1) 판매비의 예산설정

종래 마케팅 관련 비용은 예산체계에서 종합예산에 대한 부분예산에 의해 포괄적·기간적으로 관리하는 것이 일반적이었다. 이러한 의도에서 마케팅비의 예산설정과 이들을 활동별 예산으로 작성하고 있는가에 대해 질문했다.

즉, 광고선전비 예산을 다시 광고매체별로 작성하여 관리하고 있는가에 대한 물음에, 「카탈로그/기술자료」예산, 「광고 매체별」예산, 「판매 수수료」예산, 「판매부문비」예산의 4가지에 대해 작성하고 있다고 하는 회답이 다수였으며(70%이상), 그 이외에 대해서는 부문예산으로 총액 관리하고 있는 경우가 많은 것으로 나타났다(<도표 9-7>).

이러한 총액관리방식은 개별적이며 치밀하고 섬세한 관리가 불가능하다. 따라서 효과적인 예산설정을 위해서는 부서별, 제품별, 지역별 및 활동별로 세분화해서 관리가 이루어져야 한다.

〈도표 9-7〉 마케팅활동과 예산설정

내 용	응답수	구성비(%)
① 카탈로그·기술적 지표	59	57.3
② 매체별 광고·선전(일반 인쇄물, 방송, 전시회 등)	67	65.0
③ 판매 수수료	58	56.3
④ 마케팅·판매부문비	51	49.5
⑤ 매출증가 보상(보너스)	31	30.1
⑥ 고객서비스	34	33.0
⑦ 할인(조기회수)	28	27.2

주) 복수회답으로 %는 회답기업 총수(103사) 대비 각 항목의 비율을 나타냄.

(2) 판매 및 촉진부문의 예산작성기준

다음은 「판매(및 판매촉진)부문 예산 작성의 상세함」에 대해 조사했다(<도표 9-8>). 결과에 의하면 「부문·비목별 편성」이 73%(74사/101사)로 대부분의 기업에서 활용하고 있으며, 「부문별·활동별」로 작성하고 있는 것은 27%(42사)에 지나지 않았다. 또 이 경우에도 복수회답이 가능하므로 상당 수가 「부문·비목별」과 「부문·활동별」을 병용하고 있다는 사실을 알 수 있다.

예산을 「부문·비목별」로 편성하는 방법은 통상적인 일이며, 문제는 그것이 어느 정도 세분화되어 책정되는가인데 가장 세분화된 형태가 「활동별」 구분이다. 따라서 기업은 각 부문의 활동을 상세하게 분석해서 부가가치를 창출하지 않는 활동을 제거하는 방향으로 노력하고, 부가가치적 활동에 대해서는 그 발생원가를 직접 배부하는 방법을 개발함으로써 「활동원가」에 의한 효과적인 관리가 가능하게 될 것이다.

〈도표 9-8〉 판매 및 판매 촉진비의 예산 작성 기준

내 용	응답수	구성비(%)
① 부문 · 비목별	74	73.3
② 부문 · 활동별(예 : 판매원 교육비)	42	41.5

주) 복수회답으로 %는 회답기업 총수(101사) 대비 각 항목의 비율임.

2) 물류비 예산관리

(1) 물류비 예산의 체계와 종류

물류비 예산관리는 「기업의 물류부문 방침에 의거해서 물류관리자가 물류부문의 의견을 구하면서 과학적으로 물류비 예산을 편성하고, 그 실시에 있어서 관련지출을 조정하면서 지출을 통제하는

것」이라고 정의할 수 있다. 여기서 물류예산이란 물류활동에 대한 계획을 수량화(구체적으로는 화폐금액으로 표시)하는 과정에서 금액이 과연 얼마가 필요한가를 예정한 것이다. 예산에 의해서 물류비를 효과적으로 관리하기 위해서는 물류관리조직에 적합한 예산의 분류와 체계를 확립해야 한다.

물류부문을 원가중심점(cost center, 주로 비용통제형 부문관리제)으로 운영할 경우 물류비 예산만을 대상으로 편성하게 되는 데 비해, 이 부문을 이익중심점(profit center, 비용과 수익에 대한 차익으로서 이익책임형 부문관리제, 즉 사업부제를 이용한 독립채산제를 말함)으로 운영할 경우는 물류수익예산까지 편성해야 한다.

그리고 물류시설예산과 물류요원예산은 일반적으로 전사적인 차원에서 설비투자 및 인력의 채용・배치 등에 대한 장기계획 하에 추진되게 되기 때문에 물류부문에서 실질적인 예산권한을 갖고 있는 경우는 적다.

물류비 예산 편성시 고려하는 주된 요인은 중장기의 물류정책과 물류계획 64.4%, 차기의 판매, 제조활동에 관한 주요 관련업무계획 57.4% 및 전기의 자사 물류활동의 분석자료 48.5%를 들고 있다. 그리고 차기의 물류환경 변화도 38.6%나 고려되고 있었다.

다음으로 우리 기업에서는 현재 어느 정도 물류활동을 세분화해서 예산을 설정하고 있으며 물류예산의 산정은 어떤 방식으로 하고 있는가를 살펴보기로 한다.

(2) 물류활동의 세그먼트별 예산편성

물류활동에 관한 예산편성에 대해서는 수송부문비에서 95%, 보관(창고) 부문비에서 72%가 예산을 편성하고 있다는 회답이 나왔다. 이들 경비가 예산으로 편성된 비율은 의외로 높다고 판단된다.

다만 예산의 상세함에 대해, 즉 개개의 활동 내용을 얼마만큼 상세히 파악하여 예산을 편성하고 있으며 또한 개별관리를 실시하고 있는가에 대해서는 물류활동비 예산의 세그멘트별 분석에서 어느 정도는 밝혀지고 있다. 즉, 이러한 예산의 제품별/제품 라인별, 고객/경로별, 지역별 편성에 대해서는 물류비에 대해 세분화해서 예산을 설정하고 있다는 회답이 수송부문비에서 81%로서 상당수준으로 개별관리가 이루어지고 있다고 볼 수 있다. 그러나 보관(창고)부문비에 대해서는 절반을 조금 넘는 54%의 수준에 그치고 있는 실정이어서 관리의 효율성을 판단하기에는 본 조사결과만으로는 충분하지 않다(<도표 9-9>). 참고로 일본의 경우(西澤 脩, 1995)에는 예산으로 물류비를 관리하고 있는 비율이 총회답회사의 50.6%에 그치고 있다.

〈도표 9-9〉 물류활동의 세그멘트별 예산편

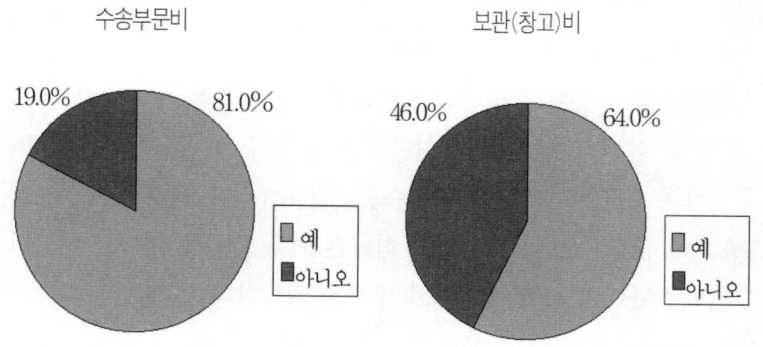

(3) 물류활동의 예산산정방식

물류활동에 대해 어떠한 방식으로 예산을 산정하고 있는가에 대해서 살펴보면 다음과 같다. 먼저 보관업무에 대한 예산 채택상황에 대해서는 1위가 「부문·비목별 예산」(45사)이고, 2위는 「연간예산=상기의 직접원가계산에 준거하는 표준원가×연간 보관수량」(40사), 3위 「종래의 표준원가계산」(17사)의 순으로 나타났다. 1위에 「부문·비목별 예산」이 나타난 결과는 이해할 수 있으나, 2위의 비율이 예상보다 높은 것은 물류예산관리에 대한 인식이 점차 높아가고 있다는 것을 보여준다(<도표 9-10>).

〈도표 9-10〉 물류활동의 예산산정방식

내 용	보관·창고		수송부문	
	응답수	구성비	응답수	구성비
① 부문·비목별 예산	45	45.0	49	52.7
② 종래의 표준원가에 의한다	17	17.0	17	18.3
③ 연간예산 = 상기의 직접원가계산에 준거하는 표준원가×연간 보관(또는 수송)수량	40	40.0	43	46.2
④ 연간예산=ABC에 의한 표준원가× 활동별 연간 처리 수량	14	14.0	0	0.0
합 계	100	100%	93	100%

다음으로 수송활동 예산의 산정방식에 대해서는 대다수가 「부문·비목별 예산」(49사)이나 「연간예산=상기의 직접원가계산방식에 준거하는 표준원가계산×연간 수송수량」(43사)을 채택하고 있으며, 「종래의 원가계산에 의한다」는 회답은 겨우 17사에 지나지 않았다. 그리고 「ABC에 의한 예정원가 방식을 채택한다」는 회답은 전무하였다. 따라서 여기서도 ABC의 적용은 거의 진행되고 있지 않다는 결론으로 앞으로 추진해야 할 과제라고 생각한다.

(4) 물류비예산의 통제와 차이분석

예산에 의한 물류비의 통제방법으로는 ① 사전통제 ② 기중통제

③ 사후통제의 방법이 있다. 일반적인 물류비통제의 수단으로는 기중통제나 사후통제를 위해 예산을 활용하는 경우가 대부분인데, 예산에 의한 물류비관리의 성과를 높이기 위해서는 사전통제방법의 병용도 요구된다. 즉 사전통제방법을 이용하면 다름 아닌 예산편성시 물류현장의 종사자를 참여시켜 자주적인 예산목표의 설정을 유도함으로써 예산통제에 관한 동기부여를 할 수 있기 때문이다. 실무적으로는 예산에 의한 물류비통제는 기중에 발생하는 물류비의 지출통제가 중심적이라고 하겠다.

물류비예산의 탄력적 운영의 구체적인 방법으로서 예산 집행시 어떤 경우에 예산수정을 실시하고 있는지를 보면, 특별한 사유발생시에만 예외적으로 예산수정을 하는 기업이 49.0%로 비교적 많았으며, 다음으로 물류계획 변경시에만이 37.5%, 물류환경의 변화시 그때그때 적당하게가 34.4%의 순으로 나타났다. 한편, 일단 확정된 예산은 기간 중 일체 수정하지 않는 기업도 5.2% 있었다(徐賢珍, 1995).

물류비의 예산차이 분석은 예산의 집행 후 물류활동에 관한 예산목표의 달성여부와 예산운영의 효율성을 파악하기 위해서 예산과 실적과의 차이를 명확하게 하는 과정으로서, 대표적인 사후통제 방법이라고 말할 수 있다. 단, 물류비에 대한 예산차이 분석에 있어서 주의하지 않으면 안 될 점은 단순히 '유리' 또는 '불리'라는 수치에 의한 차이를 기준으로 해서 이 결과를 전적으로 판단해서는 곤란하다는 점이다. 따라서 예산차이의 결과에 대해서 올바른 해석을 위해서는 그 결과에 대해 반드시 원인분석을 실시하는 것이 바람직하다. 물류비예산의 차이분석 실태를 보면 다음과 같다.

① 물류비 예산차이 분석의 실시 범위는 예산차이에 대해 원인별 분석의 실시가 84.2%로 가장 많았으며, 장소별 분석의 실시는 22.8%, 그리고 책임별 실시는 5.0%에 그쳤다. 그리고 단순히 전년

194

도 대비 차액을 구하는 데 그치는 기업도 11.9%나 있었다.

② 물류비 예산차이 분석의 결과 물류활동의 문제점을 파악하는 데 사용이 77.2%로 가장 많았으며, 차기의 예산편성에 활용이 59.2%, 관련 부서의 업적평가에 활용이 27.7%의 순이었다. 한편, 관련자의 책임추궁에 활용하는 기업은 전혀 없었다.

4. 물류활동의 의사결정분석

1) 물류의 채산성 분석

(1) 물류채산성 분석의 의의와 절차

물류의 체질개선을 도모하기 위해서는 현행 물류시스템을 재구축하고, 물류원가의 근원적 절감을 실현해야 한다. 이를 위해 실시하는 제3의 물류회계가 물류채산성 분석이다. 물류채산성 분석은 AMA(미국 마케팅학회)의 정의를 준용하면 "각종 물류비의 항목을 형태별·기능별·부문별로 분석하고, 그 결과를 대체가능한 지출액이나 당해 지출로부터 얻어지는 매출액 및 매출총이익과 비교하는 것"이다. 즉 물류채산성 분석은 현재 실시하고 있는 물류비 관리시스템에 대한 구조적인 문제나 업무집행상의 문제와 관련하여 제기된 개선안 등에 대해 채산성, 또는 수익성 여부를 파악하기 위해 실시되는 것을 말한다.

물류채산성 분석은 물류계획 수립과 예산편성 등의 목적 이외에도 신규투자나 대체투자 등의 의사결정을 위해 바람직하다. 이를 위해서는 채산성 분석의 특질을 명확하게 이해하고 실시방법과 절차를 체계적으로 파악하는 것이 필요하다. 물류채산성 분석의 실시절차를 의사결정 과정에 따라 나타내면 다음과 같다.

① 현황 파악

현재 어떠한 물류업무를 실시하고 있으며, 물류비가 어느 정도인지를 파악한다.

② 개선안 작성

현재 실시하고 있는 물류업무를 어떻게 개선하면 좋은가에 대한 개선안을 총망라해서 다룬다.

③ 물류비 추정

그 개선안에 얼마의 물류 코스트가 필요한가, 또는 사용되고 있는가에 대해서 그 예상금액을 추정한다.

④ 물류비 비교

각 개선안의 물류비를 비교해서, 어떠한 안의 물류비가 가장 적게 들어가는가를 평가하여 가장 유리한 안을 선택한다.

⑤ 절감액 산출

현행 물류업무를 최선안으로 교체하면 얼마의 물류비를 절감할 수 있는가를 계산한다.

⑥ 종합평가

위의 최선안은 원가 이외의 비계량적인 요소도 감안해서 가장 유리한 안을 종합적으로 평가한다. ①의 현상파악은 물류원가계산에 의해 가능하고 ⑥의 종합평가는 물류비의 예산관리에 연계되므로, 물류채산성 분석은 양자의 연결고리가 된다.

(2) 물류업무의 채산성 분석

물류채산성 분석의 주내용은 물류업무의 개선분석, 물류설비투자분석 및 물류생산성분석의 3가지로 대별되는데, 이 중 물류업무를 중심으로 한 개선분석은 주로 단기적인 분석이다. 물류업무를 개선하기 위한 물류채산성 분석의 접근방법, 즉 어떻게 비교평가할 것인가에 대한 분석방법으로는 상반관계(trade-off) 분석과 총비용 접근방식을 사용할 수 있다. 이하에서 이 2가지 방법에 대하여 차례대로 살펴보기로 한다.

물류시스템에서 가장 중요한 목표는 소위 신속대응(quick response)과 리드타임의 단축과 같은 고객에 대한 서비스의 극대화와 물류비용의 극소화를 동시에 달성하는 것이다. 그러나 고객서비스를 극대화하려면 적정 재고를 보유하기 위해 많은 창고가 있어야 하고 신속히 배송하여야 하는데, 이는 물류비용을 증가시킬 수밖에 없다. 반면 물류비용을 극소화시키려면 수송횟수를 줄이고 적은 재고를 유지하며 창고 수도 적게 보유하는 정책을 사용해야 하는데 이는 고객서비스 저하를 가져오게 된다. 이처럼 물류서비스의 극대화와 물류비용의 극소화는 상반관계가 되는 것이다.

한편 물류는 비용측면에서도 상반관계를 나타낸다. 예를 들어 수송비용을 줄이기 위해 대형 트럭을 사용해 1회 수송량을 증대시키면 저장하는 창고면적이 늘어나므로 수송비용이 줄더라도 결국 창고료가 증대하고 나아가 재고비용이 상승하게 된다.

이와 같이 물류의 구성요소인 각 기능들은 상반관계를 지니고 있기 때문에 기업은 물류를 하나의 통합된 시스템으로서 관리해야 한다. 통합된 물류관리의 기초는 물류의 제활동을 통합적으로 실시하여 총비용을 최소화하는 분석이다.[6] 즉 물류관리에서는 개별적 활동의 비용관점이 아니라 로지스틱스 활동의 전체비용을 줄이는

---

6) 총비용의 개념은 Lewis, Culleton, and Steel(1965)에 의해 최초로 제시되었다. 그들은 항공운송의 신속성 등이 창고와 재고비용을 감소시킬 수 있으므로 높은 항공운임을 지불하더라도 물류활동 전체적인 면에서 보면 총비용이 낮아진다는 사례를 보여 주었다.

것에 노력이 집중되어야 한다(남익현, 1995).

물류업무개선의 대상은 운송, 보관, 포장 등 다양하게 있으나 최적 집배소(depot) 수를 결정하는 모형을 예시하면 다음과 같다. 집배소 수의 증가에 따른 보관비와 수송비의 증감액을 조사하면, 양자간에 상반관계가 발생하므로 총비용분석에 의해, 보관비와 수송비의 총비용이 가장 낮게 되는 집배소 수가 최적 집배소 수로 된다. 예를 들면 〈도표 9-12〉의 경우에 20개소 최적 집배소 수로 된다.

〈도표 9-11〉 최적 집배소 수의 결정표

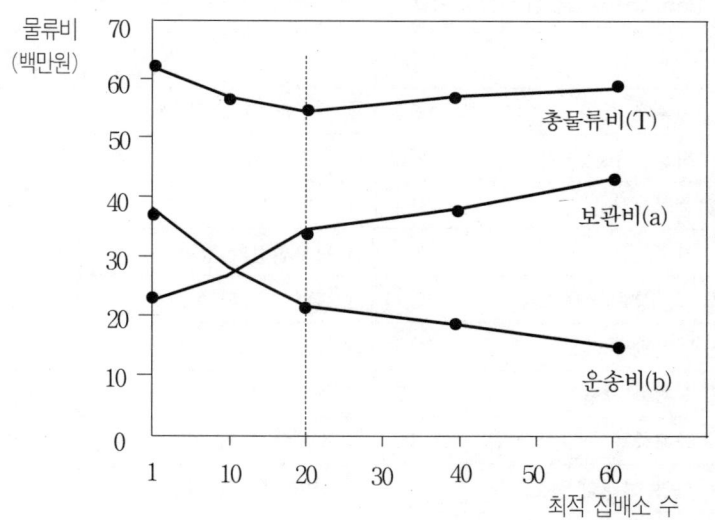

〈도표 9-12〉 최적 집배소 수의 결정표

단위 : 백만원

데포수	a 보관비	b 운송비	T 합계
1	23	38	61
10	28	29	57
20	34	21	55
40	38	19	57
60	42	16	58

(3) 물류채산성 향상의 대책

마케팅 활동의 목적이 궁극적으로 채산성 향상이라고 할 수 있으므로 우리 기업에서는 이것을 위해 어떤 방법을 사용하고 있는가를 우선적으로 살펴볼 필요가 있다. 조사결과를 순서대로 열거하면, 1위가 「매출액 증대」(67사), 2위 「시장점유율 증가」(53사), 3위 「품질개선」(51사), 4위 「신제품 개발」(45사), 5위 「재고상품의 축소」(34사), 6위 「가격인상」(33사), 7위 「납기단축」(19사)의 순서로 나타났다.

〈도표 9-13〉 채산성 향상의 기회   단위 : %

내 용	구성비	내 용	구성비
① 매출액 증대	60.1	⑩ 애프터서비스의 개선	15.6
② 시장점유율 증가	56.0	⑪ 수송기간의 단축	17.3
③ 품질개선	54.3	⑫ 판매 채널의 단축	6.6
④ 가격인상	28.8	⑬ 광고선전의 강화	11.1
⑤ 재고상품의 축소	35.4	⑭ 판매 채널의 통합	4.1
⑥ 납기단축	23.5	⑮ 정보시스템의 정비	13.6
⑦ 신제품 개발	45.7	⑯ 물류의 독립 기업화	9.5
⑧ 판매품목의 정비 통합	4.9	⑰ 신제품 도입 기간의 연장	1.2
⑨ 사양 변경의 축소	7.0	⑱ 판매 채널의 직영	3.7

주) 복수회답으로 %는 회답기업의 총수(105사) 대비 각 항목의 비율임.

그러나 1위의 「매출액 증대」와 2위 이하의 항목은 상관관계를 가지고 있다고 볼 수 있다. 전자는 후자의 하위 목표, 즉 「매출액 증대」를 달성하기 위한 수단으로 생각할 수 있다. 따라서 채산성 향상을 위한 방법으로 「매출액 증대」와 동시에 회답한 항목들을 분석할 필요가 있다(〈도표 9-14〉 참조).

〈도표 9-14〉 매출액증대와 동시에 회답한 항목   단위 : 업체수

내　용	응답수	내　용	응답수
시정점유율	62	품질개선	51
신제품개발	31	재고상품축소	25
가격인상	24	납기단축	18
애프터서비스개선	11	수송기간단축	11

주) 회답기업총수 105개사.

　<도표 9-13>와 <도표 9-14>에 나타난 결과와 같이 「시장점유율 증가」가 2위로 회답기업 136사 중 62사가 동시에 「매출액 증대」에도 회답하고 있어 우리나라 기업은 「매출액 증대」방법으로 「시장점유율 증가」, 「품질개선」, 「신제품의 개발」 세 가지를 중시하고 있음을 알 수 있다.

　「시장점유율 증가」에 의한 대응은 대량생산 시대의 우리나라 기업의 보다 강력한 무기라고 볼 수 있다. 또한 「품질개선」이 제품의 고부가가치화를 의도하고 「가격인상」이 그 결과로서 나타난 것이라고 한다면, 그 자체로서 혁신적 대응이라 할 수 있다. 그러나 만약 이러한 의도에서 회답한 것이 아니라면 우리나라 기업의 마케팅활동에 있어서 혁신성과 독자성은 시작되지 않았다고 볼 수 있다.

　그리고 경기의 하강 국면이라 할 수 있는 지금의 경제 상황에서 「매출액 증대」의 대책으로 「시장점유율 증가」와 「품질개선」 뿐만 아니라 「재고상품의 축소」, 「납기단축」, 「수송기간의 단축」, 「애프터서비스의 개선」을 응답한 것은 이후의 기업전략으로서 유력한 무기가 될 수 있다는 인식으로서, 정책과 전략의 전환을 도모하려는 우리나라 기업의 합리적인 의사결정 행동 가능성을 보여주고 있다고 할 수 있다.

　그러나 채산성 향상책으로서 「판매경로의 단축화」, 「물류사업부

제」, 「물류부문의 분사화」 등과 같은 전략은 고려되고 있지 않다. 기업이 계속 발전하고 존속하기를 원한다면 기존 사업의 강화에 주력하는 것뿐만 아니라, 환경변화에 적응해야 하고 신제품과 신규사업의 개발 또는 보다 효율성을 추구하는 조직혁신에 노력해야 하며, 이것이야말로 「채산성 향상책」으로서의 전략적 대응이 될 것이다[7].

2) 물류활동의 의사결정 분석방법

물류의사결정은 크게 장기적 영역과 단기적 영역으로 구분할 수 있다. 전자에는 물류거점에 관한 것과 공장입지 및 규모에 관한 의사결정 등이 있으며 후자에는 수배송정책과 재고정책의 결정 등이 포함된다(문상원, 1994). 물류의사결정은 계층적으로 이루어져야 하며 각 기업의 의사결정 상황에 맞게 모형을 선택적으로 개발하여 활용하는 것이 필요하다.

우리 기업의 물류의사결정에 활용하고 있는 분석방법에 대해 살펴보기로 한다. 기업의 물류활동에 있어서의 원가절감은 어떤 방법으로 가능한가. 이 점을 조사하는 전제로서 물류활동의 의사결정에 유효한 분석방법에 대해 질문했다.

채택되는 방법의 수는 그 활동 내용에 따라 하나 내지, 둘의 경우가 많고, 방법의 종류로서는 목표계획법(Goal Programming : GP)과 경제적 주문량(Economic Order Quantity : EOQ)의 두 가지가 전반적으로 많이 사용되고 있다. 그러나 목표계획법에 대해서는 설문의 취지가 잘 이해되지 않았는지[8] 회답기업이 112사나 되어 예상밖의

---

7) 이 점은 연결결산제도의 본격적 도입에 따라 더욱 중요하게 될 것이다.
8) 저자의 판단으로는 응답자들이 목표계획법(GP)을 단순히 목표를 세워서 결정을 하는 소위 목표에 의한 관리(Management By Objective)로 이해를 했으며, 본래 취지인 수리적인 목표계획법(Goal Programming)으로 이해하지 못한 데서 나온 착오라 생각한다.

결과가 나왔다(<도표 9-15>).

〈도표 9-15〉 물류활동의 의사결정에 유효한 분석방법

단위 : 업체수, %

분석방법＼분야	①회귀분석법	②시계열분석	③행렬법	④확률법	⑤선형계획법	⑥목표계획법	⑦경제적주문량	⑧PERT등	⑨시뮬레이션	⑩할인현금흐름	⑪손익분기점	⑫기타	합계
재고관리	6 6.7	9 10.0	4 4.4	8 8.9	10 11.1	26 28.9	47 52.2	10 11.1	5 5.6	2 2.2	8 8.9	3 3.3	111사 100%
수송	1 1.3	4 5.3	6 8.0	3 4.0	10 13.3	17 22.7	18 24.0	11 14.7	10 13.3	1 1.3	4 4.0	4 5.3	133사 100%
회수	2 2.4	3 3.7	1 1.2	3 3.7	6 7.3	13 15.9	10 12.2	3 3.7	9 11.0	21 25.6	12 14.6	5 6.1	99사 100%

활동 내용을 개별적으로 보면, 수송관리의 기법으로서는 1위가 경제적 주문량, 2위는 목표계획법, 3위는 PERT(Program Evaluation and Review Technique)와 CPM(Critical Path Method), 그리고 4위 시계열분석과 시뮬레이션 순으로 이용되고 있었다.

또 재고관리 방법에 대해서는 1위가 경제적 주문량, 2위 목표계획법, 3위 PERT와 CPM, 4위 확률법과 손익분기점의 순으로 비교적 다양한 방법이 이용되어지고 있다. 목표계획법을 설문지 내용의 인식문제로 제외한다면 그 밖의 활동의 관리에 대해서는 대체로 경제적 주문량과 손익분기점, 선형계획법, 시계열 분석의 방법이 주류를 이루고 있다. 이것도 단순히 방법의 채택뿐만 아니라 분석의 깊이(상세도)까지 언급할 수 있었더라면 더욱 명쾌한 분석이 가능하게 되었을 것이다. 이 점은 향후 조사시에 반영시켜야 할 점이다.

3) 물류설비투자의 경제성 계산방법

(1) 물류경제성 계산의 일반모형

물류개선의 의사결정에 있어서 설비투자를 수반하는 경우에는 당해 물류설비투자에 대해서 경제성 계산을 시도하고, 경제성에 의거해서 설비투자를 결정할 수 있다.

이 때 사용되는 경제성 분석의 방법으로는 화폐의 시간적 가치를 고려한 할인된 현금흐름모형으로서 내부수익률법과 순현재가치법이 있으며, 화폐의 시간적 가치를 고려하지 않는 모형으로서 회수기간법과 회계적 이익률법이 있다. 일반적으로 물류설비투자는 장기에 걸쳐서 이루어지기 때문에 할인된 현금흐름의 모형이 경제성 분석에 유용하다고 할 수 있다.

이 중 대표적인 할인된 현금흐름 모형에 해당하는 순현재가치 (Net Present Value : NPV)법에 대해서 살펴보자. 순현재가치법이란 물류투자에서 얻어진 총 현금유입액의 현재가치에서 지출된 총 현금유출액의 현재가치를 차감하여 순현가를 구한 후, 그 순현가를 기준으로 투자안의 수익성을 평가하는 기법이다. 현금흐름이 매기 말에 발생한다고 가정할 때 순현가를 구하는 공식은 다음과 같다.

$$V = -I + \sum_{t=1}^{N} \frac{Ci}{(1+r)^t} + \frac{S_T}{(1+r)^t}$$

여기서 V : 순현재가치
C_i : i 기의 현금유입액(감가상각비 공제 전의 세후순이익)
I : 물류설비투자액
S : 잔존가액
r : 이자율
n : 내용년수

(2) 경제성 계산방법의 실태

물류개선의 의사결정에 있어서 설비투자를 수반하는 경우에는,

당해 물류설비투자에 대해서 경제성 계산을 시도하고, 경제성에 의거해서 설비투자를 결정할 수 있다. 우리 기업들의 물류투자에 대한 경제성 계산방법을 살펴보자.

결과는 1항목만을 회답한 기업이 가장 많았으며(62사), 1위가 원가 - 편익비교법(67사), 2위 회수기간법(29사)이고, 이 2항목만을 채택한 기업 수가 65%를 약간 넘는다. 1사 평균 채택 수는 1.4항목이므로, 이 두 가지 방법 중 한 가지를 중심으로 다른 한 가지 방법을 보완적으로 사용하고 있다고 볼 수 있다. 단, 순현재가치법이나 내부수익율법의 채택비율이 낮다는 것은 투자회수기간을 단기로 보고 있거나 혹은 해당 활동에 대한 투자액의 규모가 작다는 것을 반영하는 것으로 해석된다. 그러나 만약 이 판단이 잘못된 것이라고 하면, 이들 방법의 채택율이 낮은 것은 해당 활동의 생산성을 위한 이후의 투자액 증대의 가능성과 투자결정 문제의 중요성에 비추어 시급히 개선되어야 할 과제이다.

〈도표 9-16〉 물류에 관한 투하자본의 경제성분석 방법

내용\비율	① 비용-편익 분석	② 회수 기간법	③ 투자 수익률법	④ 내부 수익률법	⑤ 순현재 가치법	합계
응답수	67	29	24	16	11	103사
구성비	65.0	28.2	23.3	15.5	10.7	100%

그리고 한 가지 지적해 두고 싶은 것은, 전통적인 투자안의 경제성 분석방법이 물류기술의 투자기회를 평가하는 데 한계가 있다는 것이다. 마비스(Mavis)기계공업사의 사례를 들어 이것을 구체적으로 설명해 보기로 한다. 이 회사는 창고시설에 사용되는 부품을 주로 수주생산하는 중소기업이다. 현재 숙련된 수동식 선반을 사용하여 생산하는 것을 자동수치제어(NC)선반으로 대체하려고 생각하고 있다.

이러한 투자의 경제성을 판단하는 문제를 순현재가치법으로 판

단할 때는 NPV가 0보다 큰 正(+)의 대체안을 선택하는 것이 일반
적이다. 전통적 방법에서는 負(-)의 순현재가치(NPV)를 나타내는
프로젝트에는 투자를 하지 않으나 실질적으로는 재무적인 이익보
다 더 큰 이득이 생겨 투자순위가 바뀔 수도 있다.9) 이것은 NPV가
의사결정의 동인이 되기보다 의사결정이 형성되는 방식에 의해 수
행되는 경우가 많기 때문에, 상황에 따라서는 순현재가치 개념이
의사결정과정에서 장애요인이 된다는 것이다. 따라서 물류기술투
자의 효과적인 관리를 위해서는 투자기회의 분석이 필수 불가결한
데, 여기에는 가치사슬 분석, 원가동인 분석, 경쟁우위 분석의 3가
지로 구성되는 전략적 원가관리 접근법이 모두 포함되어 실시되어
야 한다(J. Shank, 1996).

먼저 가치사슬분석을 보면, 만일 자동화기계로 대체하면 원재료
인 주물의 품질이 제조과정에 매우 중요하기 때문에 1차 공급업자
에 크게 의존하게 된다. 또한 자동화시설로 인해 노동품질의 저하를
초래하고 생산의 융통성이 줄어들게 되어 1차 주요고객에게도 과거
보다 많이 의존하게 된다. 즉 마비스는 구매자로서의 파워와 판매자
의 파워 모두를 잃게 된다는 것이다. 마비스와 같은 소규모 주문생
산기업에서 자동화기계를 도입할 때는 제품 믹스를 변경할 수 있는
능력에 문제를 일으킬 수 있다. 그러나 자동화로 인해 생기는 원가
절감이 이러한 약점을 상쇄할 수 있는가를 파악할 필요가 있다.

원가동인(원가발생요인) 관점에서는 '자동화기술' 대 '학습(경험)
효과'간의 상반관계가 나타난다. 이 두 가지 동인 중 어느 것이 마

---

9) 예를 들어 물류시설을 수동기계에서 자동화기계로 대체한다면 양(+)의 재무
   적 이익(NPV)이 생긴다고 해도 다른 한편에서는 제조유연성의 감소, 수선유
   지에의 지나친 의존, 고장 위험의 증가, 상이한 판매정책의 변화, 종업원 사기
   와 생산성에 미치는 영향 등의 부정적인 측면이 일어난다는 것이다.

비스사의 전략으로 채택되어야 하는가를 경쟁우위 분석을 통해 살펴보기로 하자. 경쟁우위 분석에서는 크게 원가우위와 차별화 전략 두 가지가 있다. 일반적으로 원가우위 전략은 주문생산구조에서 대량의 뱃치(batch)생산 형태로 전환한 대규모 기업에서만 채택할 수 있다. 그러나 마비스사는 특별 사양, 고품질, 신속한 회전율을 주무기로 틈새시장에서 경쟁력을 가지는 소규모 기업이기 때문에 이 전략은 취할 수가 없다.

마비스의 경쟁우위 분석에서는 자동기계 사용으로 인한 원가절감(한편 낮은 유연성) 효과보다는 숙련 노동자의 학습효과를 지원함으로써, 가치사슬에서의 주장을 뒷받침하고 있다.

10장 물류업적의 측정과 평가

1. 측정지표의 종류

1) 소프트 척도와 하드 척도

물류업적의 평가에는 소프트 척도와 하드 척도가 모두 필요하다. 하드 척도로서는 재무통계자료(순이익, 총매출액 등), 원가통계자료(수송비, 표준노무비 등), 투입-산출비율 또는 업적지수(선적수/운행시간), 품질척도(주문처리시간) 등을 들 수 있다. 소프트 척도에는 고객만족이나 종업원만족 같은 것이 있는데 일반적으로 우편설문조사와 전화 인터뷰 등의 방법을 이용하여 하드 척도를 보완하는 역할을 한다.

먼저 하드 업적척도의 중요한 장단점과 더불어 여기에 대한 대표적인 수집결과가 <도표 10-1>에 나타나 있다. 순이익이나 주문충족율과 같은 하드 업적척도는 일반적으로 수집하기가 용이하고 비용이 적게 들고 정확하며 개인에 관계없다는 장점이 있다. 이익과 투자수익률과 같은 회계비율 척도는 수익성을 포착하는 통상적인 방법이며(특히 물류가 이익 센터로 취급되는 곳에서 그렇다) 수집하는 데 용이하고 비용이 적게 든다. 그리고 수익성은 비록 장기적으로 기업 경쟁력의 좋은 지수가 되지 않는다 해도, 어느 정도 모든 조직의 내부구성 그룹의 목표를 반영하기 때문에 특히 유용한 목표가 된다.

〈도표 10-1〉 물류업적을 위한 하드 척도

측정의 유형	장점/단점
재무관련수치 (순이익, 총매출액 등)	장점 : 수집이 용이하고 비용이 적게 들며 조직간의 비교가 쉽다. 정확성을 가지고 여러 업적차원을 포착할 수 있다.
원가관련수치 (수송비, 표준노무비 등)	단점 : 기간별로 비교하기가 어렵고, 회계방법에 따라 조직간의 비교에 한계가 있다. 통합 수준이 높기 때문에 책임을 분담하기가 어렵다. 기업이 정보공개를 싫어한다.
투입-산출비율 또는 업적지수 (선적수, 운행시간)	장점 : 많은 영역에서 목표달성(특히 유효성, 능률)을 평가하는 데 사용된다.
품질척도 (주문 사이클타임)	단점 : 개별업적지수와 같이 협소한 척도는 의사결정과 분석에 오류를 일으키기 쉽다. 연구자가 데이터를 얻기가 곤란하며 조직간의 비교가 불가능하다.

자료 : Garland Chow 등(1994), pp. 17~28.

원가회계척도도 몇 가지 효율성 차원을 평가하는 데 상당히 유용하다. 이런 자료는 대개 매우 정확하며 특히 장기간에 걸쳐 유용하나 조직간에 비교를 할 수 없는 경우도 있다. 또한 시간의 변화에 따라 동일조직 내에서 유효한 비교가 억제되는 단점이 있다. 가공이 안 된 재무 측정치와 원가회계 데이터는 대부분의 기업에서 대외비로 처리되어 외부로 정보를 유출하기를 꺼리기 때문에 공통적인 어려움이 있다. 또한 조직간 또는 기간별로 비교를 함에 있어서, 표준 또는 회계방법의 변경은 상당히 문제가 된다(Glaskowski 등, 1992).

물류에서 투입-산출비율(생산성 또는 업적지수로도 불린다)이 일반적으로 널리 사용되고 있으며, 교과서나 기타 문헌에서도 집중적으로 취급되고 있다. 예를 들어 생산성은 수송 마일당 선적수와 같은 비율을 사용하여 측정되고, 적시 배달율과 같은 비율은 반영된 서비스품질의 평가에 도움이 된다. 또한 환경문제에 대한 사회적 관심이 고조됨에 따라, 어떤 기업은 '사용된 포장중량/선적된 총중량'과 같은 비율을 계산하여 유용하게 사용한 경우도 있다. 또한 데이터의 대외비적인 성격 때문에 연구자들이 데이터 접근에 한계를 가지는 것은 잠재적 단점이 되며, 정의의 변화와 데이터 수집절차로 인해 여러 조직간의 업적 지수를 비교하는 데 어려움을 겪게 된다.

주문 사이클타임 또는 리드타임의 변동성과 같은 품질척도에 대한 장점과 단점은 투입산출비율 척도와 거의 동일하다. 이 두 가지 척도에 공통된 한계 중 하나는 이것들이 포착할 수 없는 업적측정(특히 고객이 만족하는 정도)이 많이 존재한다는 것이다.

고객만족을 파악하는 것이 어렵기 때문에 하드 척도가 소프트 척도에 의해 보완되어야만 한다. 우편 조사, 전화 인터뷰, 또는 유사한 기법을 사용하여 수집하는 일련의 소프트 척도가 필요하다. 문제를 인식함에 있어서의 유용성 이외에 회계기준과 유사한 문제의 차이로 인해 하드 척도로 한 조직과 다른 조직을 비교할 수 없을 때 소프트 척도가 요구된다.

소프트 척도도 역시 비교가능성의 문제를 일으킨다. 동일 산업 내에서 소수의 제조업체가 적시 배달목표라는 물류기능을 어떻게 달성하는가(1점에서 5점까지의 척도)를 보고한다고 가정하자. 만일 그 기업의 경쟁적 전략 또는 목표에 변동이 있다면 응답자들은 선

택(해석)하기가 어려울 것이다. 하나의 예로서 실제 적시 배달수준
이 80%인 두 기업을 생각해 보자. 만일 A기업의 목표가 100%이고,
B기업의 목표는 80%라면, 기업 A의 관리자는 B의 관리자보다 더
욱 낮은 업적율을 제시하게 될 것이다. 이 이외에도 소프트 척도는
사회적 요구사항과 같은 자기보고서에 내재된 한계점과 일관성에
대한 편의(bias) 등의 문제가 있다(Podsakoff & Organ, 1986).

이상을 종합하면 물류업적을 평가하는 데는 하드와 소프트 척도
모두를 포함해야 한다는 것이며, 그 집합을 선택함에 있어 고려해
야 하는 중요한 한 가지 기준은 '대표성'이다.

2) 수준별 업적측정

물류업적측정시스템의 설계는 가능한 가장 하위수준(예를 들어 물
류활동)에서 시작하여 최고경영층으로 흘러가는 책임과 책무를 고려
해야 한다. 이 경우 기업수준 척도(예를 들면 전체기업원가)와 단위수
준 척도(예를 들면 활동원가) 양자를 통합해야 한다(SMA 4P para. 26).

물류업적측정시스템의 설계에 있어 핵심단계는 기업의 모든 수
준에 대해 핵심성공요인을 인식하는 것이다. 가장 상위에 있는 기업
-수준의 측정에 대해서는 <도표 10-2>와 같이 11개의 요인들이 사
용된다. 다음으로 단위-수준의 측정에 대해서 전형적 성공요인은 5
가지의 재무적, 비재무적 지수들을 포함하고 있다. 물류고객서비스
성공요인은 활동-수준 업적척도의 한 예이다. 이런 척도는 단순한
적시 배송 이외에 많은 지수들을 포함할 수 있으며 오늘날 산업에
서 가장 일반화되어 있다. 보다 완전한 성공요인을 열거해 보면 <
도표 10-2>와 같은 고객서비스 측정지표의 대부분이 포함된다.

〈도표 10-2〉 각 수준별 업적척도

척도 / 수준	업적척도의 요인
기업수준	1) 현금흐름 2) 원가 3) 이익 4) 사이클 타임 5) 혁신 6) 품질 7) 생산성 8) 고객만족 9) 시장점유율 10) 투자규모 11) 자산수익율
단위수준	1) 활동원가 2) 활동사이클 타임 3) 재고일수 4) 적시 배송 5) 주문이행(충족)율
활동수준	1) 주문을 식별하기 쉬움 2) 주문을 이행하기 위해 충분한 재고를 운반(재고의 양) 3) 거래를 위한 좋은 구매 프로그램의 제공 4) 납기약속의 준수 5) 손상 없는 도착 6) 송장기재착오의 공정하고 적시 처리 7) 합리적인 신용과 지급조건의 제공 8) 판매원과의 접촉이 용이 9) 적시에 "일괄"주문 수행능력 10) 고객제품보충에 대한 신속한 대처 11) 최고품질운송 서비스 담당자의 사용 12) 그들 제품판매를 도움 13) 신속히 이월주문처리를 위한 훌륭한 시스템 14) 문제해결에 의지가 있는 직원 15) 청구된 수량과 배송수량의 일치 16) 결정된 주문을 변경하기 용이함 17) 아이템이 이용 불가능 할 때 즉시 통지 18) 주문과 선적상태에 대한 정확한 정보를 제공 19) 반품에 대한 신속한 처리 20) 유연하고 책임 있는 회사 21) 신용조사원과의 접촉을 하기가 용이 22) 물품을 배분함에 있어 고객을 동등하게 취급 23) 평소 완전한 주문품을 배송한다 24) 견적가격으로 제품에 대해 청구 25) 반품에 대한 합리적 정책 26) 고객서비스원과 접촉하기가 용이 27) 신속하게 송장을 우송 28) 능력있는 고객서비스 담당자 29) 효과적인 고객서비스 담당자

자료 : IMA, SMA 4P.

실제 물류업적 측정시에 해결해야 할 과제는 각 고객(또는 그룹), 각 경로, 그리고 각 제품(또는 그룹)에 대한 이런 요인들의 상대적 중요성을 결정하는 일이다. 핵심성공요인이 인식되고 그들의 상대적 비중이 적정범주에 의해 결정되고 나면, 업적목표와 업적의 현상태의 예측치가 각 물류활동에 대해 구축될 수 있다. <도표 10-3>은 핵심성공요인, 업적척도 그리고 목표를 연결하고 결정하기 위한 틀을 나타내고 있다. 제품 단위원가가 입수되면, 직접상품원가계산과 직접상품수익의 계산이 시작된다. 주문포장, 대체적 배송형태, 간소화된 주문처리관리시스템과 같은 제품과 관련된 추가적인 부가가치 물류서비스의 원가를 계산할 수 있다.

〈도표 10-3〉 업적척도 개발

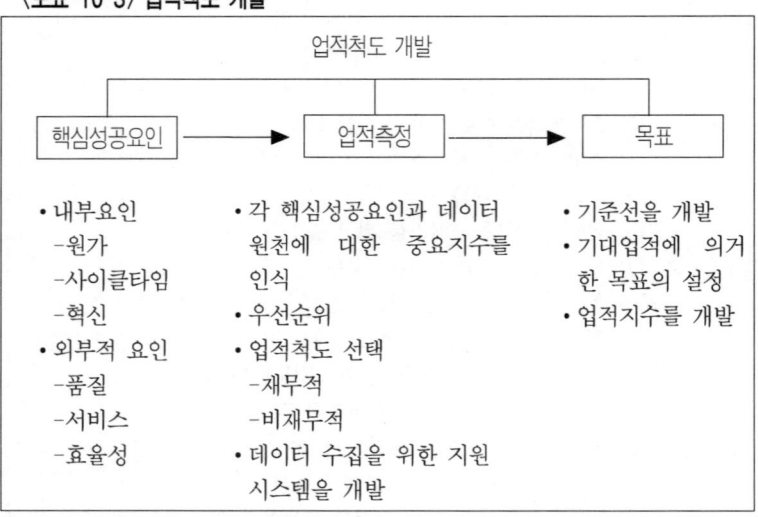

자료 : IMA, SMA 4P.

물류업적척도는 기업전체 전략 및 업적목표가 연계되어야 한다. 예를 들어 물류자산 수익율의 목표는 수송시설의 생산성, 창고시설 이용도, 기타와 같은 활동업적척도에 연계된다. 물류업적척도는 그것들이 활동에 대해 일단 구축된 후 고정적으로 굳어지면 안 된다. 오히려 자료수집문제, 보고문제, 해석이 검토되어야 하고 척도, 비중, 목표는 따라서 신축적으로 적용되어야 한다. 즉, 고객에게 가치를 전

달함에 있어 끊임없는 개선을 추구하는 지속적 개선의 원칙이 적용
되어야 한다. 물류우위는 전진적인 진행형의 목표가 되어야 한다.

2. 업적평가의 단계

 포괄적인 측정은 물류 프로세스를 개선시키는 기초가 된다. 그것
은 위치부여(평가), 통합, 그리고 기민성의 효과성을 측정하는 기반
을 제공한다. 측정은 운영작업에 대한 단순한 눈금 매기기보다 더
욱 많은 것을 내포하고 있다. 물류업적에 대한 측정은 선진적 물류
상태의 달성에 필수적이며 더욱 확산되고 있다. 사실상 세계수준
물류조직은 물류를 중요한 경쟁요소로 간주하며, 자신들의 경쟁자
보다 실질적으로 높은 수준에서 능숙하게 운영하고 있다.
 세 가지 중요한 측정능력은 다음과 같다(Global Logistics Rearch
Team, 1995).

1) 기능적 평가 : 복합적인 기능적 업적측정 가능성의 개발

 측정에서 첫 번째 단계는 기능적 평가이다. 물류성과는 여러 방
식으로 측정될 수 있다. 물류활동을 실시하는 데 활용된 자산의 측
정은 효율적 물류관리를 위해 필수적이다. 이 때 비용은 통제되어
야 하며 고객서비스와 품질은 물류 프로세스의 효과성을 보증하기
위해 지속적으로 평가되어야 한다. 사람과 시설의 생산성은 전체
사업성공에 공헌한다. 세계수준의 기업은 총 5개분야(자산관리, 비
용, 고객서비스, 생산성, 품질)를 지속적으로 평가한다. 그들은 개선된
기능적 평가 능력에 데이터의 정확성과 신뢰성이 필수적이라는 사

실도 인식한다.

(1) 범위

전반적으로 물류기능적 평가능력의 범위(scope)가 지난 5년간 실질적으로 개선되었다. 전통적 기업에 의해 일상적 기준으로 수집되는 척도의 숫자는 증가했으며, 총 5개 업적 분야를 통합하는 측정시스템을 구축하려는 일반적인 움직임이 있다. 대부분의 공통척도는 비용과 고객서비스 업적을 평가하지만, 자산관리와 생산성, 그리고 품질성과를 측정하는 것에 점차 관심이 집중되고 있다.

(2) 정확성

세계수준의 기업은 업적측정에 사용되는 데이터의 품질에 상당한 중요성을 두고 있다. 예를 들어, 역사적으로 업적에 관한 정확한 데이터의 부족 때문에 배송의 적시성과 일관성을 정확히 평가하는 데 어려움을 겪어왔다. 유사한 문제가 창고와 수송업적에 관한 특정사항을 측정할 때도 존재한다.

데이터 품질을 개선하는 한 가지 해결책은 기술과 정보시스템을 적용하는 것이다. 앞장에서 논의한 것처럼, 선진적인 기업은 일반적으로 다른 기업보다 기술에 많은 자본을 투자한다. 그들은 배송에 대한 소비자 인식을 높이기 위해 EDI 거래모형을 전형적으로 실시해왔으며, 선적상태를 추적하는 데 위성을 활용하며, 원가와 생산성 업적정보를 제공하기 위한 창고관리와 같은 시스템에 투자했다. 그러한 투자는 단순히 기술을 위하여 이루어지지 않는다. 오히려 세계수준의 기업은 정확한 운영정보를 얻는 데 중요성을 두고 있다.

복합적인 기능적 평가는 일류수준의 물류조직을 관리하고 통제하는 출발점이다. 이는 잠재적 문제를 인식하는 데 필수적인 정보를 경영자에 제공하고 지속적 개선을 위한 기반을 제공한다.

2) 프로세스 평가

기능적 평가와는 대조적으로 프로세스 평가를 통하여 세계수준의 기업은 경쟁기업들과 차별화를 도모한다. 선진적인 기업은 물류 프로세스의 목적이 고객가치를 제공하는 것이라는 점을 인식한다. 진실한 고객가치는 전체 공급망에 포함된 다른 기업들과 자신들의 조직 상호간에 기능들을 횡적으로 연계시켜 통합관리를 해야만 달성될 수 있다.

피킹 비용, 노동시간당 피킹 수, 창고제품 손상율과 같은 특정한 과제 또는 활동으로부터 전체 공급망 업적을 평가하는 원가계산과 측정시스템을 개발하는 수준까지 측정의 초점을 확장하는 인식은 매우 중요하다. 프로세스 측정은 고객지향적이어야 하며, 새로운 공급망의 틀을 구축하는 데 매우 중요하다.

(1) 원가계산

원가계산 방법이 발전함에 따라 물류관리자들은 내·외부 물류 프로세스 원가의 상반관계에 대한 역동성을 보다 이해하기 쉽게 되었다. 특히 총비용분석, 활동기준원가계산(ABC), 그리고 활동기준관리(ABM)의 활용이 앞서가는 물류조직에 의해 늘어나고 있다.

여기에서는 총비용분석을 중심으로 살펴보기로 한다. 총비용분석은 물류운용의 전 부문에 관련되는 모든 비용의 통합을 추구한다. 수송, 재고, 시설, 운반, 가공에 관련된 비용은 전체 물류 프로세스 비용의 일부로서, 이들 비용은 상호간에 개별적으로 관련이 있다.

많은 조직들이 개별비용에 초점을 맞추고 있으나, 선진적인 기업은 고객서비스에 필요한 총비용에 더욱 집중시키는 경향이 있다. 업적 측정으로서 총비용이 다른 어떤 개별비용보다 목적 적합하다. 그러나 총비용분석의 포괄성은 여전히 개선의 여지를 남겨두고 있

다. 재고, 창고, 그리고 다른 주요척도에 관련된 선택된 비용은 총
비용 정보를 보고하는 것보다 덜 유용하다. 실제로 소수의 조사대
상 기업관리자들만이 물류비용의 포괄적 범위에 의거한 총비용척
도를 완벽하게 인식하고 있었다.

포괄적 총비용분석에서 누락된 비용은 조달과 취득에 관련된 것
이었다. 통합된 가장 빈번한 비용은 전통적으로 완제품 배송에 포
함되는 것들이다. 결론적으로 15% 미만의 기업만이 총비용분석을
완전하게 개발했다. 다른 기업들은 총비용보다 제한된 척도를 가지
고 있다고 하겠다. 총비용이라는 가장 포괄적 척도를 가지고 있는
기업들은 세계적 기업이 될 가능성이 높다고 할 수 있다.

(2) 고객지향

효과적인 프로세스 평가에 필수적인 것은 고객지향의 개발이다.
첨단수준의 기업에서 고객에 대한 초점은 여러 방식으로 달성된다.
전통적으로 기업들은 주문완수율, 사이클타임, 손상율, 실수 빈도
등을 표준과 비교하는 평균업적을 기준으로 서비스를 측정한다. 세
계수준의 기업들은 이러한 척도를 더 많이 사용한다.

선진적인 기업은 평균개념으로 측정하고 관리하는 것과는 대조
적으로 절대, 혹은 특정 업적을 강조한다. 그들은 또한 자신들의 절
대 업적측정치를 특정 고객별로 보고서를 작성한다. 어떤 관리자의
언급에 의하면 손상 없이 화물의 99.5%를 수송한다는 것은 개별
고객별로는 의미가 없다.

만일 5,000명의 고객이 특정일에 손상된 화물을 받았다면 평소
의 업적 달성율과는 상관없이 그 기업의 업적에 대해 상당히 나쁜
인상을 가질 것이다. 따라서 내부업적 수치를 고객에게 의미가 있
는 수치(달성율 또는 실패)로 변환하는 것이 세계적인 물류관리의
특징이다.

3. 업적측정시스템의 개발

업적측정시스템을 개발하고 실행하는 3가지 목적은 물류활동을 감시하고 통제하고 지시하는 것이다. 활동기준척도는 주문을 처리하고 선적하는 데 필요한 개별 과업에 초점을 맞춘다. 이런 척도들은 활동의 수준(상자수 등)이나 생산성 수준(노동시간당 상자)을 기록한다. <도표 10-4>는 물류에 적용되는 전형적인 활동중심의 척도를 제시하고 있다.

〈도표 10-4〉 물류활동기준척도

1. 주문당 주문수속시간	6. 고객당 주문선택시간
2. 주문당 운송시간	7. 고객당 운송시간
3. 주문당 주문선택시간	8. 제품당 주문선택시간
4. 주문당 조회시간	9. 제품당 운송시간
5. 고객당 주문수속시간	

활동중심의 척도가 기본적인 업무의 효과성과 효율성에 대해 초점을 맞추고 있으나, 이것은 고객만족에 대한 전체적인 프로세스의 업적을 측정하지는 않는다. 프로세스의 측정은 전체 공급연쇄의 관점에서 이루어져야 고객만족 정도를 파악할 수 있다. 오늘날의 기업은 개별 활동에 대한 부분최적화를 추구하기 보다 프로세스의 측정에 더욱 많은 관심을 기울이고 있다.

1) 내부업적척도

내부업적의 측정은 주로 전기의 목표에 대해 활동과 프로세스를 비교하는 데 중점을 두고 있다. 내부적인 척도는 상대적으로 수집하기가 용이하고 정보의 원천을 경영자가 이해하기 쉽기 때문에 실무에서 많이 활용하고 있다. 내부적인 물류성과는 일반적으로 (1) 원가 (2) 고객서비스 (3) 생산성 (4) 자산관리 (5) 품질의 5가지 범주로 분류할 수 있다.

(1) 원가

물류성과의 가장 직접적인 영향은 특정 활동목적을 달성하기 위해 발생한 실제원가이다. 물류원가업적은 매출액에 대한 비율 또는 물량 단위당 원가로서 측정되는 것이 일반적이다. <도표 10-5>은 제조업, 도매업, 소매업에서 각 척도를 사용하는 비율을 보여주고 있다.

〈도표 10-5〉 물류원가 성과의 측정

단위 : %

성 과 척 도	사업유형별 비율		
	제조업	도매업	소매업
총원가분석	87.6	74.8	82.1
단위당 원가	79.7	63.8	78.6
매출액대 원가의 비율	83.3	81.2	79.5
반입 운임	86.0	80.0	87.5
반출 운임	94.4	88.3	90.6
창고원가	89.0	85.7	89.9
관리비용	80.0	79.1	76.7
주문처리	52.0	45.8	45.7
직접노무비	78.6	71.4	86.2
실제대 예산의 비교	96.6	86.6	86.5
원가추세 분석	76.9	59.1	61.4
직접상품 수익성	59.2	46.8	27.8

(2) 고객서비스

고객서비스의 척도는 고객을 만족시키는 기업의 상대적인 능력을 검토하는 것이다. <도표 10-6>은 업종별로 사용하는 비율을 제시하고 있다.

〈도표 10-6〉 물류고객서비스 업적척도   단위 : %

성 과 척 도	사업유형별 비율		
	제조업	도매업	소매업
충족율	78.2	71.0	66.2
품절	80.6	72.9	71.6
선적실수	83.0	78.9	81.9
적시배송	82.7	70.5	76.9
역주문	77.1	69.2	58.7
사이클타임	69.9	34.7	56.4
고객 피이드백	90.3	85.6	84.1
판매력 피이드백	87.9	85.0	51.5
고객 서베이	68.8	51.6	58.9

(3) 생산성 측정

생산성은 매우 단순한 개념이다. 그러나 만일 ① 산출이 측정하기가 어렵고 투입활동이 주어진 기간에 대해 대응시키기가 어렵거나 ② 투입과 산출의 결합 유형이 항상 변하거나 ③ 자료를 얻기가 어렵거나 사용이 불가능하다면 생산성의 측정은 어렵게 된다. 개념적으로 생산성은 정적, 동적 그리고 대용적인 세 가지 척도의 유형이 있다.

동적인 척도는 시간의 경과를 감안해서 이루어진다. 즉 정적인 생산성 비율을 서로 다른 시점에서 비교하는 것이다. 예를 들면 다음과 같다.

$$\frac{1998년 산출 / 1998년 투입}{1995년 산출 / 1995년 투입}$$

세 번째는 생산성의 대용 척도인데, 이것은 일반적으로 생산성 개념에는 포함되지 않으나 고객만족, 이익, 효과성, 효율성, 품질 등과 같이 생산성과 관련이 깊은 요인들이다. 〈도표 10-7〉는 전형적인 물류생산성의 척도들을 사업별로 보여주고 있다.

〈도표 10-7〉 물류 생산성 성과척도 단위 : %

성 과 척 도	사업유형별 비율		
	제조업	도매업	소매업
종업원당 선적수	54.8	53.1	61.4
노무비당 선적수	51.9	43.7	63.9
매출액당 주문수	38.7	51.7	15.5
역사적 표준과 비교	76.3	74.6	86.4
목표 프로그램	76.2	69.2	82.1
생산성지수	55.8	44.9	56.3

(4) 자산측정

자산측정은 로지스틱스 목표를 달성하기 위해 재고에 적용되는 운전자본 뿐만 아니라 시설과 설비에 대한 자본투자의 활용에 초점을 맞춘다. 물류자산관리의 척도로서는 재고회전율, 재고운송비, 재고수준, 순자산수익률, 투자수익률 등이 있다.

(5) 품질

가장 프로세스 중심적인 평가인 품질측정은 개별 활동보다는 일련의 활동에 대한 효과성을 결정하기 위해 실시된다. 그러나 품질은 너무 광범위하여 측정하기가 어렵다. 현재 관심을 모으고 있는 측정 개념은 '완전주문(perfect order)'이다. 완전한 주문의 배달이 로지스틱스 운영에 있어서의 궁극적인 품질의 척도이다. 즉 완전주문은 개별 기능보다 통합된 전체 물류기업 업적의 효과성에 관련되는 개념이다.

완전주문은 ① 요청받은 주문의 완전한 배달 ② 1일 오차밖에 없는 고객요청일에 배달 ③ 포장, 선하증권, 상품송장을 포함하여 주문을 지원하는 완전하고 정확한 서류작업 ④ 흠이 없는 시설, 올바른 외형, 손상없는 고객응대와 같은 완벽한 조건 등을 충족시키는 것으로 정의한다.

2) 외부적 업적측정

외부적인 업적의 측정은 크게 고객인지도의 측정과 벤치마킹으로 나누어진다. 먼저 세계적인 기업의 물류업적에 대한 중요한 요소는 고객인지도의 정규적인 측정이다. 이런 척도들은 주로 설문조사를 통해 이루어지는데 설문조사는 가용성, 업적 사이클타임, 정보 가용성, 문제해결, 그리고 제품지원에 관한 고객의 인지도에 관한 측정을 통합한다.

그리고 벤치마킹은 이 책의 전략적 물류원가관리 부분에서 자세히 다루었기 때문에 여기서는 생략한다. 대체로 벤치마킹에서 취급하는 측정지표는 자산관리, 원가, 고객서비스, 생산성, 품질, 전략, 기술, 수송, 창고, 주문처리와 같은 것이다.

3) 복합적인 공급망 측정

공급망 전체의 업적과 효과에 대한 관심이 증가함에 따라 통합적인 판단력을 제공하는 척도가 필요하게 된다. 통합된 업적척도 없이는 제조업자의 적절한 고객서비스에 대한 정의와 배경이 도매업자와 판이하게 달라질 수 있다. 공급망 전체를 통해 사용될 수 있는 통합척도가 <도표 10-8>에 정리되어 있는데, 여기에는 결과와 진단 양자를 검토하고, 4가지 유형의 측정법을 통합하는 틀을 예시하고 있다.

〈도표 10-8〉 통합된 공급망 측정모형

구 분	결 과	진 단 (식 별)
고객만족/ 품 질	완전한 주문이행 고객만족 제품 품질	약정된 배송일자 품질보증원가, 반품 및 할인 고객문의 대처시간
시 간	주문완료 리드 타임	구매/조달 사이클타임 공급망 대처시간 생산계획 달성
원 가	총공급망원가	부가가치 생산성
자 산	현금순환 주기 공급일 현재 재고 자산성과	예측 정확성 재고 진부화 가용능력 활용

자료 : PRTM Consulting(1994).

(1) 고객만족과 품질

이것은 전체적인 고객만족을 제공하기 위한 기업의 능력을 측정하는 것이다. 고객만족/품질의 산출-기준 척도는 완전주문의 충족율, 고객만족, 제품품질 등을 포함한다. 산출 지표는 전체 프로세스의 효과성을 측정하지만, 개별 활동을 측정하는데도 유용한 경우가 있다. <도표 10-9>는 주요 고객만족에 대한 진단을 나타내고 있다.

〈도표 10-9〉 주요 고객만족에 대한 진단

약정일까지의 배송	• 처음 약정한 날짜, 또는 그 이전에 주문을 이행하는 비율
품질보증원가	• 수익의 일정율로서 표시되는 실제 발생된 평균 보증 원가
고객문의 대처와 해결 시간	• 문의대처시간은 고객의 호출을 받아 적정한 대표적인 기업과 연결되기까지의 평균경과시간이다. 문의 해결 시간은 고객의 문의를 완전하게 해결하는 데 필요한 평균경과시간이다

(2) 시간

시간 지표는 고객의 구입의사로부터 실제 고객이 사용하게 되기까지의 기간을 측정한다(주요 시간의 진단은 <도표 10-10> 참조).

〈도표 10-10〉 주요 시간의 진단

구매/조달 사이클타임	• 주문받는 부품, 또는 현재 재고가 전혀 없이 출발한다면 선적가능한 제품을 조성하기 위한 외부적·내부적 누적 리드타임
공급망 대처시간	• 시장에서의 수요의 큰 변화를 감지하고, 그 사항을 내부처리하고 수요를 수정해서 20% 생산을 증가시키기까지의 이론적인 시간
생산계획달성	• 생산일정 달성의 실제 평균빈도(±5%)

(3) 원가

<도표 10-11>은 전체 지출원가를 추적하는 데 사용되는 주요 공급연쇄 요소를 나타내고 있다.

원가를 진단하기 위한 척도는 종업원 1인당 부가가치를 추적함으로써 나오는 인적자원의 생산성에 초점을 맞추고 있다.

(4) 자산

로지스틱스 관리가 재고, 시설, 장비를 포함하는 실질적인 자산에 대한 책임이 있으므로 통합 업적측정은 여러 종류의 자산을 통합해야 한다. 산출-기준의 자산척도에 현금순환주기(cash-to-cash cycle time), 재고 회전율 또는 스피드, 자산활용도(자산업적) 등이 있다. 여기서 현금순환주기는 원재료의 구입부터 최종 완성품에 대한 대금회수까지의 평균시간을 말한다. 한편 자산활용도는 총자산에 대한 매출액의 비율을 의미한다. <도표 10-12>에 주요 자산의 진단 항목을 열거하고 있다.

〈도표 10-11〉 공급망원가 구성요소

A. 주문이행원가	2. 수축(감소)
1. 신제품발매와 유지	3. 보험과 세금
2. 고객주문창조	4. 진부화
3. 주문입력과 유지	
4. 계약/프로그램 관리	D. 물류관련 경영정보시스템 원가
5. 설비계획	1. 재무
6. 주문이행	2. MIS/시스템
7. 유통	3. 공급망 지원원가
8. 설치	
9. 고객계산	E. 간접노무비와 재고간접원가
	1.. 직접노무비
B. 자재구입원가(생산 원재료)	2.. 간접노무비
1. 상품관리와 기획	3. 제조와 품질 엔지리어링
2. 공급업자 품질 엔지리어링	4. 정보시스템
3. 반입운임과 의무	5. 작업폐물과 재작업
4. 수취	6. 감가상각
5. 반입품 검사	7. 리스비용
6. 구성요소 엔지리어링	8. 공장점유
7. 도구	9. 설비유지
	10. 외부지원
C. 총재고운송원가	11. 환경
1. 자본비용과 기회원가	

〈도표 10-12〉 주요 자산의 진단

예측정확성	•제품예측의 절대평균 정확성의 최근 3개월간을 사용한 역사적 측정치
재고진부화	•총평균재고가치의 일정율로서 표시되는 재고 평가절하로 인해 발생하는 비용
가용능력활용	•7일 운영, 현행 실제산출치를 24시간에서 달성가능한 산출치로 나눈 것으로, 현재 활용되는 총 유용한 가용능력의 비율

4. 물류활동에 대한 업적측정의 실태

원가관리의 중요한 목적은 목표치와 활동실적을 대비하여 차이를 분석하여 차이가 현저한 것에 대해서는 원인을 규명해서 개선책을 강구하고, 동시에 그 책임 소재를 분명히 함으로써 부문(또는 부문관리자)의 업적을 평가하는 것이다.

앞에서 말한 바와 같이 과거 우리나라의 많은 기업에서는 물류활동에 대해서, 원가에 따라 활동별로 관리하는 방식보다는 예산에 의해(기간원가로) 포괄적으로 관리하는 방법이 채택되어 왔다. 이 경우 물류활동에 대해서 "경비를 초과 사용하더라도 매출이 늘고 이익이 오른다면 좋다."고 하는 풍조를 조장하여 업적측정이 애매하게 되고, 또 합리화·생산성 향상 노력의 정도를 제대로 평가하지 못하는 결과를 가져왔다.

물류활동을 어떻게 합리적으로 수행하고 있으며 또한 얼마나 합리적인 시스템을 구축하는가에 따라서 생산성 향상의 여지는 매우 크다고 생각한다. 다음은 물류의 개별 활동, 즉 수송, 보관, 프로젝트 관리의 각 활동에 있어서 원가관리할 때의 측정지표와 관리목표에 관해 조사한 결과이다.

1) 수송활동의 업적지표

수송활동의 원가관리를 위한 측정기준으로 삼고 있는 것을 조사했다. 결과는 1회사 평균 2.7항목(회답 회사 수 104사)으로 회답 항목이 분산됐지만, 1~3항목을 동시에 선택한 기업이 79사(75%)나 있기 때문에 대부분의 기업은 소수의 목표를 정해 중점관리를 하고 있다고 생각한다.

그것을 상위 순서부터 나타내면「정기수송」(42사),「실제원가의 기간비교」(38사),「경로별 수송횟수」(킬로·톤·용적)(34사),「표준원 가차이」(26사),「긴급수송」(25사),「적시배송」(23사)의 순서이다. 본 설문에서는 순위 그 자체가 문제가 아니고 기업이 수송활동의 원 가관리(원가절감)를 위해 어떠한 목표를 가지고 있는가를 파악하는 데 중점을 두고 있다.

〈도표 10-13〉 수송활동의 원가관리를 위한 측정기준

측정 기준 비율	① 실제원가의기간비교	② 정기수송	③ 긴급수송	④ 적시배달	⑤ 배달지연	⑥ 소량수송	⑦ 고객리드타임	⑧ 경로별수송횟수	⑨ 표준원가차이	⑩ 수송수단별수송횟수	⑪ 다빈도수송	⑫ 특별시간지정수송	합 계
응답수	38	42	25	23	14	14	9	34	26	32	17	6	104사
구성비	36.5	40.4	24.0	22.1	13.5	13.5	8.7	32.7	25.0	30.8	16.3	5.8	100%

단지, 그것들이 목표의 일부분에 지나지 않는 것인지 또는 구체 적인 달성 목표인지는 본 조사결과만으로는 뚜렷이 구별되지 않는 다. 만약 그것들이 명확한 원가절감 목표로서 설정되고 있는 것이 라면 각 지표를 어떻게 측정해서 어떻게 활용하는가도 조사할 필 요성이 있다.

왜냐하면 오늘날 수송문제, 특히 다빈도 배송은 개별기업의 효율 화 문제의 영역을 넘어선 대도시의 교통 혼잡이나 자동차의 배기 가스 공해라고 하는 대기오염·지구환경 보전의 문제로 확대해서 논의되기에 이르고 있기 때문이다. 기업에 있어서 수송활동의 생산 성 향상 노력이 동시에 지구환경 개선에 도움이 된다면 기업은 이 문제에 관해 다각적으로 검토해서 명확한 개선목표를 설정하는 등

보다 신중히 대처할 필요가 있다.

본 설문 중 수송활동에 있어서 정기수송이 1위로 나타난 결과나, 수송횟수나 표준원가차이의 검토가 긴급수송이나 적시배송, 그리고 소량거래 수송과 같은 항목보다 더 상위에 있다는 것은 우리나라 기업의 수송활동에 관해서도 수송비가 전년도 실적을 초과해서는 안 된다고 하는, 즉 배달의 확실성(신뢰성)이나 서비스면보다도 원가절감 측면을 더욱 중시하는 의사결정 패턴을 취하고 있다고 볼 수 있다.

수송비용을 절감할 수 있는 방안에 관한 결정은 예를 들면, 공동배송시스템 확립의 문제와 같이 오늘날에는 산업사회의 교통운송시스템 전체의 효율화 문제로서 대처해야 하는 과제이며, 특히 물류비의 비율이 높은 우리나라로서는 긴급성을 요하는 문제라고 할 수 있다.

2) 보관(창고)활동의 업적지표

보관활동의 원가관리를 위한 측정기준으로 삼고 있는 것을 조사했다. 회답 수가 많은 항목을 보면 「재고품 회전율」이 53사, 「재고월수」가 49사, 「불량재고」가 35사이고, 「경제적 주문량」이 34사, 「출고지연」이 26사, 「실제원가의 기간 비교」가 23사의 순으로 되어있어, 여기서도 가치있는 원가목표의 달성을 위한 노력보다도 실제적인 활동의 관리와 개선을 통해 결과적으로 원가절감을 도모하고 있는 것으로 보인다.

1위와 2위는 적정 재고량에 관계되는 것으로 같은 목표이며, 3위인 불량 재고는 질에 관계되는 문제이다. 참고로 회답항목 수는 1항목을 회답한 기업이 20사, 2항목과 3항목이 각각 26사, 4항목이

11사의 순서로 1사 평균 3항목이다.

  보관활동에서 중요한 점은 첫째, 재고관리는 발주비와 보관비와
의 상반관계 문제를 해결하는 소위 경제적 발주량의 산정에 관한
문제이며, 둘째는 보관활동이 가치를 창출하지 않는 활동이라는
것, 즉 보관비용은 비부가가치원가라고 인식하는 것이다.

〈도표 10-14〉 보관활동의 원가관리를 위한 측정기준

측정 기준 비율	① 재 고 월 수	② 불 량 재 고	③ 재 고 품 회 전 율	④ 실 제 원 가 기 간 비 교	⑤ 출 고 지 연	⑥ 입 고 지 연	⑦ 고 객 리 드 타 임	⑧ 적 시 출 고	⑨ A B C 별 재 고 수 준	⑩ 표 준 원 가 차 이	⑪ 경 제 적 주 문 량	합 계
응답수	49	35	53	23	26	14	5	14	20	26	34	101사
구성비	48.5	34.7	52.5	22.8	25.7	13.9	5.0	13.9	19.8	25.7	33.7	100%

  그러나 품절이 발생된다면 기회손실이 발생하기도 하고, 추가주
문을 위한 특별비용이 드는 경우가 있기 때문에 품절이 일어나지
않고 당해 원가를 어떻게 낮게 억제하는가가 중요한 정책목표가
된다. 이 점에서는 EOQ나 ABC 단계별 재고수준을 활용한다는 회
답은 비교적 적기 때문에, 우리나라 기업에서 많이 활용하고 있는
재고월수나 재고회전율 등에 대해 어떠한 목표를 설정하고, 그 실
현에 어떠한 노력을 기울이고 있는지에 대해서 재조사를 할 필요
가 있다.

  또 보관비는 자가창고인가 아니면 영업용 임대창고, 또는 제품창
고, 원재료·부품창고인가에 따라 발생하는 원가의 종류나 금액이
다를 것이기 때문에 보관비에 관한 원가동인을 규명하기 위해서는
이 점도 자세하게 조사 분석할 필요성이 있다.

3) 기타 항목의 업적측정

다음은 기타 항목으로서, 물류과정에 대한 설비투자의 프로젝트별 예산 대 실적의 측정 문제를 조사했다. 이 문제의 특징은 기간적 측정이 아니고 프로젝트별 측정의 실시 유무를 조사한 것이었다. 결과는 물류과정에 대한 설비투자의 프로젝트별 예산 대 실적을 측정하는 기업이 58%였다. 또 수명주기원가계산의 예산 대 실적을 측정하는 기업은 26%로 회답 기업이 가장 적었다. 이것들은 앞으로 중요한 비중을 차지하게 될 문제이며, 그 측정기법의 개발과 조기 실천화가 기대되는 분야이다.

우리 기업에서도 향후 물류업적의 평가에 있어서는 가능한 다중목표를 통합해야 하며(Rhea & Schock, 1987), 장기와 단기 모두에 걸쳐 중요하다고 생각되는 대부분을 집약적으로 포착해야 한다. 물류업적의 측정은 첫째 공급연쇄에서 조직의 특정 역할을 인식해야 한다. 둘째 개별 참가자가 아닌 공급연쇄의 업적을 평가하는 데 초점을 맞추어야 한다(G. Chow 등, 1994).

제 3 부 전략적 물류원가관리

- 물류정보시스템과 원가관리
- 시간중심의 물류관리기법
- 물류원가의 절감 방안
- 전략적 물류원가관리

11장 물류정보시스템과 원가관리

1. 정보기술과 정보시스템

정보기술(Information Technology : IT)은 컴퓨터에 관련된 기술을 말하는 것이지만 넓은 의미에서는 컴퓨터 시스템 하드웨어와 소프트웨어 기술만이 아니라 컴퓨터 시스템을 사용한 응용기술과 컴퓨터 네트워크 관련 기술을 가리키는 말이다.

정보기술의 하드웨어는 물류정보를 조작하고 유지하기 위해 주기판과 마이크로프로세스, 그리고 저장기술의 결합으로 구성된다. 소프트웨어는 통합된 운영을 용이하게 하기 위한 응용물로 구성된다. 정보기술의 네트워크 측면은 정보전달, 교환, 조정을 촉진하기 위해 위성, 임차선로, 광역네트워크(Wide-Area Network : WAN) 그리고 근거리통신망(Local Area Network : LAN)으로 구성되어 있다. 이와 같이 하드웨어와 소프트웨어, 그리고 네트워크가 삼위일체로 기업의 정보기술 능력을 형성한다.

그 중에서도 컴퓨터 기술이나 컴퓨터 네트워크 기술은 급속히 발전을 하여 로지스틱스만이 아니라 현대사회 하부구조로서 중요성을 증가시키고 있다. 예를 들면 컴퓨터 시스템의 소형화는 종래 대형 범용기에서 실현해 온 시스템을 가까이에서 저가격의 워크스테이션이나 퍼스널 컴퓨터로도 구축할 수 있게 되었고, 인터넷을 중심으로 한 컴퓨터 네트워크의 확대는 세계의 공간적 · 시간적 거리를 대폭 단축시켰다.

세계적인 기업들은 정보기술을 경쟁우위를 달성하기 위한 원천으로 간주하며 이 경쟁우위는 ① 변화 ② 통합 그리고 ③ 계획용이성의 3가지 주요 동인으로부터 나온다(Global Logistics Research Team, 1995, P. 139).

1) 변화

전통적 물류정보시스템은 주문처리와 같은 특정한 작업을 신속하고 자동으로 처리하기 위해 설계되었으나, 현재 기업의 리엔지니어링은 물류와 공급망연합을 달성하기 위해 전통적 실무에 의존할 때 일어나는 실질적인 위험을 감소시키는 데 중점을 두고 있다. 결과적으로 세계적인 물류조직은 통합된 주문관리, 주문처리, 유통작업을 포함하기 위해 그들의 핵심 정보 프로세스를 신속하게 재설계하고 있다. <도표 11-1>은 연구대상 조직들이 내부적 · 외부적 정보통합쪽으로 움직이고 있는 정도를 나타내며 동시에 달성해야만 하는 작업을 강조하고 있다.

정보시스템은 비용보다도 서비스 능력을 더 강조하는 쪽으로 재설계되고 있다. 서비스개선과 비용절감 모두가 정보시스템 개발을 겨냥하고 있지만, 우량기업들은 서비스 증진 측면에 보다 많은 비중을 두고 있다.

〈도표 11-1〉 정보시스템 통합   단위 : %

물류시스템의 사소한 통합	3.7%
전통적 물류기능 내에서의 통합	25.0%
조달, 제조 그리고 물류를 연결하는 통합	32.4%
공급업자 또는 고객과의 내외적 통합	26.9%
공급업자와 고객과의 내외적 통합	12.0%

자료 : World Class Logistics(1995), p. 139에서 인용.

　물류시스템의 리엔지니어링은 하드웨어, 소프트웨어, 그리고 네트워크 능력의 통합을 요구한다. 그러한 정보기술을 효과적으로 사용하기 위해서는 종업원 태도와 실무가 실질적으로 수정되어야 한다. 첨단 물류조직은 바람직한 변화를 촉진하기 위해 정보기술을 적용하며, 정보시스템을 부가가치 능력을 개발하는 데 필수적인 것으로 간주한다. 그리고 여러 요인 중에서 정보시스템 개발은 고객서비스보다는 하위에 있고 저비용, 표준화 그리고 스피드 보다는 앞선다는 것을 인식하는 것이 물류성공에 매우 중요하다.

　변화의 수단으로 정보기술을 적용할 때 중요한 문제는 소프트웨어의 개발전략이다. 많은 기업이 외부 소프트웨어 획득을 지지하는 전략을 택하지만, 실제로 세계적인 기업들은 직접 주문에 따라 만들고 있는 비율이 더 높다.

　조직변화를 추구하고 전체 정보기술계획과의 일관성을 유지하기 위해, 세계적 조직들은 대개 다음의 같은 5단계 관리 프로세스를 따르고 있다.

　① 구입을 하거나 특정한 소프트웨어의 개발에 의해 메울 수 있는 갭(gap)을 인식하기 위해 현행 시스템을 벤치마킹한다.
　② 전체적 기술계획의 일환으로 갭의 해결을 조정한다.

③ 갭을 메우기 위해 정보기술의 변화를 실행한다.

④ 소프트웨어와 기술이 적절히 사용되고 전체적 정보기술과 조화를 이루게 하는 방법을 이해하도록 종업원을 교육시킨다.

⑤ 바람직한 단기 개선이 확실히 달성되도록 업적을 평가한다.

이 프로세스는 비록 기업들이 장기적 기술통합 방향으로 나아가지만, 세계적 조직들은 변화를 유도하기 위해 새로운 정보기술의 소개와 교육적 효과를 결합한다. 역사적으로 정보기술의 소개는 현행 프로세스를 자동화하기 위해 기술사용 방법에 사원훈련의 초점을 맞추었다. 그러나 오늘날의 세계적 조직들은 광범위한 물류와 공급망 통합에 대한 사원교육을 위해 공급망 멤버간에 횡단훈련에 의해 교육 프로세스를 증진시킨다.

2) 통합

두 번째 정보기술의 동인은 통합이다. 전통적 물류 데이터는 매우 단편적이었으며, 공동의 데이터베이스를 개발하고 유지하는 노력과 비용은 금지되었다. 공동물류정보의 공유는 시설의 지역적 분산과 운영상의 분권화 때문에 어려웠으나 세계적 조직들은 상호연결성을 달성하기 위해 정보기술을 사용함으로써 이런 한계를 극복하고 있다. 이런 기업들은 물류정보를 수집하고 공유하기 위해 하드웨어, 소프트웨어 그리고 네트워크 구조를 결합해서 사용한다. 이 통합의 동인은 크게 3가지로 관찰될 수 있다.

첫째, 최우량 기업들은 프로세스와 경로를 횡단하여 실질적인 통합을 이루기 위해 정보기술을 적용한다. 공동의 정보 베이스는 복수의 의사결정자가 복합적 의사결정에 참여할 수 있게 하고, 단일

의사결정자가 일련의 연속적 프로세스를 추진하도록 하고 있다.

둘째, 세계적 물류조직들은 기능을 통합하기 위해 정보기술을 사용한다. 전통적 물류정보는 기능적으로 단편적이었다.

셋째, 정보기술은 모든 공급망 사용자를 횡단하여 보편적인 이용가능성을 제공함으로써 통합을 가능하게 한다. 보편적 이용가능성은 관련 당사자가 일관되고 공통된 정보에 의거한 의사결정을 할 수 있다는 의미를 내포하고 있다.

3) 계획의 용이성

세계적인 조직이 다른 조직과의 차별화에 이바지하는 세 번째 정보기술의 동인은 물류의 계획과 조정 역할을 크게 강조하는 것이다. 물류계획과 조정 시스템에는 예측, 생산계획, 재고계획 그리고 수송계획이 포함된다. 세계적 기업은 유통자원계획(Distribution Resource Planning : DRP)과 수송노선결정과 같은 계획 프로그램에 대해 특별히 강조를 하고 있다. 유통자원계획은 복수시설과 공급망상의 복수 멤버를 횡단하여 순향의(proactive) 재고관리를 하게 한다. 이러한 재고관리를 순향적으로 조정하기 위해 공급망 조정(협정)을 기대한다.

세계적인 수준의 기업들은 대부분 정교한 재고관리시스템을 실시하거나 실시과정 중에 있었다. 일반적인 것은 아니지만, 상당수의 선진 기업은 노선결정과 일정계획 등을 위해 능동적으로 수송계획 시스템을 추구하고 있다. 실질적으로 주문관리, 유통작업, 수송관리와 같은 지식기반 운영수송 시스템을 개발하고 개정 중에 있는 것이 사실이다.

2. 정보기술과 원가정보시스템

1) 정보의 흐름

제품이나 상품에 따라서, 예를 들면 생산재와 소비재, 대량생산품과 개별수주품 등에 따라 로지스틱스 시스템은 크게 달라진다. 또 메이커 등이 어떤 유통정책을 취하는가, 예를 들어 판매제를 취하는 것인지 도매제를 취하는 것인지에 따라서도 달라진다. 여기에서는 일용 잡화품이나 가공 식품 등의 대량 생산품이 도매기업을 경유해서 공급되는 경우의 공급사슬을 나타낸 <도표 11-2>에 의거해, 거기에서 이용되고 있는 정보기술을 먼저 확인해 본다.

보통 원재료·부품의 메이커나 도매기업(상사라고도 한다)에서 원재료나 부품은 메이커의 원재료·부품창고, 임시거치장 등에 납입된다. 그 후 메이커에서 생산된 제품은 공장의 제품창고에 격납되고, 메이커의 물류센터나 창고 지점에 이동되고, 거래 도매 기업의 발주정보에 의거해서 피킹 분류를 한 후 도매기업의 물류센터에 출하된다. 도매기업에서 거래처 도매기업의 발주정보에 의거해서 소매점별 또는 배송센터별로 피킹, 분류를 해서 점포나 배송센터로 출하한다. 또 특매나 행사에 따르는 대규모 물량에 대해서는 도매기업의 발주 정보에 의거해 메이커가 직접 소매기업의 점포나 배송센터 등에 직송하는 경우도 있다.

이러한 공급사슬 전체의 효율화를 실시하기 위해서는 컴퓨터를 비롯한 정보기술의 활용이 필수 불가결하지만 그 중에서도 자동인식기술(KAN심볼, 표준물류심볼 등)이나 컴퓨터·네트워크 기술(VAN, LAN, 인터넷 등)의 활용이 기반이 되고 있다. 이것은 로지스틱스에 있어서 원활하게 제품과 상품이 흘러가기 위해서는 <도표

11-2>의 좌측에 나타나 있는 정보의 원활한 흐름이 필수 불가결한 것임을 의미하고 있다.

〈도표 11-2〉 로지스틱스에 있어 재화의 흐름과 정보의 흐름

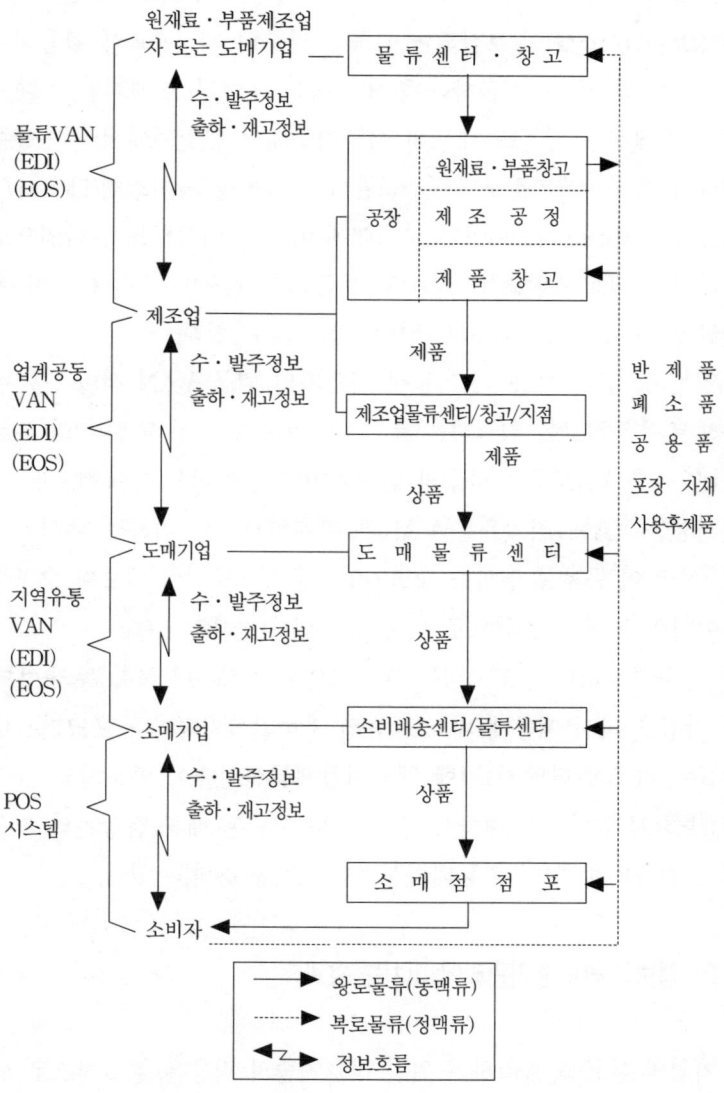

예를 들어, 소매점에서는 상품에 표시된 KAN 코드 등의 상품코드를 POS 터미널에 접속된 스캐너로 자동판독해서 상품의 판매정보를 관리하고 나아가서 매입, 배송 등의 활동에서 발생하는 각종 정보를 유용하게 가공·전달할 수 있도록 하는 POS 시스템(판매시점 정보관리시스템)이 보급되어 상품의 발주나 재고관리에 활용되고 있다. 또, 양산품을 취급하는 중견 이상의 메이커, 도매기업, 소매기업 사이에서는 컴퓨터 네트워크를 이용해서 단말기에서 수·발주 정보나 출하·재고정보 등을 교환하는 자동발주 시스템(Electronic Ordering System : EOS)이나 상거래에 따르는 데이터를 온라인으로 처리하는 EDI(전자데이터 교환)도 보급되고 있으며 그것을 위한 통신규약(business protocol)의 정비도 진행되고 있다.

일본의 경우, 제2종 전기통신 사업자의 범용 VAN 서비스를 이용해서 유통정보를 취급하는 통신 네트워크를 유통 VAN이라 부르는데, 유통 VAN에는 다수의 참가기업의 공동이용을 목적으로 한 업계공동 VAN, 지역유통 VAN과 판매회사제를 취하는 메이커나 체인스토어 등을 운영하는 개별기업그룹 VAN 등이 있으며 수발주 데이터의 교환을 중심으로 이용되고 있다(안태호, 1996).

또, 물류센터나 창고에서는 효율적으로 피킹이나 분류 등의 센터 내 작업을 하기 때문에 바코드 등의 자동인식기술이나 포크리프트에 무선 LAN 단말기를 탑재한 이동체통신기술이 활용되고 있으며, 출하에 있어서의 배차시스템에서도 숙련된 배차 담당자의 기술에서 컴퓨터에 의한 자동배차시스템으로 변경되고 있다.

2) 정보기술이 원가관리에 미치는 효과

기업의 물류를 관리하기 위한 정보기술의 적용은 실질적으로 모

든 산업분야에 걸쳐 급격하게 확대되고 있으며 그들 상당수가 중
요한 사명으로 간주되고 있다. 즉 기업은 그 기업운영을 지원하기
위해 정보기술 시스템에 크게 의존하고 있다.

물류에 대한 가장 중요한 정보기술의 적용은 재고관리를 지원하
는 것들이다. 이것은 특히 경쟁이 격화되고 제품 라인과 확장이 증
대하며, 또한 시장이 국제적·세계적인 규모로 증가할수록 명확해
진다. 이런 유형의 시스템은 전형적으로 "자동조정되는 적시"(또는
즉각 반응하는) 경영통제시스템으로서 취급된다. 이런 시스템은 다
음과 같은 특성을 지닌다.

- 기업의(또는 사업부의) 전체 공급사슬을 담당한다.
- 제품에 따른 매출, 원가, 이익을 추적한다.
- 구입, 구입주문, 재고품 이동을 추적한다
- 시간은 최소화하고 생산성은 극대화한다.
- 전자자료 교환장치(EDI)를 통해 다른 관계자들과 연계해서 제
  공한다.
- 공급사슬 기능을 횡단하여 통합한다.
- 기업의 시설을 횡단하는 유통처리 환경에서 일반 데이터베이
  스 지향적이며 온라인이다.

원격통신기술의 사용 확대는 제품 공급사슬을 통해 물류를 개선
시켰다. 국내행의 물류활동에 대해서 제조지점으로 자재를 급송하
는 것(JIT 주문)은 납품업자와 제조업자간의 협동에 의해 도움을 받
아왔다. 외국행의 물류에 대해서는 주문주기가 원격통신과 데이터
베이스 공유로 인해 감소되고 있다.

이러한 유형의 적용은 일반적으로 기술과 시스템의 전자자료교
환장치와 관련이 있다. 가장 첨단 EDI 시스템은 공급점에서 판매

점 또는 다른 고객배달점으로 재료, 부품, 제품을 추적하기 위한 통합 네트워크 장치로서 사용되었다. 바코드와 같은 또 다른 적용은 데이터 포착의 정확성을 증가시키고, 제품의 물리적 취급(수취, 주문인수)을 용이하게 한다. 또한 공급사슬에서의 전반적 사이클타임이 단축되고, 재고수준과 안전재고량을 감소시킨다.

이러한 정보기술이 로지스틱스 원가관리에 미치는 효과로는 온라인 수·발주에 의한 수·발주 원가의 절감과 정보기술의 활용으로 인한 효과적인 재고관리의 결과로 나타나는 재고관리 원가의 절감과 같은 직접적인 효과와, 로지스틱스 원가계산에 있어서 배부계산에 필요한 배부의 기초 데이터를 적당한 시기에 얻을 수 있다는 간접적인 효과 2가지로 크게 나눌 수 있다. 먼저 원가관리에 미치는 직접적인 효과를 검토해 보자.

정보기술은 상류(上流)·물류(物流) 등을 포함해 공급사슬의 활동 전체에 효과를 미치기 때문에 로지스틱스에 미치는 효과만을 추출할 수는 없다. 또 새로운 정보기술의 도입원가, 운용원가 등의 원가와 해당 정보원가에 의해 절감된 원가의 쌍방을 비교하지 않으면 엄밀한 의미로서 원가면에서의 효과는 명확하지 않게 된다. 실제로 네오로지스틱스의 구체적인 형태인 QR(신속대응)이나 ECR(효율적 소비자 대응) 등을 채택하고 있는 구미나 일본의 선진적인 기업에서도 자사의 로지스틱스 원가는 파악하고 있어도 이런 공급사슬 전체의 로지스틱스 원가를 실제로 파악해서 관리하고 있는 사례는 드물다. 정보기술을 활용하여 공급사슬 전체의 로지스틱스 효율화를 지향한 전형적인 사례인 ECR에 있어서 로지스틱스 원가가 어떻게 절감되는가는 12장에서 상세히 설명하고 있다.

다음으로 간접적인 효과는 적시에 배부계산에 필요한 데이터를 얻을 수 있다는 것이다. 공급사슬 전체의 로지스틱스 원가를 효과적으로 관리해 나가기 위해서는 거래처별, 고객별, 유통경로별로 물류 조건이나 작업난이도 등이 정확하게 반영된 원가계산이 중요하다. 이러한 원가계산의 기법으로서는 활동기준원가계산 (Acitvity-Based Costing)이 적절한 기법이지만, 자원동인이나 원가 동인 등의 원가계산에 필요한 배부 기초데이터가 적시에 정확히 얻을 수 있다는 것이 전제가 되어 있다(中光政, 1997, p. 47).

그리고 정보기술의 발전에 따라 해결해야 할 물류원가관리의 과제는 공급사슬 전체의 로지스틱스 원가의 파악과 함께 개별 기업에 있어서도 네오 로지스틱스에 대응하는 원가관리를 구축하는 것이다. 특히 현재는 정보기술 측면에서 EDI와 같은 기업간의 폐쇄된(closed) 컴퓨터 네트워크보다 인터넷을 중심으로 한 개방된(open) 네트워크를 중시하는 경향에 있으며, 기업 내·기업간에서도 정보의 공유화를 도모해 기업활동의 효율화를 추진해 가는 방향에 있다. 따라서 로지스틱스 면에서도 앞으로는 기업간의 오픈 네트워크나 기업·소비자간 네트워크의 중요성이 증가될 것이며, 원가관리 문제도 그러한 관점에서 검토가 필요할 것이다.

3) 물류원가정보시스템

물류활동은 기업의 공급연쇄(supply chain) 전반에 걸쳐 일어나기 때문에, 횡단적으로 엮어 공통의 데이터베이스를 운영하는, 통합된 정보관리방식의 개발이 중요하다. 통합된 정보가 고객에 대한 서비스를 보증하는 데 공헌한다는 것은 경험을 통해 입증되고 있다.

물류원가의 관리는 적시에, 정확하고, 이해 가능하며, 그리고 기업의 모든 생산 및 재무관리자들에게 공유되는 정보를 필요로 한다. 예를 들어 재고상태(또는 재고 가용능력)에 대한 정보와 같은 단

244

일의 일관된 데이터는 그것이 주문처리, 재고관리, 창고, 선적, 생산
계획, 또는 고객서비스를 위해서는 어떤 것이든, 공급연쇄망을 통
해 관계자들에게 접근할 수 있어야 한다.

오늘날 경쟁시장에서 시간과 원가의 가치가 급격히 증가함에 따
라 기업의 공통 데이터베이스는 제품, 고객주문, 재고, 갱신, 고객서
비스, 구매, 생산계획, 가격설정, 원가, 시간 등에 대한 정보가 적시
에 구축되어야 한다. 이런 접근법을 조망하기 위한 유용한 한 가지
방식이 <도표 11-3>에 나타나 있다.

〈도표 11-3〉 물류원가정보시스템의 구조(구성)

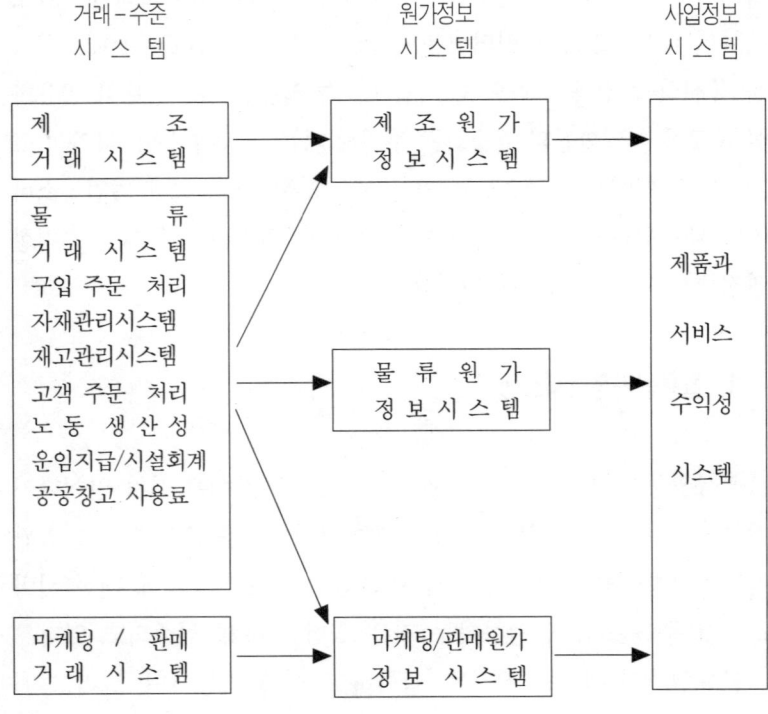

전통적 거래시스템은 원가관리를 위해 제공하는 기업정보시스템

의 한 가지 유형인 원가관리시스템에 대한 투입요소를 제공한다. 이런 원가시스템은 고객수익성을 포함하며, 제품과 서비스 수익성에 대한 경영정보를 제공한다.

원가관리의 측면에서 제품그룹의 진실된 원가를 측정하고, 감시하고, 보고하는 데 첨단 정보시스템이 매우 중요하다. 따라서 기업이 그들의 전통적 원가회계시스템에 도전하여, 활동수준에서 원가동인을 보다 정확한 인식함으로써 과거보다 정교한 원가계산을 할 수 있는 활동기준 원가시스템이 필요하며, 활동기준원가계산시스템의 자동화는 현대 정보기술 적용의 통합요소가 되어야 한다.

3. CALS와 원가관리

1) 문제의 제기

21C를 눈앞에 두고 본격적인 정보화시대를 선점할 쟁탈전이 도처에서 전개되고 있다. 쟁탈전의 가장 효율적인 무기 중의 하나가 바로 CALS(Commerce At the Light Speed, 광속의 상거래) 체계라고 할 수 있다. CALS는 기업간의 네트워크를 활용해서 기업 본연의 모습을 바꾸어 나가고 있으며 공장을 갖지 않는 가상기업, 외부조달화를 시도하는 기업까지 출현하고 있다.

이렇게 기업간에서 동일기능 또는 상호 관련되는 기능간에서의 정보 통합을 지향하는 것이 CALS이다. 즉 CALS의 정의 속에는 네트워크에 의한 전자 데이터교환에 필수적인 수단으로서 제조, 일반 상거래 데이터교환의 표준 사양 및 표준화 활동만이 아니고 다양한 직·간접적 효과까지 포함하는 경우가 많다.

이런 점에서 기업 내 비즈니스 프로세스간의 정보통합을 지향하는 CIM(Computer Imtegrated Manufacturing)이나 SIS(Strategic Information System)와 CALS는 다르다. CALS의 특징은 표준화, 무서류화 등에 의해 시간과 장소, 조직, 규모라고 하는 3개의 벽을 넘어 상이한 기업, 조직간의 정보공유, 정보교환을 비약적으로 신속하게 처리하는 점에 있다.

본 장에서는 우선 CALS의 개념과 종류 등에 대해 살펴보고 이어서 CALS가 원가기획 및 관리회계에 미치는 영향과 향후 어떠한 관리회계시스템이 바람직한가에 대해 기술하고자 한다.

2) CALS란 무엇인가

⑴ CALS의 개념

CALS는 본래 미국방성에서 1985년에 시작한 전략 프로젝트의 명칭이다. 초창기의 CALS는 Computer-aided Acquisition and Logistic Support의 머리 글자인 '컴퓨터에 의한 조달과 후방부대의 지원'이라는 이름으로 출발해서 '컴퓨터'와 '로지스틱스'가 핵심이었으나, 점차 '계속적인 조달과 수명주기의 지원(Continuous Acquisition and Life-cycle Support)'이라는 이름으로 발전했으며 여기에서는 '수명주기'라는 사고방식이 도입되었다. 최근에는 '광속의 상거래(Commerce At the Light Speed)'로 부르는 움직임도 나타나고 있다.

그러나 CALS에 내포된 의미는 용어 자체의 의미보다 훨씬 광범위하며 또한 무한한 발전 가능성을 내포하고 있다. CALS는 궁극적으로 전세계 산업을 인터넷과 같이 하나의 네트워크로 묶어 개개의 국가나 산업이 모든 정보를 공유함은 물론 실질적인 생산·

조달·운영을 통합 지원하는 데 목표를 두고 있다.

　CALS가 다른 정보화 시스템이나 도구와 다른 것은 연구개발까지도 정보공유 개념에 포함시키고 있다는 점이다. CALS를 적용한 기업간 수평적인 결합이 이루어짐으로써 세계산업은 국가별 그룹이 아닌 글로벌 CALS그룹으로 재편될 가능성마저 있다. CALS시스템을 이용하는 기업간에 통합 데이터베이스를 구축하고 이를 광케이블로 엮어 해당 기업은 원하는 기업정보와 연구개발 정보를 적절한 절차에 따라 제한없이 사용하게 된다. Global Cyber Company, 즉 국제가상기업이 탄생하는 셈이다. 정보의 표준화와 상호공유가 기업의 막대한 코스트를 절감시킬 뿐만 아니라 아예 산업구조와 회사조직을 바꿔놓게 될 것이라는 예측이다.

〈도표 11-4〉 CALS의 영역(NEC의 사례)

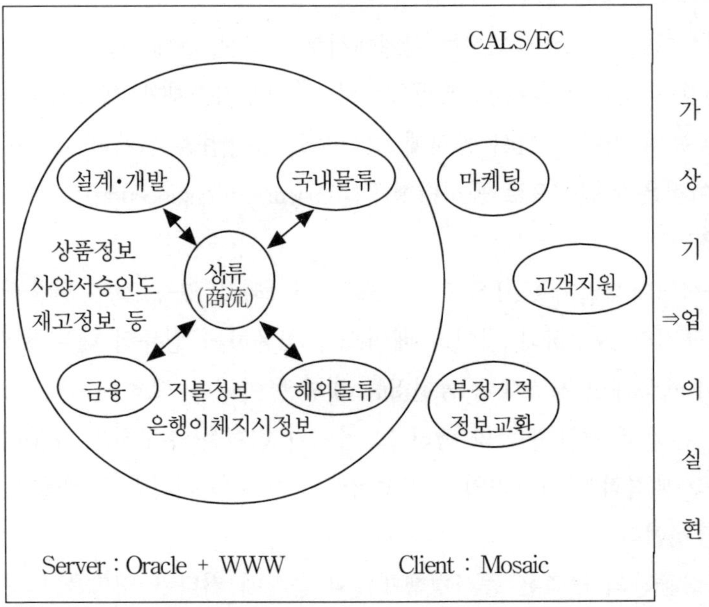

자료 : 山田晁(1996), p. 29.

1993년의 미국방성의 정의에서도 "모든 디지털 데이터에 의거한 제품의 총수명주기에 있어서 첨단기술의 응용, 비즈니스 프로세스의 변혁 및 국제규격이나 표준 등을 이용함으로써 보다 효과적인 제품개발이나 상거래 및 관리를 가능하게 하는 정부와 산업계의 전략이다."고 표현되고 있는 것처럼, 오늘날의 CALS는 단순한 정보기술의 총칭이 아니고, 정보기술을 적용한 글로벌시장에서 전개되는 비즈니스 전략인 것이다(<도표 11-4> 참조).

(2) CALS의 종류

CALS라고 해도 사람에 따라 그 파악하는 방식이 상이한 경우가 있다. 여기에서는 CALS를 생산기술에 관한 CALS와 전자거래에 관한 CALS로 대별하여 고찰한다.

① 생산기술에 관한 CALS

생산기술에 관한 CALS는 설계에서부터 생산, 판매, 고객에 이르기까지의 정보의 흐름을 쌍방향화하고, 설계기술자와 제조기술자가 공통의 기반에 서서 동시에 병행적으로 작업을 진행하는 것이다. 이것은 일반적으로 동시병행개발(concurrent engineering)로 불리고 있다.

동시병행개발이 CALS의 중심으로 평가되고 있는 것은 단순히 설계규격의 표준화와 데이터 베이스를 공유하는 컴퓨터 네트워크가 이 제품개발 시스템에 공헌하는 것만은 아니다. 오히려 이 시스템을 통해서 기업 통합의 벡터 그 자체가 변혁을 추구하기 때문이다. 즉 본격적인 가상기업의 형성이라는 새로운 기업간 관계를 만드는 것이다.

가상공간의 구축은 동시병행개발의 속성에 커다란 영향을 미친다. 기능횡단적인 제품개발 활동을 추진할 때, 그리고 납품업자와의 공동설계를 전개할 때에도 데이터 베이스의 공유와 전자메일의 이용에 의해 정보교환의 효율화와 정보 공유화가 촉진된다. 이것은 한 가지 제품개발의 효율화만에 그치지 않고, 복수 제품간의 지식 이전을 촉진한다는 점에서 매우 큰 효과를 갖는다.

나아가 설계 프로세스 그 자체에도 혁명적인 변화가 일어날 가능성이 있다. 컴퓨터상의 가상공간에서 제품의 시작(試作)을 수행할 수 있는 체제가 정비되면 기존의 시작을 위한 금형투자 등이 필요없게 되고 무수히 반복되는 시작을 그곳에서 실시하여 최적 설계로 결부시킬 수 있게 된다. 당연히 설계 프로세스에서 원가 발생의 움직임이 근본적으로 변화하게 될 것이다.

유명한 예로서는 보잉의 항공기용 CALS가 있다. 여기에서는 개발 단계부터 정보의 전자화, 네트워크화에 의해 관계자들이 정보를 공유하고, 연구개발, 설계, 제조, 납입에 이르는 프로세스가 혁신되고 스피드가 향상되었다. 그 결과 품질과 성능의 대폭적인 향상 및 상품화까지의 시간과 원가를 대폭적으로 절감할 수 있었다고 한다.

② 전자 거래에 관한 CALS

'전자 거래에 관한 CALS'는 기업, 정부, 일반 소비자간의 수주·발주, 재고 기타 거래에 필요한 비즈니스 정보를 전자적으로 교환 가능하게 한다. 전자 상거래(Electronic Commerce)라고도 불리고 있다.

기업간의 수·발주 같은 상거래에 얽히는 데이터의 컴퓨터 네트워크에 의한 교환이 새로운 사고방식은 아니다. 70년대에 시작한 수·발주의 온라인화를 시발로 80년대에는 VAN(부가가치통신망)의 발달에 따라 EDI(Electronic Data Interchange) 시스템이 실현되었다.

EDI는 수·발주에 관련되는 거래정보를 네트워크에 올림으로써 거래 전체를 합리화한다. 이것은 무서류화(paperless)를 기초로 오류가 적은 적시 수·발주 업무를 통해서 제조, 재고관리, 판매관리,

원가 절감과 고객서비스 향상을 가져다주었다.

CALS에 있어서의 전자거래는 기업계열, 국경, 법인, 개인의 벽을 초월한 개방형 상거래를 실현하고자 하고 있다. 그런 의미에서 기업계열 내 내지 업계 내에 머문 기업간 제휴 시스템인 기존의 EDI와는 다르다.

(3) CALS의 효과

수명주기 전체를 대상으로 하고 있지는 않으나 미공군에서 보고한 CALS의 효과를 살펴보면 <도표 11-5>과 같다.

〈도표 11-5〉 CALS의 효과

분 야	장 점
공 학	신규개발의 설계기간을 50% 단축할 수 있다 사양변경의 처리시간을 30~50% 단축할 수 있다 개념설계에 들어가는 원가를 15~40% 절감할 수 있다
조 달	데이터 전달 오류를 98% 줄일 수 있다 검색 시간을 40% 단축할 수 있다 문서화 비용을 10~50% 절감할 수 있다
제 조	수율 향상에 의해 품질이 80% 개선되고 품질보증에 들어가는 시간을 85% 감소시킨다 제조원가를 15~60% 감소시킨다
지 원	문서변경 관리에 소요되는 시간을 30% 감소시킨다

자료 : CALS/CE-ISG(1989).

3) 원가기획활동에 대한 CALS의 영향

첫째로 OS(운영시스템)와 부품규격 등의 표준화가 CALS에 의해 촉진되면, 개발설계에서 생산, 배송까지 고객에 대해서 가치를 제공하는 활동이 크게 변화하게 된다. 즉 고객별로 정례화된 제품 서비스를 저원가이면서 높은 품질로 제공하는 것이 필요하고, 그것을 위해 기업은 점차 역동적인 네트워크를 구축해서 제품이나 프로세스 구조를 모듈화하지 않으면 안 된다. 이 mass-custom화를 지원하는 원가견적(cost table의 정비와 같은 문제까지 포함)과 수익성 평가 메커니즘을 구축해 가는 것이 경쟁상 중요한 의미를 갖게 된다.

두 번째로 원가기획에 있어서의 정보 공유화에 대한 메커니즘이 크게 변화하게 된다. 원가기획이란 원가발생의 원류로 소급하여, VE 등의 기법을 원용해서 설계, 개발, 내지 상품기획단계에서부터 원가를 기획·관리해 나가는 활동이다.

다니(谷, 1995)에서는 원가기획을 고객 니즈의 다양화, 기술혁신의 가속화에 대응하기 위한 원가절감, 시장지향적인 제품개발, 개발 리드타임의 단축, 고품질 등의 목표를 동시에 달성하는 전략적 원가관리로서 평가했다. 원가기획 프로세스에서는 직능횡단적이면서 동시병행적으로 개발 프로세스가 전개된다. 그 효과는 단순히 개발기간이 단축될 수 있는 것에 그치지 않고, 담당자간의 상호조정과 정보의 공유화를 도모하는 중요한 메커니즘에 있다.

그러나 대면적(face to face)활동에만 의존한 정보적 상호작용은 과도하게 팽창성을 초래하여 역으로 효율성이 저하되는 경우가 있다. 따라서 CALS 등에 의해 수직적, 수평적인 정보의 효율적 교환과 공유화의 촉진을 도모하는 것이 중요한 의미를 갖게 된다. 이것이 CALS가 원가기획에 미치는 최대의 영향이라고 할 수 있다(岩淵 & 谷, 1996).

4) CALS와 구매관리회계

(1) 구매관리회계의 개념

CALS에서 데이터 교환이 전자화된다면 사업의 스피드가 올라가고 눈에 띄는 변화가 일어난다. 환경의 변화에 지금보다 더욱 신속히 대응하지 않으면 경쟁력을 유지할 수 없다. 이것은 외주나 조직의 유동화와 평면화를 가져다준다. 즉 기업으로서는 기업 내외를 불문한 광범위한 경영자원을 이용할 수 있게 된다는 것을 의미한다.

데이터 교환을 위한 하드와 소프트의 표준화에 더해 부품 등의 규격 표준화가 진전함에 따라 글로벌적으로 최적인 부품조달을 도모하게 된다. 여기에서 말하는 최적 부품조달이라 함은 단순히 생산 단계에 있어서 안정되고 양질의 저렴한 부품을 조달하는 것만이 아니고, 글로벌 구매를 전제로 한 제품개발 시스템의 구축까지를 대상으로 하고 있다.

구매관리회계 내지 외주관리회계라는 용어는 비교적 인지되어 있지 않다고 생각되나, 격변하는 환경 특히 공장의 해외진출, 현지 부품조달율의 상승, 국내 납품업체의 피폐 등의 문제를 안고 있는 상황 하에서는 그 중요성을 간과할 수 없다.

(2) CALS 하의 구매관리회계

첫째, CALS 환경 하에서는 공장에서의 원가절감 여지가 점차 감소하므로 비지니스 프로세스의 하류에 위치한 구매기능도 오히려 기획·개발에 대한 공헌도에 의해 평가된다.

둘째, CALS 환경 하에서는 양산준비에서부터 본격생산에 이르는 기간이 다시 단축되고, 개발과 생산의 동시 진행이 목표로 되기 때문에 구매 기능은 기술 구매로 전환하는 것이 요구된다.

셋째, CALS 환경 하의 구매는 설계도에 의거한 사후의 부품 수배체계에서 탈피하여 그 정보가 설계도에 투영되는 사전적 정보 수배체계로 전환하는 것이 요구된다. 앞으로의 구매는 전자구매라고 말할 수 있으며, 처리 절차의 전자화·자동화만이 강조되는 것

은 아니다. 어떤 납품업체의 어떤 부품을 전자구매의 대상으로 하
는가에 따라 이익의 구조가 일변하기 때문이다. 따라서 구매관리를
위한 회계에서는 누구에게 어떤 시기에 어떠한 정보를 제공할 수
있는가가 과제이다.

　이 문제는 향후 CALS가 보급되어 경영관리의 기반이 변화함과
동시에 업무수행상의 혁신을 경험하는 가운데 밝혀져야 하나, 적어
도 다음과 같은 점이 검토되어야 할 것이다.

　① 전년 대비 형식으로 최고층에서 시달되는 변동비 절감 목표를
기종별, 부품별로 분할하여 그 달성율을 업적평가 기준으로 하는
것만이 아니라, 구매 능력의 향상이 자사 고정비의 절감에 공헌하
는 정도에 따라 평가한다. 모델 변경에 즈음해서 공통부품의 사용
율을 높이거나 기존 라인의 활용을 허용하는 소재(素材)정보가 고
정비의 증대를 억제하는 사례도 많이 보고되고 있다.

　②경영방침으로서 발주가 이미 결정되어 있는 상대방에 대해서
는 가공비율에 의한 관리를 대상으로 하지 않고 자사의 고정비와
통합해서 동일척도로 관리한다. 즉, 자사 고정비의 완전이용 정도
와 마찬가지로 능력준비비로서의 효과를 측정한다. 그리고 생산의
일시적 상승시에 자사 고정비의 상승을 억제한 결과로 인한 공헌
액은 구매담당자가 과거에 획득한 실적 공수누계를 기초로 업적평
가하는 방법도 병용한다.

5) 조직의 평면화와 업적관리회계

　다음으로 조직의 유동화, 평면화라고 하는 조직형태의 변화에 업
적관리회계를 어떻게 대응시키는가 하는 과제가 있다. 업적관리회

계시스템은 ① 구매, 생산, 판매 등의 기능관리시스템 ② 예산관리, 업적관리회계시스템 ③ 그것들을 실행하는 man-machine 시스템의 3가지로 구성된다.

지금까지 계층구조에 의거해서 권한과 책임이 정해져 있는 조직의 관리회계시스템에서는 각 기능별 관리와 전반적인 관리는 별도로 실시되고 있었다. 거기에서 전반적인 업적관리시스템은 부문별의 관리 가능성을 파악한 뒤에 부문별 업적관리를 실시하는 것이 좋았다. 그러므로 전반적 관리시스템과 기능별 관리시스템은 부문손익 수준에서만 결합되었다.

그러나 다양한 주체사이에서 계층구조에 의하지 않은 네트워크형의 조정을 하는 평면 조직에서는 그 권한과 책임이 항상 특정한 부문에만 있는 것은 아니다. 그곳에서는 전반적인 업적관리시스템과 기능별 관리시스템을 부문손익만이 아니라 다각적인 각도에서 유기적으로 결합하지 않으면 안 된다.

예를 들면 업무에 따라 임기응변으로 조직된 팀, 또는 프로젝트라는 단위가 관리해야 하는 단위로 된다. 동시에 손익만이 아니라 개별 프로젝트에 투하되는 자본 등도 새로운 관리단위별로 집계할 필요가 있다.

또 CALS에 의해 기업활동이 확대되면 관리회계상 필요한 정보도 증가한다. 거기에는 거래처와의 정식 수주·발주 전에 교환하는 예상정보(수주·발주 스케줄), 고객에 관한 속성정보 및 1일 업무보고서와 같은 정성적인 것까지 포함된다.

새로운 관리회계시스템에서는 관리회계의 단면을 이렇게 풍부한 것으로 하고, 그 각각을 자유자재로 결부시키는 것이 필요하다. 그 점에서 비로소 비즈니스 프로세스를 유연하게 하고 환경변화에 대응한 경영을 하는 것이 가능하게 된다.

6) 기능별 관리회계시스템(drill-down system)

CALS에 대응한 관리회계에서는 분석하는 차원이 증가되어 가며, 따라서 관리하는 범위가 승수적으로 증가한다. 예를 들어 지역, 고객, 제품, 부문과 같은 4개의 축에서 분석하는 경우에는 (지역 수×고객 수×제품 수×부문 수)라는 조합이 일어난다.

이들 측면을 효율적으로 분석하기 위해서는 부문손익에서 부문 이외 단위에서의 각 기능별 손익으로 소급할 수 있게 하는 것이 바람직하다. 이렇게 함으로써 전반적인 관리를 위한 업적관리회계는 물론 각 기능별 관리회계시스템의 중요성도 증가한다.

예를 들어 전통적인 예산관리 보고서 등과 같은 요약된 회계정보(반기, 연도별, 예상정보를 포함한다)의 분석에서 어느 곳을 개선하면 효과가 큰가를 대국적으로 파악한 뒤 순차적으로 지역별 판매 데이터, 고객별 판매 데이터 그리고 상세한 데이터로 소급하는 것(drill down)이 가능하도록 할 필요가 있다.

나아가 정량적인 데이터만이 아니고 생산·영업월보나 일일보고와 같은 정성적인 데이터를 추가함으로써 보다 상세하게 분석을 할 수 있다. 또 부문이라는 측면 이외에 고객이라는 측면에서도 손익을 파악할 수 있도록 한다면, 수익성이 낮은 부문에서 수익성이 낮은 고객을 발견하고 그것들을 제거해 버리는 '취사선택전략'을 취할 수 있다.

7) 결언

그러나 CALS가 마법의 시스템이 아니라는 것을 여기에서 다시 한번 강조해 둔다. 본 장에서 상정하고 있는 오픈 네트워크화에 있어서는 어느 부분을 외부구매 내지 제휴에 의해 획득하고 무엇을 자사 독자적인 기술(핵심 역량의 구성요소)로서 누출 내지 이전하는 것을 방지하는가라는 중대한 경영과제가 부상하게 된다. 그리고 CALS의 진전은 소위 제조-판매-배송 동맹 등 상상하지 못했던 거대한 범주 집단을 만들어 낼 가능성이 있기 때문에 종래 이상으로 과격한 경쟁을 초래하게 된다.

또 동시에 정보의 표준화 때문에 타사의 추격도 저원가로 신속화되는 것은 확실하다. 또 CALS를 활용하기 위해서는 그것에 대응한 조직의 자기 변혁이 불가결하다는 것은 말할 나위가 없다. CALS를 받아들이는 조직 구조, 운영, 그리고 최고층은 물론 조직 구성원의 마인드까지도 유연하게 변화되지 않으면 안 된다. 즉 CALS는 보다 고도의 전략구축 능력과 그것에 대응한 조직 변혁 그 자체를 요구하는 측면을 가지고 있는 것이다.

CALS에 의해 일어나게 되는 많은 과제에 원가관리가 대응해 나가기 위해서는 상호작용의 관점에서 전략적 원가관리를 재구축해야 한다. 이런 관점에서의 분석 없이 개방 네트워크화에 대응해서 조직을 움직여 나가는 메커니즘의 해석 내지 설명은 불가능하다.

또한 새로운 정보시스템을 구축하고 있는 흐름 속에서 원가관리가 핵심적 의사결정에 의의가 있는 존재가 되기 위해서는 원가관리 본연의 모습인 역동성(dynamism)을 한층 더 가속화시켜야 할 것이다. 나아가서 현재 진행되고 있는 정보혁명의 진전에 따른 거래원가의 저하와 그에 따른 영향에 충분히 주의를 기울여 이론화를 실시함과 동시에 원가관리시스템의 재설계 방향을 재고할 필요가 있다.

무엇보다 중요한 것은 경영전략이나 경영계획을 입안하고 중요한 포인트를 규명한 다음에 관리회계시스템을 구축하고 정보우위성을 확보하는 것에 있다. 다양한 데이터를 수집·축적하고 뛰어난 분석도구를 소지하고 있다고 해도 이 점을 간과해서는 무용지물이 될 것이다. 이것을 위해서는 정보를 능숙하게 구사할 수 있는 능력과 분석에 있어서의 문제 발견과 해결 능력을 높이는 노력이 선결되어야 한다.

4. 물류정보화의 실태분석

1) 판매·유통활동의 정보시스템

정보시스템 구축은 기업의 생산성 향상에 있어 매우 중요한 수단이다. 본 절에서는 기업의 '마케팅 활동의 개별 항목에 대한 정보를 어떤 방법으로 처리하고 있는가'에 대해 질문했다.

조사 항목이 너무 많고 또 처리 수준을 세분화했기 때문에 특징이 없게 되어버린 단점이 있지만, 기계화·자동화가 쉬운 제조활동과 대비해서 마케팅 활동의 모든 업무(정보)에 대한 정보처리 수준을 조사하는 것이 목적이었다. 즉, 해당 활동의 정보 처리로서 「주로 수작업 처리」, 「기업 내 정보시스템에 의한 처리」 및 「기업간 네트워크에 의한 처리」라는 3단계로 정보화·자동화의 발전을 나누어 조사해 보았다(<도표 11-6> 참조).

우선 「주로 수작업 처리에 의한다」라고 하는 회답은 22항목 중 5항목(23%)이 1위로 나타났다. 특히 수송·설비 관계의 업무에 대한 것이 많고, 해당 업무에서 완전 수작업(「수작업 처리 이외의 회답이 제로」)이라고 회답한 기업은 104사로서 전반적으로 정보처리 수준이 낮은 편이다. 또 반대로 완전 자동화(「수작업 처리」의 회답이 제로)라고 회답한 기업도 19사나 되었다. 그러나 다른 업무와 비교해 볼 때, 수송·설비관계 업무의 정보화의 정도는 낙후되어 있다고 지적할 수 있다.

〈도표 11-6〉 판매·유통활동에 대한 정보처리시스템　　　　단위 : 기업수

구 분	주로수작업	기업 내 정보시스템수준			네트워크 수준		
		부문	사업부	전사	구내	전사	기업간
(1) 제품별 설계·사양	20	◇26	○34	⊙45	▲24	⊙45	5
(2) 견적·목표원가	20	29	⊙45	○36	◇30	▲35	6
(3) 수주·변경	13	◇28	▲35	○44	17	⊙51	11
(4) 납품 스케줄	23	◇27	▲35	○39	18	⊙43	13
(5) 완성품 재고	7	◇20	○32	▲21	7	⊙61	6
(6) 반제품 재고	20	▲32	◇30	○38	24	⊙44	1
(7) 재고 보충 명령	▲30	○31	⊙36	◇24	23	⊙36	2
(8) 재고품 완비	21	▲28	⊙39	▲28	24	○38	0
(9) 무재고품 제조명령	◇25	▲31	⊙35	○25	19	○34	2
(10) 출하 스케줄	◇29	32	⊙45	▲31	23	○41	7
(11) 출하 명령	23	▲40	⊙43	◇30	22	○42	6
(12) 수송 스케줄	○36	⊙40	◇27	23	24	▲31	6
(13) 수송 명령	⊙40	○39	▲31	19	21	◇25	4
(14) 수송 도중 불량	⊙47	○27	▲26	◇25	17	24	3
(15) 수송 보험	⊙45	▲25	19	○28	17	◇23	3
(16) 설비 스케줄	⊙35	○29	○29	◇19	◇19	▲24	5
(17) 설비 공사 명령	⊙34	▲27	◇23	○28	16	○28	4
(18) 반품·수리	◇30	▲31	⊙41	25	28	○33	6
(19) 검수	○36	⊙38	▲35	22	◇23	21	4
(20) 청구·할인	23	▲30	⊙35	◇28	21	○33	8
(21) 매출·외상매출을 계상	6	◇26	○45	▲43	17	⊙52	11
(22) 대금회수	16	◇27	⊙54	▲36	14	○52	9

주) 회답수 : 1위 ⊙, 2위 ○, 3위 ▲, 4위 ◇표(단, 회답수가 같은 것은 같은 순위로 처리하였으며, 4위 이하는 제외되었다).

다음으로 제품설계 관계의 정보화 수준에 대해서는 그 진전 상태가 여러 수준으로 분산되어 있는데, 결과는 평균적으로 보아「기업 내 정보처리 시스템」의 회답이 1위로 나타났다. 「기업 내 정보시스템」의 구축에 대해서는 설계의 경우, 컴퓨터 지원설계/컴퓨터 지원제조(Computer Aided Design : CAD / Computer Aided Manufac-turing : CAM), 혹은 컴퓨터 엔지니어링(Computer Aided Engineering : CAE)을 원활하게 구사하는 수준까지 정보화·자동화가 진행되고 있다고 생각할 수 있다. 제품설계에 대한 정보시스템의 이용은 현재 거의 전사적 수준에서 이용되고 있다고 하는 것이 적절한 해석일 것이다.

또 재고관리에 관련된 업무에 대해서는 정보화·자동화의 정도가 높은 기업이 많으며, 그 진행 정도를 보면「기업 내 정보시스템」정비의 단계가 7항목 중 5항목이 1위로 다수를 이루고 있으며, 「기업 간 네트워크」수준에 있다고 회답한 항목도 3항목으로 현재「기업 간 네트워크 수준」의 확충 단계로 진전되고 있음을 보여주고 있다.

단, 기업간 네트워크화에 대해서는 1위 항목이 하나도 없으나 지금부터 그 정비에 착수하는 단계에 있다고 파악할 수 있으며, 마케팅 활동 항목의 전체를 분석한 결과에서는 재고관리 업무에 관한 정보화·자동화의 발전 정도가 타 항목에 비하여 가장 높다는 것을 알 수 있다.

이것은 재고관리 업무가 자동창고의 설치와 같은 컴퓨터통합제조(Computer Integrated Manufacturing : CIM)나 JIT의 하위 시스템, 즉 제조 시스템 구축의 일환으로서 실시되는 경우가 많기 때문이라고 할 수 있으며, 시스템 구축이 비교적 조기단계에서부터 이루어진 업무분야라고 할 수 있다.

또 경리나 재무 관계 업무에 대해서도 회계정보시스템을 확립하는 가운데 시스템 설계가 이루어져 왔다. 그러나 수송·설비업무에 대해서는 주로 수작업으로 처리하고 있다고 회답한 기업이 많다는 것은(5항목 중 4항목이 1위), 그것이 유통활동 고유의 업무이기 때문에 투자우선 순위상 시스템화가 지연된 것으로 생각된다. 또 이들의 정보처리 수준에 대해서는 부문수준에서 처리되고 있는 경우가 많으며 분산처리 시스템도 어느 정도 구축되어 있다고 볼 수 있으나, 사업부 또는 전사적 수준에서는 아직 발전의 초기 단계에 있음을 알 수 있다.

마지막으로 부가가치통신망(Value Added Network : VAN)이나 근거리통신망(Local Area Network : LAN) 등과 같은 네트워크 수준의 정보시스템 구축에 대해서는 모든 항목에 대해서 일부 기업을 제외하면 아직 초기 단계에 있다고 해도 좋을 것이다.

2) 수주 · 출하 정보시스템

조사결과 물류정보시스템의 하위 시스템 중 하나인 수주-출하 일관 시스템의 진척정도는 on-line real time system으로 운영되고 있다는 기업이 34.4%를 차지한 반면 수작업에 의존하고 있다는 기업도 32.7%에 달해 상반된 현상을 보이고 있다.

그러나 on-line real time system방식을 준비 중인 기업도 18.2%에 달해 점차로 이 방식이 확대되는 추세이다. 이 시스템에서 컴퓨터를 활용하여 처리하는 업무분야로는 창고 및 재고관리가 31.6%, 공장 내/공장간 원자재 및 재공품의 흐름통제가 20.5%를 차지했다. 즉 아직까지는 재고관리 및 일정계획의 통제에 주로 컴퓨터가 활용되고 있는데 통합적 물류관리와 물류통합의 수단으로서 컴퓨터의 보다 적극적인 활용이 요청된다.

〈도표 11-7〉 수주-출하 일관시스템의 진척도

단위 : %

구분	ON-LINE REAL TIME 시스템으로 운영하고 있다	ON-LINE REAL TIME 시스템 도입 준비 중에 있다	BATCH 처리 방식으로 운영 하고 있다	수작업에 의존하고 있다	합계
1995 평균	34.4	18.2	14.7	32.7	100.0

3) 물류업무의 컴퓨터 활용

전자문서교환, 즉 EDI(Electronic Data Interchange)는 컴퓨터간의 직접전송을 통해 업무처리를 함으로써 문서발생 서류이동에 따른 불필요한 비용을 줄여주는 시스템이다. 이 시스템은 단순히 기업의 제반업무를 전산화함으로써 생산성 제고효과를 가져오지만 더 중요한 것은 고객과의 관계 개선에 기여할 수 있다는 점이다. 또한 문서작성 및 이동비용 등 제반 관리비용의 절감효과 뿐만 아니라 신속하고 정확하게 필요정보가 전달됨으로써 재고관련 비용을 획기적으로 줄일 수 있다.

조사결과 EDI를 현재 도입하고 있거나 도입할 계획을 가진 업체수가 60.9%에 달하여 EDI의 도입은 점차 증가할 전망이다.

〈도표 11-8〉 컴퓨터를 활용하여 처리하는 물류업무

단위 : %

구 분	포장 업무	수·배송 업무	하역 업무	창고/재고 관리	공장 내 / 공장간 원자재 및 재공 품 흐름 통제	판매 예측 및 생산계 획 통제	컴퓨터를 전혀 활용하고 있지 않다	합계
1995년 평 균	4.5	17.1	3.3	34.1	20.5	19.6	0.9	100.0

자료 : 대한상공회의소(1995).

기업이 EDI를 활용하여 처리하는 업무는 출하가 25.1%, 주문이

22.7%를 차지하는 것으로 나타나 EDI가 주로 기업의 주문 및 출하 관리에 사용되고 있는 것으로 나타났다.

이외에도 EDI는 기업의 외부 관련기관과의 정보공유기능 및 커뮤니케이션 수단으로서의 기능도 가지고 있으므로 기업과 외부관련 기관과의 유기적인 협력과 조정에 기여할 수 있다.

최근에 관심을 끌고 있는 통합적 물류관리 혹은 전략적 물류관리가 성공적으로 수행되기 위해서는 각종 물류정보의 신속한 수집 및 종합·분석을 위한 물류정보시스템의 도입이 필수적이다. 물류정보시스템의 도입은 여유시간의 활용기회 증대, 물류흐름에 대한 정확한 정보획득, 파장효과(ripple effect)의 감소로 인한 재고비용절감 등의 효과를 기대할 수 있기 때문에 정도의 차이는 있지만 현재 물류정보시스템을 구축하기 위한 많은 노력이 진행 중이다. 그러나 정보시스템 도입 효과가 명백히 우월하다고 해서 그것이 누구에게나 그런 것은 아니다. 기업이 처해 있는 위치나 규모를 고려하여 거기에 맞는 정보시스템을 갖추었을 때 그 효과가 가능하다고 할 수 있다.

정보시스템은 위에서 말한 거창한 구조만을 의미하지는 않는다. 때에 따라서는 전화나 팩스도 정보기능을 대체할 수 있다는 사실이다. 개별기업이 정보시스템을 도입하기 위해서 처음 고려해야 하는 사항이 바로 이것인데 자기 규모와 특성에 맞지 않는 정보시스템은 고정비만을 상승시켜 물류비 절감의 노력이 오히려 비용압박으로 기업에 부담이 될 수 있음을 인식해야 한다.

12장 시간중심의 물류관리기법

고객수요 또는 고객요구사항은 각각 독립적인 성격을 갖고 있기 때문에 이에 대처하기 위해서 선진기업들은 시간중심의 전략을 구사하고 있다. 시간중심 전략의 목적은 전체 공급연쇄를 위해 재고를 감축하는 것이다. 여기에 사용되는 전략으로서 연속적 보충(Continuous Refreshment : CR), 신속반응(Quick Response : QR), 효율적 소비자 대응(Efficient Consumer Response : ECR) 등이 있다. 그리고 이 이외에 JIT(Just in Time) 배송시스템에 관해서 살펴보기로 한다.

1. 연속적 재고보충 프로그램

최근에 기업이 공급연쇄 로지스틱스 활동을 관리하는 방식에 많은 변화가 일어났다. 즉, 원가를 절감하고 고객 또는 최종사용자에 대한 책임을 개선하는 목적과 더불어 공급연쇄를 기능화하고 활성화하기 위해 중요한 노력을 기울이고 있다. 이 전략은 공급측의 밀어내기(push)방식에서 수요측의 당기기(pull)방식으로 주도권이 이동하고 있는 사실을 반영하므로 보충(refreshment) 로지스틱스라고 명명되고 있다.

연속적 보충전략은 보충주문을 할 필요성을 없애는 신속반응(QR)을 수정한 것이라고 할 수 있다. 연속적 보충의 목적은 소매점의 재고가 연속적으로 보충되도록 공급연쇄의 협정을 유연하고 효율적으로 구축하는 것으로 일명 공급업자(vendor)가 관리하는 재고라고 할 수도 있다. 연속적 보충 프로그램을 효율적으로 운영하기 위해서는 기본적으로 갖추어야 할 두 가지 전제 조건이 있다. 첫째는 제조업자와 소매업자간의 첨단 선적통지시스템과 요구사항을 전달하는 효과적인 수단이 있어야 한다. 둘째는 판매수량이 수송규모의 경제를 유지할 수 있을 정도로 충분히 커야 한다는 것이다 (Bowersox & Closs, 1996, p. 493).

최근 월마트를 비롯한 상당수 소매조직들이 시간중심의 재고보충 쪽으로 이동하는 데 선도적인 역할을 다하고 있다. <도표 12-1>에서는 보충 로지스틱스의 개념과 관련된 4가지 실무를 보여주고 있다.

일부의 앞선 소매업들이 신속보충(rapid replenishment)의 개념을 시도하고 있으나, 대부분의 다른 기업들은 시스템 내에 재고를 쌓아 두거나, 상점 내에서 재고운반비용을 증가시키지 않고 판매에 적절히 대응하기 위해 이곳 저곳으로 단순히 이동시킴으로써 변화하는 소비자 요구에 대처하는 미봉책을 쓰고 있었다. 이런 기업들은 구매물품과 소비자에 대한 가치 있는 데이터를 제공해 주는 등록기와 스캐닝 시설에 투자했다. 그러나 상품 보충주기를 관리하기 위한 POS 데이터는 사용하려 하지 않았다. 그 대신에 대부분의 소매업자는 그들의 공급망상에서 상류쪽으로 재고를 떠넘기는 데 노력을 집중시켰다.

〈도표 12-1〉 보충적 로지스틱스의 4가지 방향

방 향	목 적	주 요 프 로 그 램
지속적 보충(CR) 재고 시스템	수요의 리듬에 맞추어서 공급품을 가져온다	실제 소비자판매(판매시점거래 등)에 의거하여 유통업자가 저장과 재주문을 가능하게 하는 자동화된 시스템
흐름을 통한 유통 시스템	각각 조금씩의 소모된 공간, 취급활동, 시간 그리고 프로세스 밖의 원가를 취한다	재고를 삭감하고, 적시에 조정되고 신뢰할 수 있는 거래와 재료이동에 의해 제품흐름의 스피드를 증가시키는 새로운 방법
파이프라인 로지스틱스 조직	주요 제품흐름 프로세스를 제도화하고, '전체 파이프라인 관점'을 계발하고, 운용을 조정한다	로지스틱스 파이프라인의 적극적인 관리를 위한 인센티브의 제공·조정을 장려, 책임감, 합리화, 커뮤니케이션 등에 대한 장애를 제거하는 새로운 역할과 책임
파이프라인 업적 척도	프로세스의 관리통제를 개선하고 적절한 의사결정을 동기부여하기 위한 객관적인 도구를 구축한다(측정할 수 없는 것은 관리할 수 없다)	경영목적을 지원하고 전체 파이프라인 업적을 고려하는 엄격한 기준, 정확한 의사결정규칙, 그리고 일관된 절차

자료 : Mercer Management Consulting(1994), p. 7.

　　이들의 일차적인 의도는 가능한 한 많은 재고를 상점이 아닌 공급구역 밖에 두고자 하는 것과 판매를 위해 매장면적을 확대하는 것이었다. 어떤 기업은 상품을 지방창고로 이전했으며, 또 다른 기업은 보관 전문의 유통업자나 제조업체로 이전했다. 이렇게 창고가 규모와 중요성 측면에서 증대함에 따라 상점을 둘러싼 네트워크의 판매욕구를 충족시키는 유통센터로 바뀌었다.

　오늘날 유통센터는 자신들이 보유하는 재고수준을 감소시키는 방법을 모색하고 있는데 이는 배송시스템에서의 비효율을 본질적으로 메우기 위한 것이다. JIT 배송에 치중함으로써 단기 수요에 대처하는 제조유연성을 갖추지 못한 기업은 소매상의 요구에 따라 물품 선적이 가능하도록 하기 위해, 유통센터 내에 안전재고를 쌓아둘 수밖에 없다.

　네트워크는 이런 형태 하에서 실질적인 비용절감을 얻지 못하므로, 자본비용(capital cost)을 재조정하는 방식과 같이 보다 효과적인 탐색을 계속해야 한다. 반면에 데이터 베이스가 구축되면 실제로 소비되는 항목과 재고로 남아 있는 항목, 그리고 보충되어야 하는 항목을 판단할 수 있는 등록정보를 충족시킬 수 있다. 최근에는 실제 소비에 관련된 보다 정확한 보충수량과 짧은 주기에 대처하는 시스템을 개발함으로써 상점들의 요구에 필요한 공급량을 줄이는 데 초점을 맞추고 있다. 이상적인 조건에서 당면한 요구사항의 수용에 필요한 최소의 재고액은 네트워크를 통해 전달된다.

　소비자는 자신들이 선택한 상점에서 필요한 정확한 항목을 찾을 수 있다. 품절로 인해 고객을 놓치는 일도 없으며 상품의 재고가 보유구역 내에 쌓이는 일도 없다. 어떠한 진부화도 발생하지 않으며, 재고에 투자된 자본비용은 전체 공급망에 대해 최소화될 것이다. 이런 희망을 위해서는 (일종의 보험 또는 안전재고를 구축하는) 공급망에서 하나 또는 그 이상의 당사자에게 나타나는 비효율성을 제거하는 방법과 절차, 그리고 시스템이 필요하다. 현재까지는 최소재고로써 신속대응을 일으키는 POS 정보를 사용하는 꿈은 개발단계에 있다. 보충공급은 축적된 재고에서 쉽게 방출할 수 있는 유통센터에 일차적으로 의거하고 있다.

　유통과 데이터 교환의 방법을 개발하기 위해서는 공급망에 참가하는 기업들의 헌신과 노력을 필요로 한다. 그러나 이런 조건은 향상된 공급망의 모델이 나오기까지 서로 공급망의 참가자가 되기를 꺼리는 역설적인 현상이 발생한다.

　이하에서는 공급연쇄상에서 보다 광범위한 영역을 차지하는 고객을 향한 외적(outbound) 물류에 초점을 둔 두 가지 전략을 살펴보기로 한다. 이 두 가지가 바로 신속반응(Quick Response : QR)과 효율적 고객반응(Efficient Consumer Response : ECR)이다. 외적물류가 생산일정 등에 보다 관련이 많은 내적활동과 크게 다른 점은 안정성이 적다는 것이다.

2. 신속반응

1) 신속반응의 기본개념

　QR(신속반응)의 대중화는 1986년 밀리켄 사(Milliken Co.)가 지역 제조업자와 소매점이 환경변화에 대응하기 위해 채택할 수 있는 새로운 전략을 인식하기 위해 방직 및 의류산업에 도전할 때 시작되었다. 이 당시 섬유 및 의류산업에서는 다음과 같은 많은 도전을 실제 시장에서 직면하게 되었다. ① 해외로부터의 저가품 공세 ② 80년대 중반부터 일반화된 인수와 합병(M & A) ③ 창고클럽과 대량할인 판매점의 성공 ④ 쇼핑센터의 다양화 ⑤ 제조업체와 소매기업의 적대적 관계의 지속 등이다.

　이러한 위협에 대처하기 위해, 섬유와 의류업계는 경쟁적 지위를 강화하기 위해 자발적인 업계간 커뮤니케이션 기준위원회(VICS)를 만들었다. 이 조직은 ① 가장 적절한 바코드 기술을 선택 ② 통합정보시스템의 기능과 흐름을 용이하게 하기 위한 정보표준과 프로토콜(원형)을 결정 ③ 표준과 신속반응(QR)의 지식을 보급하기 위해 업체 전문가의 훈련과 교육을 위한 우선권 차지 등의 목적을 달성하기 위해 형성되었다.

신속반응의 배경이 되는 기본사고는 시간을 축으로 한 경쟁에서의 이점을 거두어들이려면 반응성이 높고 신속한 체계의 개발이 필요하다는 것이다. 즉 수요를 가능한 한 실시간(real time)에 가장 가깝게, 그리고 최종소비자에 가장 가까이에서 포착해야 한다는 것이다. 물류적 대응은 그 정보의 결과로서 즉각 이루어진다.

QR은 확실히 정보가 재고를 대체한 대표적인 사례다. <도표 12-2>는 높은 서비스가 요구될 때 QR의 상대적인 우위성을 보여주고 있다. QR의 경우 높은 고정비가 들어가지만 서비스 향상에 따르는 증분원가는 상대적으로 낮다.

〈도표 12-2〉 신속반응 시스템 대 전통적 재고기준 시스템

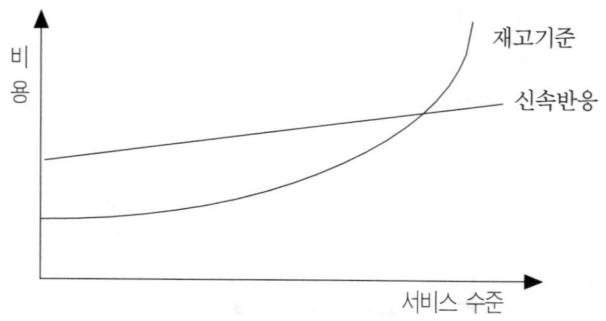

QR 시스템을 선호하게 하는 또 하나의 특징은 시스템 내의 처리시간을 가속시킴으로써 누적 리드타임이 단축된다는 점이다. 이는 재고의 감소로 이어지며, 그 결과 반응시간을 더욱 단축시켜서 결국 호순환이 이루어지는 것이다.

따라서 QR은 필요한 제품을 필요한 장소에 필요한 시점에 적정한 가격에 공급하기 위한 정보시스템과 JIT 물류시스템을 포괄하는 용어가 되었다. 요컨대 QR은 재고투자를 줄임으로써 공급연쇄의 효율성을 극대화하는 방법이다.

2) QR의 구조

<도표 12-3>은 QR의 기본요소를 나타내고 있다. 이러한 요소들은 다음과 같은 특정 능력(시설)을 통합한다.

- 보다 단축되고 압축된 시간축.
- 전략사업단위(SKU)에 의해 유용한 실시간(real time)정보.
- 신속히 입수되는 수송, 전략적 크로스독 운영, 효과적인 창고 수취와 배송시스템에 의존하는 단절되지 않고 통합된 로지스틱스 네트워크.
- 프로세스와 정보를 공유하는 제조업자와 소매업간의 파트너 관계.
- 예측과 실제 고객주문에 따라 주요 생산일정을 조정하고, 유연성과 책임감을 증진시키고, 롯트의 크기와 변경시간을 단축하기 위해 제조작업과 프로세스를 재설계.
- 전사적 품질경영(TQM)과 프로세스 개선, 그리고 서비스 대응 로지스틱스 실행.

〈도표 12-3〉 QR의 기본요소

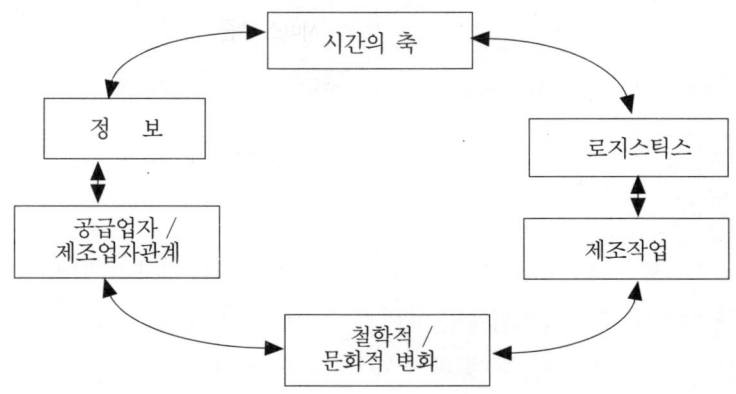

자료 : J. J. Coyle 등(1996), 그림 6-13.

3) QR의 성공사례

신속반응 시스템은 미국의 섬유 및 의류산업에 최초로 등장하기 시작했다. 이는 구매자의 사전 구매결정에 따른 재고에 바탕을 둔 시스템(push system)의 비용이 엄청났기 때문이었다. 만일 QR개념이 공급연쇄 전체에 걸쳐서 채택된다면 공급연쇄상의 모든 당사자가 커다란 이익을 얻을 수 있다. 따라서 의류산업의 경우 목표의 설정은 소매판매를 의류 제조업자와 연결하고 제조업자는 다시 직물 생산업자와, 직물생산자는 섬유 공급자와 연결하는 것이 되어야 한다.

〈도표 12-4〉 QR실시 전후의 비교(재고일 수)

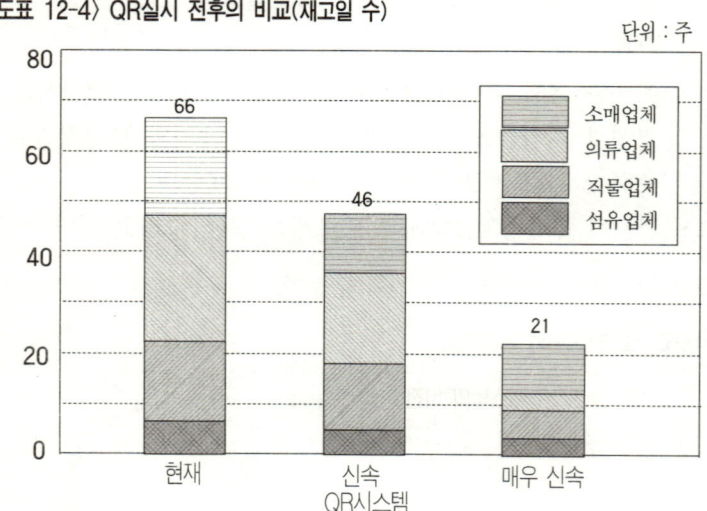

자료 : N. A. Hunter(1990)에서 인용.

그러한 예로서 잘 알려진 경우는 미국의 직물회사인 밀리켄 사와 남성내의류 제조업체인 세미놀(Seminole)사 및 소매업체인 월마트 사이의 정보공유를 통한 연계를 들 수 있다. 최종사용자의 수요에 대한 정보는 판매시점에서 포착되고 신속히 공급연쇄상의 상류로 전달되어서 극적인 리드타임의 단축을 달성하고, 그 결과 재고를 크게 감축할 수 있게 되었다.

<도표 12-4>는 소매업자, 의류제조업자, 직물생산자, 섬유공급자들 간에 QR을 실시하기 이전과 이후의 재고에 관한 상황을 장기적으로 관찰한 결과를 보여주고 있다. 이 도표에서는 기존시스템에서는 4단계 관련업체에 걸쳐 총 66주의 재고를 가졌으나, QR 실시 이후에는 46주로 감소했고 종국적으로는 21주로 단축되었다.

3. 효율적 소비자대응

1) 효율적 소비자 대응의 개념

ECR(Efficient Consumer Response)은 효율적 소비자 대응으로 해석할 수 있으며, "가공식품 구입 소비자에게 한층 높은 가치를 제공할 목적으로 유통업자와 메이커가 밀접하게 협업하는 미국 가공식품 업계의 전략"을 말한다(Kurt Salmon Associate, 1993, p. 1).

〈도표 12-5〉 ECR 시스템의 비전

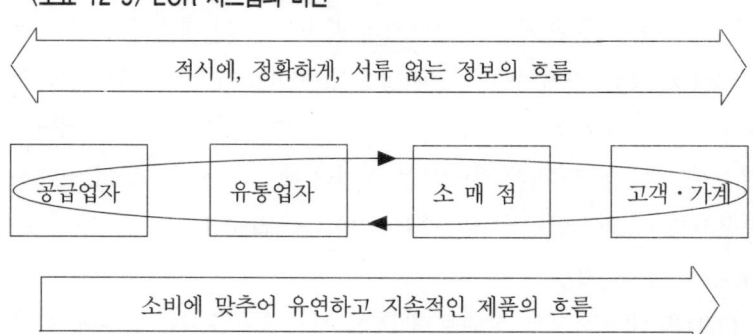

자료 : Kurt Salmon Associate(1993), p. 1.

ECR은 개별 구성원의 효율성보다도 전체 식품 공급 시스템의 효율성에 초점을 맞춤으로써 고품질의 신선한 식품에 대한 소비자의 선택권을 개선시켜 주고, 전체시스템의 원가, 재고, 실물자산을 감소시킨다. 실제로 미국식품협회 보고서(1993)는 식품산업 공급연쇄에서 총절감액은 30억불 이상이 된다고 추정했다. 또한 이 보고서에서는 ECR의 궁극적 목표는 유통업자와 공급업자가 고객만족을 극대화하고 원가최소화를 위해 사업상 동맹관계로서 함께 일하는 소비자 중심의 시스템이라고 기술하고 있다. 이런 ECR의 개념이 <도표 12-5>에 나타나 있다.

ECR의 목적은 제조업자로부터 소매업자에 가능한 한 신속하고, 적은 노력으로 제품을 이동시키는 것이다. 제조업자, 소매업자, 그리고 제3자 서비스 공급업자가 제품흐름의 효율성을 개선시키기 위한 창조적 방식을 구축하는 집단에 참가해 왔다.

예를 들어 폭넓은 매력을 얻었던 한 가지 기법은 고속의 크로스 독(cross-docking) 시설이다. 고속의 크로스 독킹의 목적은 정해진 시각에 크로스 독 시설에서 많은 상이한 제조업체 트레일러의 도착을 조정하는 것이다. 문서작성이 필요 없는 바코드 사용만으로 제품이 계산되고 소유권 이전이 달성된다.

그런 다음 제품은 소매상점까지의 배송을 위해 대기하고 있는 트레일러로 파워 컨베이어에 전자발송을 사용하여 분류된다. 연속적 보충을 용이하게 하기 위해 많은 기법과 수단 중에서, 가장 첨단은 기준재고보충과 연계한 판매시점 스캐너 데이터를 사용하여 소매점 요구사항이 조정되도록 해 주는 것이다(Global Logistics Research Team, 1995, p. 81).

ECR을 내용적으로 살펴보면 POS 시스템이나 수·발주에 미국 코드 센터(Uniform Code Council : UCC)규정의 코드나 바코드를 사용해서 상품을 식별하고 한편 UCS EDI(Uniform Communication Standard / EDI), 즉 미국 가공식품업계에서 사용되고 있는 EDI표준을 사용해서 공급연쇄 전체의 리드 타임이나 원가의 절감을 도모하고자 하는 것이다. 나아가 POS 정보나 수·발주정보를 거래처 기업간 뿐만 아니라 공급연쇄상의 전체 기업으로 공유화해서 공급연쇄 전체의 효율화를 지향하고 있다.

여기에 대한 구체적인 4가지 전략과 그 목표를 차례로 살펴보면 첫째, 점포에서의 효율적 품목구비는 재고의 생산성과 점포 공간 사용의 최적화가 목표이며 두 번째, 효율적 재고보충은 재고보충 시스템의 시간과 원가의 최적화를 위한 것이다. 세 번째는 효율적 판매촉진인데 이것은 유통과 소비자에 대한 판매촉진 시스템의 전체 효율을 위한 것이며, 네 번째 전략인 효율적 상품도입은 신상품 개발효율과 도입 효과의 최대화가 목표이다(Kurt Salmon Associates, 1993, p. 4).

이 4가지 전략을 위해서는 재고체류의 삭감을 목적으로 한 통과형 센터를 사용한 유닛 로드 시스템인 크로스 독(cross docking), 그리고 POS 데이터에 기초한 공급업자(vendor, 주로 메이커)에 의한 연속재고보충방식(CRP) 등의 로지스틱스가 실시된다.

2) ECR의 프로세스

지금까지는 식품업계에서 ECR의 개발과 실행이 이루어졌으나 그 특성상 다양한 산업과 제품에 적용될 수 있다. CSC(computer science corporation)에 의하면 ECR성공의 열쇠는 회계, 마케팅, 또는 제조와 같은 전통적인 관리의 기능영역보다는 유통 프로세스에 초점을 맞추는 것이다.

<도표 12-6>은 제조업체와 소매점 모두를 위한 사업전략의 핵심요소를 나타내고 있으며, ECR의 포괄적 실시에 있어서 통합되어야만 하는 7가지 기본 능력을 나열하고 있다.

〈도표 12-6〉 ECR : 각 개별 파트너를 대상으로 하는 광범위한 운용가용능력

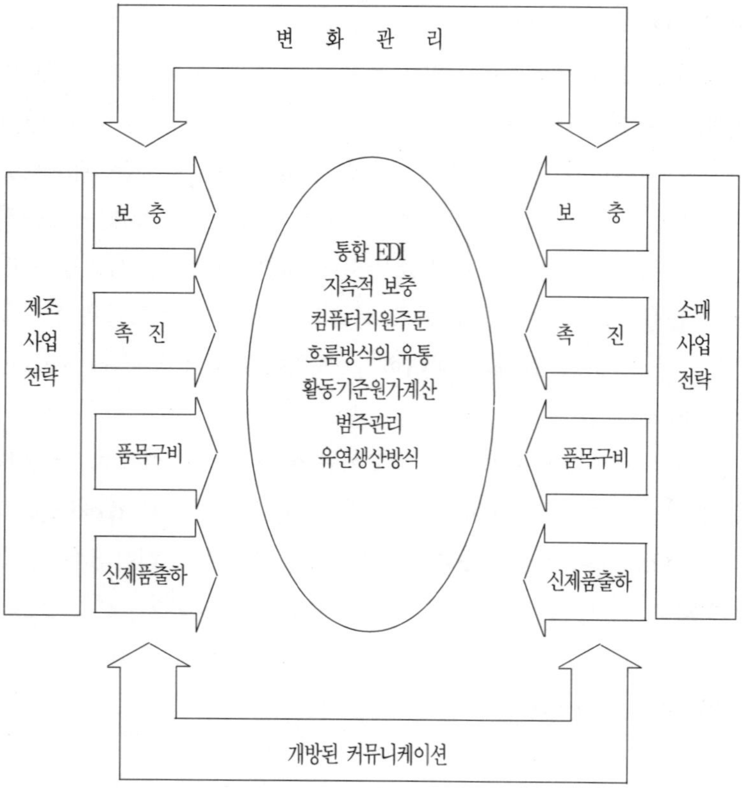

자료 : Frederick A. Crawford(1995), p. 3.

먼저 EDI, 지속적 보충, 컴퓨터지원 주문, 흐름을 통한 유통으로 구성되는 4가지는 보충 로지스틱스에 관련되는 4가지 실무방향과 동일하다. 활동기준원가계산(ABC)은 기업들이 로지스틱스

프로세스에서 수행되는 다양한 과업에 대한 원가/가치 관계를 평가하고, 비효율적인 프로세스를 제거하거나 재설계하는 데에 도움이 된다.

범주관리(category management)는 제조업체와 소매업자 쌍방이 상점매대 면적을 활용하고 수익성을 극대화하기 위해 주어진 제품 범주의 설계, 도입, 판매촉진, 저장, 재공급을 최적화하는 데 핵심적인 방법으로 인식되고 있다.

마지막으로 대부분의 ECR의 방안들이 특별히 제조유연성에 초점을 맞추지 않고 있는데, 실제로는 전체 ECR 전략의 궁극적 성공은 실제수요에 생산을 맞추는 기업의 가용능력에 달려있다고 할 수 있다.

3) ECR의 원가절감 효과

이러한 정보기술을 활용한 로지스틱스 전략이 취해짐에 따라서 구체적인 전략별로 원가절감액과 재무원가 절감액의 예측을 나타낸 것이 <도표 12-7>이며, 그 절감액은 소매가격의 10.8%나 된다. 이 절감액을 기능별로 상세한 내용을 나타낸 것이 <도표 12-8>이다. ECR 도입 전의 가공식품의 평균 소비자가격에 대해서 8.1%를 차지했던 공급연쇄 전체의 로지스틱스 원가가 모두 6.2%로 줄어들어 1.9포인트 즉, 약 23%에 해당하는 로지스틱스 원가가 절감되고 있다.

<도표 12-8>에서 표시된 기능별 비목의 구체적인 삭감항목을 살펴보면, 로지스틱스 원가에 대해서는 창고의 보관효율 향상, 트럭의 가동효율 향상, 크로스 도킹과 같은 유닛로드 시스템, 보관 공간의 감축 등이 지적되고 있다.

　이러한 원가절감의 최대 요인은 정보기술의 활용과 정보의 공유
화에 따른 공급연쇄 전체의 재고의 압축이다. Kurt Salmon(1993)에
의하면 매출 100달러에 대한 공급연쇄 전체의 재고가 22달러에서
13.7달러 즉, 약 38%에 달하는 재고의 감축이 도모될 것으로 예측하
고 있다.

〈도표 12-7〉 ECR의 드라이 식품 절감 효과(평균 소매가격에 대한 비율)

전략	원가 절감	재무적 절감	절감효과 합계	주된 영향영역
점포에서 의 효율적 상품 정리	1.3%	0.2%	1.5%	·소매점에서의 파는 장소의 면적 　당 매출액과 총이익의 증가 ·재고회전율의 향상
효율적 재고보충	2.8%	1.3%	4.1%	·소매점과 도매점간의 자동발주 ·로지스틱스의 흐름화 ·상품손상의 삭감 ·제조업자, 도매업자의 재고 삭감
효율적 판매촉진	3.5%	0.8%	4.3%	·보관, 수배송, 관리 제조의 효율 　향상 ·예매의 삭감, 제조업자의 　재고삭감, 보관비용의 절감
효율적 상품 전개	0.9%	–	0.9%	·도입실패의 감소 ·상품가치의 향상
합계	8.5%	2.3%	10.8%	

자료 : Kurt Salmon Associates(1993), p. 4, Exhibit 4.

　이상은 ECR이 완전 도입된 경우의 예측분석이며, 실제 결과는
아니지만 바코드와 EDI와 같은 정보기술의 활용과 정보의 공유화
가 재고의 대폭적인 절감을 가져오고, 로지스틱스 원가의 절감에도
관계가 있다는 사실이 판명되고 있다.

〈도표 12-8〉 ECR에 따른 원가절감 항목과 원가구조(현재 드라이 식품 시스템의 평균가격 : 100)

비용 항목	ECR에 따른 삭감 항목	현재	ECR
상품원가	상품 손상에 의한 상품 loss의 저감. 제조비용의 절감(잔업저감, 설비의 효율적 이용), 포장비용의 절감(판촉품의 삭감, 다양성의 삭감), 효율적인 원재료 구입	42.7	40.8
마케팅원가	대거래처와 대소비자 판매촉진 관리비의 저감, 신상품도입의 실패와 저감	9.7	8.2
판매·구매비	현장과 본사의 경영자원의 저감(교섭의 삭감, 자동발주, 지불상쇄 항목의 삭감), 관리의 간소화	4.1	3.0
로지스틱스원가	창고나 트럭의 이용 효율의 향상, 물류에 있어서 크로스도킹의 채택, 창고 공간 요구 삭감	8.1	6.2
관리비	사무, 회계부원의 삭감	5.0	4.8
점포 업무비	자동발주, 면적당 매출의 증가	18.3	16.4

자료 : Kurt Salmon Associates(1993), Exhibit 18과 20을 일부 수정함.

4. JIT 물류시스템

1) JIT에 의한 조달과 물류

JIT 시스템은 재고라는 부가가치를 일으키지 않는 원가동인(cost driver)을 철저하게 배제하고자 하는 활동에서 탄생되었다. "판매할 수 있는 분량을, 팔 수 있는 시기에, 판매가능한 수량만큼을 생산한다"는 것을 궁극적인 목표로 삼는 것이 JIT 시스템이다. 이것은 재고를 갖지 않음으로써 재고관련원가를 제로로 만드는 것과 같은 뜻이다.

대부분의 사람이 재고관련원가를 실제로 계산해 보고 그 금액적인 크기에 놀란다. 발주와 검수업무 관련원가, 창고의 관리원가, 재고유지원가, 창고용으로 토지가 점유되고 있는 것에 따른 기회원가(예를 들면 신설 라인이 만들어 내는 현금유입이나 복리후생시설이 종업원에게 줄 수 있는 만족감) 등 재고를 갖고 있는 것만으로 상당액의 원가가 발생한다. JIT는 이러한 원가를 결과적으로 또는 의도적으로 감소시키게 되고, 대폭적인 원가절감 효과를 내게 되었다. 또 제조현장에 있어서의 무리·낭비의 배제를 목적으로 실시하는 각종 소집단활동이 더욱더 원가절감을 가능하게 하였다.

그러나 이러한 JIT로 대표되는 관리방식은 몇 가지 한계점을 나타내기 시작했다. 첫째, 숙련공들의 은퇴와 신규근로자의 모집이 어렵다는 것과 둘째, 빈번한 부품수송으로 인하여 교통혼잡과 공해를 유발한다는 점, 셋째, 생산단계에 있어서의 원가절감 여지가 대폭 감소하고 있다는 것이다.

이러한 사실을 인식한 기업에서는 공장의 제조 혁신활동에 주로 적용하던 JIT의 방법을 원재료의 조달과 완성품의 납입에 적용해 감으로써 통과 시간의 단축과 로지스틱스 원가의 절감을 도모하는 방향으로 전환하게 되었다. 그것은 제조 단계에서 달성한 원가절감이나 시간단축이 유통이나 물류에서 무산되어 버리는 경우가 많았기 때문이다.

예를 들어 도요타 자동차에서는 1982년에 판매와 물류기능의 원가가 고객까지 이르는 자동차 전체원가의 20~30%를 차지하고 있었는데, 이것은 제조원가보다 많은 금액이었다. 또 생산은 이틀밖에 안 걸리지만, 판매계약, 정보처리, 고객으로의 납품 등에 15~26일 정도가 소요되었다. 그래서 기술자와 관리자를 이들의 업무개선에 배속시켰는데 이것은 통계적인 공정관리, 주문과 정보의 1단위처리, 기능간의 경계 철폐를 포함하는 JIT의 방법을 활용하기 위해서였다. 미국의 제조기업 500개사에 대한 최근의 조사에서도, JIT 계획은 공장혁신 기능에서 수송기능으로 이행 중이라는 결과가 발표되었다(Robert Millen, 1991, p. 40).

2) JIT 물류 도입의 전제조건

(1) 다기능공의 육성

JIT의 강점은 최종 수요의 변화에 탄력적으로 대응하는 데 있다. 본래 도요타에서는 상이한 직무에 작업자들을 배치함에 있어서 가급적 융통성을 최대한 발휘하기 위하여 다기능공을 양성해 왔다. 이와 마찬가지로 JIT 물류에서는 운전기사도 복수의 업무를 차질 없이 처리하는 훈련을 받는다. 예를 들면 하역을 하는데 누군가를 기다리기보다는 앞장서서 스스로 실시한다든지, 화물을 일단 인수받은 뒤에 운임청구서를 작성하게 하며, 교통의 비정상적 혼잡이나 교통사고에 의한 정체 등 우발적인 상황에도 즉각 대처할 수 있는 능력을 배양시킨다.

(2) 칸반의 기법

칸반(kanban)은 원래 카드라는 뜻으로 사용되는 용어인데, 물품이 필요하다는 정보의 전달 수단으로 이용되었다. 수송회사에서 칸반에 해당하는 것은 빈 용기(empty containers)이다. 컨테이너의 사용은 정확한 방법으로 업무를 실시하는 것을 보증한다. 표준화된 컨테이너는 정확한 수량의 존재를 나타내고 포장재료의 무게와 처분 비용을 줄이며 차량의 하역받침대의 유효한 이용에 편리하다. 의류의 행거(hanger) 컨테이너도 원가절감에 도움이 되고 있다.

(3) QC 서클

발생된 문제를 토의하고 해결방안을 모색함에 있어서 널리 이용
되는 기법 중 집단형식으로 이루어지는 것으로는 품질관리 분임조
활동을 들 수 있다. 품질관리 분임조는 특정 작업장 내의 문제를 파
악하고 해결하도록 고안된 것이다(John Lee, 1987). 제조회사는 납입
업자, 수송회사 그리고 고객을 포함한 서클활동을 전개할 필요가
있다. 이러한 그룹과 협동해서 부품의 적재순서나 수취, 배송의 타
이밍과 같이 상호경계에 있는 문제를 해결할 수 있다.

(4) 지속적 개선

JIT의 기본 기능 중 하나가 지속적 개선이다. 공장에서 혁신 운동
을 실시하는 경우에 곧바로 첨단 자동화 시설 등을 설치하는 방법
보다는, 종업원 훈련이나 TQC(Total Quality Control)를 먼저 적용한
다음 점진적으로 품질, 시간, 원가를 개선시켜 가는 것이 바람직하
다. 이것은 문제를 해결하는 순서가 중요하다는 것을 의미한다.

물류의 경우에도 기본적인 물류개선을 하지 않고, 항공수송이나
EDI(Electronic Data Intetchange) 등에 치중하는 것이 문제이다. A.
T. Kearney사의 조사에 의하면 우수한 로지스틱스 조직의 원가는
4.9%인데 비해서, 전체 제조기업의 원가는 평균 9.1%로 나타났다.
일류 기업은 주문을 받고 부터 납품까지의 시간, 주문충족률, 그리
고 지정시간 배송 등 물류 프로세스 전반에 걸쳐 보다 양질의 서비
스를 제공하고 있다. 이 조사는 전면적으로 시스템을 개발해서 단
숨에 변경하려고 하면 실패한다는 사실을 경고하고 있다.

(5) 품질수준

적시에 필요한 양만큼 공급하는 JIT 시스템의 경우 필수 불가결

한 전제조건 중 하나가 품질수준의 고도화이다. 수송의 경우 시간과 원가를 개선하기 위해 수송 업무에 관한 의사결정 규칙을 검토한다. 수송 품질은 지정시간의 실적으로 본다. 이것을 개선하기 위해서는 시간의 통계를 구하기보다도 다음과 같은 요소를 측정하는 것이 좋다(矢澤, 1997, p. 35).

- 품질손상으로 영향을 받은 상품의 비율.
- 차량 등의 유지기록과 절차.
- 운전기사 기술 수준과 교육계획.
- 설비의 이용가능성과 정비.
- 노상에서의 안전기록.
- 고객 문의에 대한 대응시간.
- 수송실적, 즉 A점에서 B점까지의 소요시간의 평균과 편차.

(6) 협력업체 관계

JIT에서는 납품업체도 하나의 작업장으로 인식된다. 납품업체도 칸반(Kanban)과 특정 컨테이너를 이용하여 다음 생산단계에 적시에 그리고 소량으로 빈번히 우수한 품질의 부품을 공급하여 바로 생산에 사용할 수 있도록 해 주어야 한다. 그리하여 생산의 어느 단계에서도 재고가 쌓이지 않게 할 수 있다. 그러나 이러한 일들은 납품업자의 입장에서는 번거롭고 어려운 일이다. 따라서 기업은 이에 대한 여러 가지 형태의 보상을 지급함으로써 동기부여해야 한다.

(7) 수·배송계획의 합리화

적절한 비용을 유지하면서 JIT 수·배송을 하기 위해서는 수·배송계획의 합리화가 이루어져야 하며, 이를 위해서는 물류거점의 이용을 통한 화물의 집약·이산을 효율적으로 계획해야 한다. 즉 현재와 같은 교통체증 현상이 장래에도 지속된다고 가정할 때 소

량 배송의 효율화를 위해서는 도심 곳곳에 소규모 물류거점을 확
보하고 유통센터로부터 이러한 물류거점들에 화물을 일단 실어 온
다음, 이들 화물을 재정리해서 소형차로 소매상에 배달하는 체제가
업종에 따라 필요한 실정이며, 경우에 따라서는 야간운송도 적극
고려해야 한다(문상원, 1994, p. 107).

3) JIT 수송의 채산분석

최근에 JIT(Just-in-Time) 수송의 타당성여부가 활발히 논의되고
있으므로 이에 관한 채산분석의 사례를 살펴보기로 한다. 이것은
NAA가 발표한 Warehouse Accounting and Control(1985)에 수록
되어 있는 것이다. 그 내용을 요약해 보면 다음과 같다. 부품메이커
인 D 사는 양대 자동차 메이커인 A 사와 B 사로부터 JIT로 수송해
줄 것을 요청받았다. JIT 수송을 시행해도 판매수량은 증감이 없으
며, 제조계획의 변경도 불필요하고, 또 물류이외의 영업 활동도 변
하지 않는 것이 판명되었다. 이 때문에 매출액, 매출원가, 물류원가
이외의 영업비는 증감하는 것이 없다고 생각할 수 있다. 직접영향
을 미치는 것은 물류원가뿐이며 <도표 12-9>와 같이 변동할 것으
로 예측되었다.

〈도표 12-9〉 수송관련비의 데이터

물　류	항　목	현행	직송안	창고 경유안
수송기관 구성율	철도차량수송	75%	–	75%
	대절트럭수송	25%	50%	25%
	소량트럭수송	–	50%	150일×2,000(천)원
보　관　비	고정창고비	불변	불변	불변
	현장창고비	–	–	매출액×40%

즉 수송면에서는 현재는 75%의 부품을 철도차량으로 수송하고

나머지 25%를 대절 트럭으로 수송하고 있으나, 직송안에서는 50%를 대절 트럭으로, 50%를 소량 트럭으로 수송하지 않으면 안 된다. 창고경유안에서는 공장에서 현장창고까지는 현행대로 수송하며, 그 외의 현장창고에서 고객까지 소량 트럭으로 납입할 필요가 생긴다. 한편 보관면에서는 공장창고는 현재대로 유지하므로 제3안과 다르지 않으나 창고경유안에 있어서는 현장창고를 임차할 필요가 있으므로 현장창고비가 추가된다(금액은 매출액의 4%로 추산한다).

이들 자료에서 D사에 대해서 대체안별 공헌이익계산표를 작성하면 <도표 12-10>과 같이 되며 다음 결론을 내릴 수 있다.

〈도표 12-10〉 JIT 수송의 채산분석표 D사

단위 : 천원

대 체 안		현 행			직 송 안			창고 경유안		
고객 분류		A	B	계	A	B	계	A	B	계
①매출액		17,000	8,600	26,400	17,800	8,600	26,400	17,800	8,600	26,400
②매출원가		7,120	3,440	10,560	7,120	3,440	10,560	7,120	3,440	10,560
③매출총이익		10,680	5,160	15,840	10,680	5,160	15,840	10,680	5,160	15,840
④ 수 송 량	철도화물	a. 2,129	a. 722	2,851	–	–	–	a. 2,129	a. 722	2,851
	대절화물	b. 1,419	b. 482	1,901	c. 2,838	c. 964	3,801	b. 1,419	b. 482	1,901
	소량화물	–	–	–	c. 6,528	c. 2,215	8,743	–	–	–
	추가분	–	–	–	–	–	–	d. 600	d. 300	900
	소계	3,548	1,204	4,752	9,366	3,178	12,544	4,148	1,504	5,652
⑤ 보 관 비	현행분	1,068	516	1,584	1,068	516	1,584	1,068	516	1,584
	추가분	–	–	–	–	–	–	e. 712	e. 344	1,056
	소계	1,068	516	1,584	1,068	516	1,584	1,780	860	2,640
⑥물류공헌이익		6,064	3,440	9,504	246	1,466	1,712	4,752	2,796	7,548

주) 1. ① - ② = ③, ③ - ④ - ⑤ = ⑥.
　　2. 수송기관 구성 a : 75%, b : 25%, c : 각각 50%.
　　3. d : 공장으로의 차량수송비(150일 동안 1일당 2,000천원으로 계산).
　　　 e : 영업창고 요금의 증가액(매출액의 4%로 계산).

① 현행이익…현재 9,504(천)원의 물류공헌이익을 얻을 수 있으므로, JIT 수송을 거부한다면, 동액의 이익이 감소되고 도산에 이르게 된다.

② 직송안의 손익…안이하게 직송하면 물류공헌이익은 1,712(천)원이 되고, 현행보다 7,792(천)원(82.0%)이 급감해서 위기적 현상이 발생한다.

③ 창고경유안…현장창고에서 JIT 수송을 하면 공헌이익은 7,548(천)원으로 되고 현행보다 1,956(천)원(20.6%) 감소하며, 이 정도의 이익감소라면 원가절감과 매출액의 증대에 의해 보전할 수가 있다.

이상의 물류채산분석에서 창고경유안이 가장 유리하며, 최소한의 원가증대에 의해 JIT 수송을 실시할 수 있는 것을 알 수 있다.

4) JIT 철학의 올바른 이해

현재 대형 소매업의 일부를 제외한 대부분의 소매업, 특히 중견 슈퍼마켓을 중심으로 리드타임 단축화, 배송단위 소롯트화, 시간지정 엄밀화를 향후 더욱 강화한다는 의향을 나타내고 있다. 즉 지금까지 대형슈퍼와 편의점 체인을 중심으로 추진해 온 조달 시스템이 중견급, 나아가서 중소규모까지 파급되기 시작했다고 볼 수 있다. 그러나 그것은 대부분의 경우, 점두재고를 삭감하기 위해 발주단위를 세분하고 시간지정을 엄격히 한다는 현상만을 도입하려고 한 것이다.

소매업의 배분은 JIT를 바로 소롯트화, 다빈도화라는 공식론으로 파악하고 있는 경우가 많으며, 그것을 실현하기 위해 납입업자를 압박하거나 구속하는 것이다. 그러나 본래 JIT란 적시, 적량, 적절한 조건이지, 소롯트화, 다빈도화한다는 것은 아니다(宮澤健一, 1993).

이 의미는 만약 공급자의 재고과잉을 방지시켜 주기 위해서는 조달 물자의 흐름을 효율적으로 관리하는 것이 중요한 관건이 된다는 점이다. 예를 들어 하나의 공급자가 일련의 소량 JIT 배달을 고객에게 제공하기보다는 여러 공급자의 주문을 합쳐서 한번에 배달하는 것이 바람직할 것이다(Christopher, 1992).

진정한 의미에서의 Just in Time을 실현하기 위해서는 매우 고도의 머천다이징 능력(특히 예측 정확도와 발주 정확도)을 전제로 해서 정확도가 높은 물류를 저원가로 실현한다는 매우 고도의 시스템 개발력이 필요한 것이다. 그러나 지금 전개되고 있는 시스템은 발주 시스템이 불충분한 상태이면서 소롯트화를 추진하는 것, 더욱이 머천다이징에 있어서의 리스크를 회피하면서 그것을 추진하려고 하는 시스템인 것이다.

일부의 혁신적 초대형 소매업은 공급업자를 끌어넣어 총비용(total cost)개념을 도입하고, 시스템 개발을 공급업자와 소매업의 엄격한 긴장관계 속에서 실시하고 있다. 그러나 다수의 소매업자는 비용의 전가를 전제로 한 납입 시스템을 개발하고 있다고 해도 과언은 아니다. 그것은 분명히 buying power 발휘의 한 형태로서의 JIT라고 해야 할 것이다.

오늘날의 고비용 물류시대에 있어서 공급업자의 부담은 한계에 오고 있다. 이렇게 보면 소매업 자신도 경영자세나 도덕성, 점포운영의 비약적 수준 향상, 원가관리의 수준 향상 등 많은 과제를 극복해야 한다. 즉 목표는 어디까지나 전체 공급연쇄의 비용효과를 개선하는 데 두어져야 한다는 것이다.

5) 물류 프로세스에 있어서 JIT의 활용실태

JIT는 필요한 재화를 필요한 시점에 정확히 조달하도록 하는 체제로서 낭비의 제거와 생산현장의 통제를 통한 생산과정을 강조함으로써 무재고(zero inventory) 시스템을 추구하는 것이다.

본 항목은 JIT 사고의 물류과정에의 활용에 관한 문제이다. JIT 시스템은 우리나라에서는 주로 도요타 칸반 방식으로 알려져 있으며, 처음에는 제조기업에서 제조공정의 효율화를 도모하는 무재고 자동화 시스템으로서 개발되어졌지만 점차 그 영역을 수송, 보관업무의 효율화·성력화로 까지 확대되어 자동창고·자동반송시스템을 도입한 종합 시스템으로 발전한 것이다. 따라서 JIT의 사고방식은 제조기업 고유의 것이 아니라 그 이외 분야에도 당연히 응용이 가능하며, 물류활동의 효율화를 도모하려고 하고 있는 기업이라면 그 활용을 검토할 것이라고 생각해서 설문에 추가한 것이다. 조사 결과는 <도표 12-11>과 같다(육근효, 1997).

내용을 보면, 제조과정의 롯트 및 스케줄링과의 동조와 고객 납기에 대한 수하, 보관, 물품완비, 출하, 수송, 배달의 동조는 확실히 제조기업에 있어서 JIT 그 자체이기 때문에 회답이 많은 것은 당연하다고 할 수 있다.

〈도표 12-11〉 물류과정에 있어서 JIT 사고의 활용(복수회답)

내용	응답수	구성비
① 제조과정의 롯트 및 스케줄과의 동조	58	44.0
② 고객의 납기에 대한 수하, 보관, 물품완비, 출하, 수송, 배달의 동조	55	41.7
③ 고객의 납기에 맞춘 수하 및 출하 롯트의 분할	52	39.4
④ 설계, 견적, 수주, 제조, 보관, 수송, 대금회수에 관한 정보의 네트워크화	21	15.9
⑤ 재고의 감축	35	26.5
합 계	132사	100.0%

문제는 그 외의 항목, 즉 납기에 맞춘 출하 롯트의 분할은 소위

JIT 배송을 상정하고 있는데, 이것이 미시적 관점에서는 교통 혼잡을 조장한다는 비판도 있지만, 본 조사에서는 약 39%의 기업이 실시하고 있다는 결과가 나왔다. 또, 물류정보의 네트워크화에 대해서는 일부의 기업만이 대처하고 있다는 인상을 받았다. 단, 그 발전 수준은 초기단계에서 고도 단계까지 천차만별일 것이라고 예상된다.

재고의 감축에 대해서는 JIT 본래의 목적이기도 하여 많은 기업에서 실시하고 있을 것으로 예상하였으나 조사 결과에서는 실시하고 있다는 기업이 27%에 지나지 않아 그다지 적극적으로 대처하고 있지 않음을 알 수 있다. 조사시기가 경기의 하강 국면에 있어서 재고조정을 본격화한 시기였으므로 더욱 높은 수치가 나올 것이라고 생각하고 있었지만 예상 밖의 결과였다.

이 시기에 기업의 재고조정이 이미 일단락 되어 버린 것인지, 아니면 재고조정이 필요한 것이 일부 업종에 한한 것인지, 또는 전체적으로 JIT가 효과를 발휘해서 재고 보유가 적었던 것이라고 추정할 수 있다. 특히 경기의 하강 국면에는 재고조정의 필요성이 강조되고 있다는 점을 고려할 때 만약 이 시기에 기업 경영자가 경기침체의 심각성을 낙관적으로 생각하고 있었다고 한다면 경영자의 안일한 전망은 큰 문제가 아닐 수 없다.

이상을 종합해 볼 때 본 조사는 제조기업의 회답이 대부분임에도 불구하고 우리나라 기업에서는 아직 JIT가 정착되어 있다고 볼 수는 없으며, 각 기업의 노력과 분발이 더욱 요망되고 있다.

JIT는 제조 활동의 효율화 뿐만 아니라 물류활동에도 효과적인 방법이며, 한걸음 더 나아가 ABC에 의한 활동 분석이 필수적이다. 그리고 물류활동에 대한 JIT의 도입은 안정된 일정계획, 협력적인 납품업자의 존재, 다기능작업자의 존재, 고품질 실현 등을 완성한 후에라야 본래의 효과를 낼 수 있다는 점을 고려해야 한다.

5. 통과시간과 물류비

1) 통과시간의 연구와 의의

오늘날 시간중심의 경쟁이 글로벌적으로 전개되고 있다. 원재료 조달부터 제품 제조, 그것을 고객에 납품하기까지의 기간, 상업이라면 상품의 구입부터 고객에게 납품까지의 기간, 즉 통과시간 (throughput time)의 단축을 중요 전략으로 삼아 기업의 경쟁이 이루어지고 있다. 도요타, 닛산, 혼다 등의 일본 기업을 따라 미국에서는 제록스(Xerox), 휴렛 팩커드, Federal Express 등이 시간경쟁에 성과를 올리고 있다. 기업간 경쟁은 고객에 대해 가치있는 제품과 서비스를 유효적절하게 효율적으로 제공하는 것에 두고 실시되고 있다.

이러한 시간경쟁에서 로지스틱스는 매우 중요한 역할을 할 것으로 보인다. 로지스틱스에서는 리드타임을 중시한다. 원료 확보에서부터 이것을 제품화하고 제품을 고객에게 배송하고, 그 대금을 회수할 때까지 수많은 리드타임 구간들이 존재한다. 리드타임 구간들의 합계를 누적 리드타임이나 전략적 리드타임 또는 총통과시간이라고 한다. 총통과시간 중에서 실제 가치를 만드는 데 직접적으로 기여하는 시간은 전체 시간의 10~20%에 지나지 않는다. 나머지는 작업 대기시간이거나 재고상태로 방치되는 시간이다. 이와 같이 80~90%에 이르는 낭비시간을 제거하면 총통과시간이 단축되고 당연히 전체 경영활동이 빨라지게 된다(김쾌남, 1994).

2) 통과시간의 계산과정

총통과시간을 계산하는 과정을 Lieberman(1990)의 연구를 기초로 살펴본다. 먼저 원재료의 투입(가치 제로)에서부터 완성품으로

종결하기까지, 재공품은 가공과 완충적인 재고의 단계를 순차적으로 일정한 속도로 진행하며, 그 가치를 선형적으로 증식해 가는 것으로 한다. 이 총제조통과시간(total manufacturing throughput time)을 T로 둔다. 또 분석을 간단히 하기 위해 이익을 제로로 두면, 따라서 매출액 S는 매출원가와 동일하게 한다. 재공품 재고액을 W로 하면 다음 식 (1)이 성립한다.

$$W = \frac{1}{2} \cdot ST \quad \cdots\cdots (1)$$

그러나 일반적으로 기업은 어떤 가치를 가진 재료(M)를 구입해서 제조를 시작한다. 이 M을 출발점으로 해서 최종제품에 이르는 제조통과시간을 T'으로 할 때, 재공품재고액 W'는 식 (2)로 나타낼 수 있다.

$$W' = \frac{1}{2} \cdot (S + M)T' \quad \cdots\cdots (2)$$

阿保와 辻교수(1994)는 Lieberman 방법의 문제점을 고려해서 보다 현실적이고 세련된 모델을 제시하였는데, 새로운 계산방법은 다음과 같다.

$$W' = \frac{1}{2} \cdot (C + M)T' \quad \cdots\cdots (3)$$

여기서 W' : 재공품, 반제품, 제품재고의 합계
C : 매출원가(손익계산서에 의함)
M : 재료비(제조원가명세서에 의함)

그런데 소재로부터 부품을 제조하는 메이커(A)와 그 부품을 조달해서 완성품을 제조하는 메이커(B)가 존재하는 경우, 위의 식 (3)의 모델에서는 A의 제품재고와 B의 원재료재고가 무시할 수 있는 것으로 전제되고 있다. 그러나 독립된 기업 A에 제품재고, B에 원재료재고의 존재는 무시할 수 없다. 역으로 우리들은 식 (3)의 W'를 계산할 때 원재료재고를 가산해서 통과시간 T'를 계산하는 것으로 했다.

통과시간이 경영지표에 부가되는 의미를 이해하는 것이 중요하다. 기업에서는 보유하는 원재료·재공품·반제품·저장품·제품이라는 재고자산의 1단위에 따라 매출액을 어느 정도 획득하였는가? 즉 재고자산 평균재고가 1년간에 몇 회전했는가를 나타내는 재고자산회전율(매출액/재고자산 평균재고)이 자본의 효율을 나타내는 지표로서 사용되어 왔다. 또 월 수로 나타낸 재고자산 회전기간(단기평균재고자산/매출액 또는 매출원가÷12)도 마찬가지로 사용되어 왔다. 재고자산 회전기간은 원재료를 구입하고 나서 제품으로 가공되기까지의 기간을 나타내고, 재고자산의 평균재고가 1개월분의 매출액을 기준으로 해서 몇 개월분(몇 일분)이 되는가를 나타낸 것이다.

한편 위의 (3)식에서 통과시간의 T'를 구하면 $T' = W'/0.5(C+M)$으로 된다. 이 T'는 연 단위이며, 이것을 12배해서 월 단위로 하고 있다. 형식적으로 말하면 매출원가와 재료비의 평균을 12로 나누어서 1개월분을 계산하고 있다. 만일 매출원가와 재료비가 거의 동액이라고 한다면 통과시간(月)과 재고자산회전기간은 대략 같게 되고, 통과기간(月)을 계산하는 의미가 적다.

그러나 재료비와 매출원가는 분명히 크기가 다르다. 무엇보다 통과시간 지표의 최대 특징은 투입된 재료·부품(즉 재료비)이 고객에 인도되기까지에 가치를 선형적으로 계산하고 있는 것이다. 또 W'는 재고자산의 전체가 아니기 때문에 통과시간은 재고회전기간과는 다르며, 계산하는 의미가 있다. 다만 소매업의 경우에는 통과시간과 재고자산회전기간과는 거의 동일하게 된다. 이것은 계산식에서 알 수 있다.

3) 통과시간, 총자본이익율, 노동생산성, 물류비율의 계산 결과

통과시간은 기업의 종합적인 성과와 밀접한 관계가 있다. 또 물류비와의 관계도 크다고 생각된다. 그래서 통과시간, 총자본이익율, 노동생산성 및 물류비율을 계산하고, 통과시간과 다른 3가지 경영지표와의 관계를 조사해 보기로 한다.

먼저 산출한 경영지표의 계산식을 보기로 하자. 통과시간 T'는 앞의 (3)식에 의한다. 단 W'에 원재료 재고를 포함한다. 총자본이익율은 [(세전당기순이익 + 타인자본이자) / 총자본]의 식으로 산출한다. 노동생산성은 [부가가치÷종업원 수]로 계산하고, 부가가치는 한국은행의 가산방식을 사용했다. 물류비율은 손익계산서에 기재된 운임·하역비·보관비 등의 [위탁물류비÷매출액]이다.

본 연구에서는 로지스틱스상에서 주의를 끄는 업종으로서 자동차와 유제품의 1996년(1996년 12월 결산까지)의 유가증권보고서로부터 통과시간, 총자본이익율, 종업원 1인당 노동생산성 및 물류비율을 계산했다. 이들 기업은 증권거래소 1부 상장기업이다. 이 계산결과가 <도표 12-12>의 업종별 통과시간 관련 총괄표이다.

통과시간은 자동차의 경우 쌍용자동차가 4.28개월로 가장 길며, 현대자동차가 0.71개월로 가장 짧다. 현대정공이 평균(2.17개월)에 가장 가까운 2.62개월로 나타났다. 한편 유제품에 있어서는 남양유업이 1.3개월로 가장 길고 농심이 0.9개월로 가장 짧았다. 자동차와 유제품의 평균통과시간이 이렇게 차이가 나는 이유는 유제품의 특성상 재고를 오래 보유할 수 없기 때문일 것이다.

총자본이익율은 자동차의 경우 평균 -1.175%(쌍용자동차의 -6.84%를 제외하면 평균 0.71%) 그리고 유제품의 경우 평균 1.69%로 모두 낮은 수준에 머물렀으며, 적자기업도 보였다. 많은 기업에서

리스트럭처링이 진행되고 종업원의 감원이 상례화되고 있었다. 1인당 노동생산성의 평균은 자동차가 4,800만원, 유제품이 3,500만원이다. 특히 자동차의 경우 현대정공이 5,887만원, 쌍용자동차 2,971만원으로 약 2배의 차이를 보이고 있다. 여기에 관련된 인원 수는 정사원의 인원 수이며, 일부 기업에서는 총인원으로 계산한 것이다.

〈도표 12-12〉 업종별 통과시간 관련 총괄표

자동차 산업

구분	통과시간(월)	노동생산성(천만)	총자본이익율(%)	물류비율(%)
기아자동차	1.04(0.48)	5.61(1.17)	0.11(1.15)	0.34(1.16)
쌍용자동차	4.29(1.98)	2.97(0.62)	-6.84(0.36)	0.29(0.97)
현대자동차	0.72(0.33)	4.90(1.02)	1.12(1.26)	0.35(1.17)
현대정공	2.62(1.21)	5.89(1.23)	0.91(1.24)	0.21(0.70)
평균	2.17	4.80	-1.18	0.30

유제품 산업

구분	통과시간(월)	노동생산성(천원)	총자본이익율(%)	물류비율(%)
남양유업	1.32(1.04)	4721.81(1.16)	7.92(1.53)	4.17(1.31)
빙그레	1.30(1.03)	29804.97(0.85)	-0.66(0.80)	3.33(1.05)
롯데삼강	1.51(1.20)	36022.78(1.03)	-2.49(0.64)	2.37(0.74)
농심	0.91(0.73)	33722.75(0.96)	1.98(1.03)	2.86(0.90)
평균	1.26	35068.08	1.69	3.19

물류비율의 평균은 매출액에 대해서 자동차는 0.3%, 유제품은 3.2%가 된다(설문조사결과에 의하면 우리 기업의 매출액 대비 물류비의 평균은 17%에 육박하나 여기서는 재무제표에 공표된 것만을 대상으로 계산했다). 자동차의 경우 물류비율은 대개 평균에 가까우며 유제품은 롯데삼강이 2.3%로 가장 낮고 남양유업이 4.2%로 가장 높다.

4) 기업의 단면도(Profile)와 통과시간 관계도

각 기업의 통과시간, 총자본이익율, 노동생산성, 물류비율의 경영지표가 그 업종별로 산출한 평균에 대해서 어떠한 비율로 되어 있는가, 즉 업계에 있어서의 경쟁력을 diagram형태의 단면도로 나타내보자(<도표 12-13> 참조).

〈도표 12-13〉 기업의 단면도

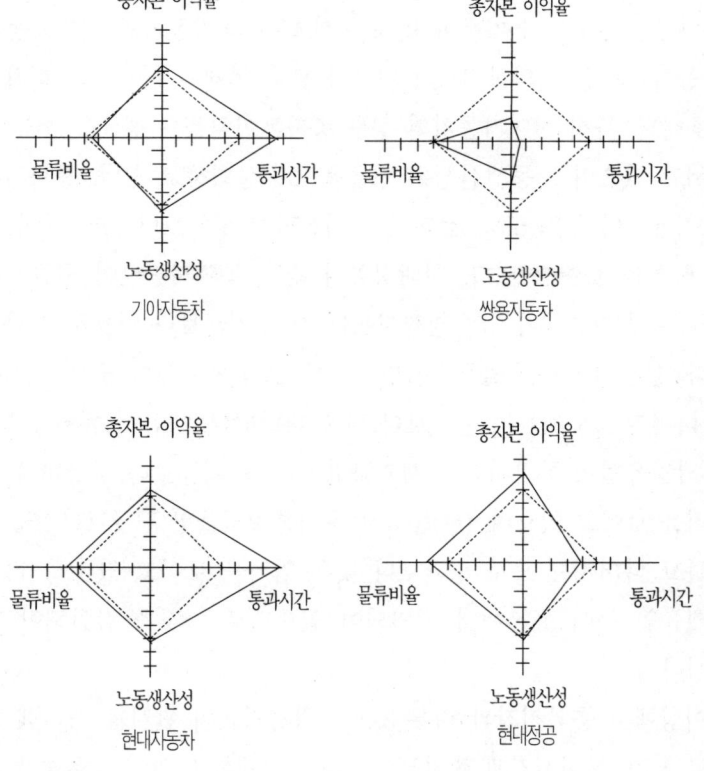

단면도의 데이터는 업종별 평균을 1로 해서, 외측으로 그림이 확

294

대되는 상태가 양호하고, 점선의 내측으로 실선(각 기업의 실적)이 축소되는 것은 양호하지 못한 상태이다. 이렇게 작도하기 위해서는 그래프의 수직방향인 총자본이익율과 노동생산성은 중심의 점을 0으로 해서 외측의 값이 크게 된다. 이것에 대해서 수평방향의 물류비율과 통과시간은 중심의 점이 2개다. 이것은 그 값이 작을수록 업적이 좋기 때문이다. 4개의 정점의 실선이 당해 기업의 실적이며, 점선(평균) 부분은 각 기업의 경쟁력을 이해하기 쉽도록 한 것이다. 그림의 배열은 매출액을 기준으로 해서 좌에서 우로 감소하도록 놓여져 있다.

   <도표 12-13>의 자동차 업계를 보자. 현대자동차와 기아자동차는 물류비율을 제외한 3개의 지표가 모두 업계의 평균을 상회하여 양호하다. 특히 현대자동차의 경우 총자본이익율은 평균을 26% 넘어서고 있으며 노동생산성은 평균을 2% 상회하고 있다. 통과시간은 평균보다 무려 67% 짧고, 물류비율만이 평균보다 17% 많아 좋은 업적을 보이고 있다. 현대정공의 경우 통과시간만이 평균보다 21% 길며 다른 3가지의 경영지표는 각각 평균보다 양호하게 나타났다. 쌍용자동차는 물류비율만이 평균보다 3% 짧아 좋은 업적이나 나머지 3개 지표는 평균보다 낮게 나타났다. 다음에 유제품에서는 남양유업이 통과시간을 제외하고는 모두 평균보다 상당히 높은 업적을 보이고 있으며, (주)농심은 총자본이익율만 평균보다 3% 상회하고 나머지는 모두 평균보다 낮은 업적을 보이고 있다. 그러나 해태유업 등이 표본에서 제외되어 있으므로 이것을 감안해야 할 것이다.

   이상에서 통과시간과 다른 3가지 경영지표의 관계를 정리해 보기로 하자. 통과시간과 총자본이익율의 관계를 타이어의 업종에 대해서 나타내면 <도표 12-14>로 된다. 횡축에 통과시간, 종축에 총

자본이익율을 취한다. 먼저 통과시간이 짧으면 짧을수록 총자본이
익율을 크게 된다고 가설을 세우고 있으나, 이 그림에서는 성립하
지 않는다.

〈도표 12-14〉 통과시간과 자본이익율의 관계

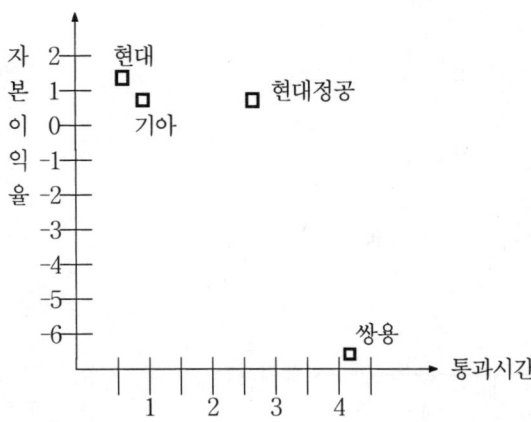

〈도표 12-15〉 통과시간과 노동생산성

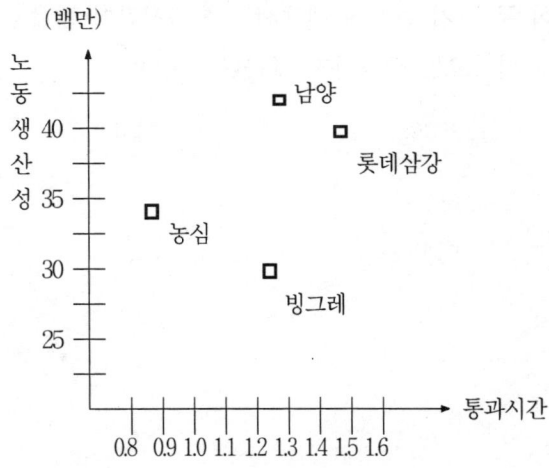

〈도표 12-15〉는 통과시간과 1인당 노동생산성의 관계를 유제품

에 대해서 표시했다. 여기에서도 통과시간이 짧을수록 노동생산성
은 높게 된다는 가설을 세우고 있다. 이 그림에서는 (주)농심의 노
동생산성이 저위에 있고, 완전한 우하향의 분포를 이루지 못한다.

〈도표 12-16〉 통과시간과 물류비율

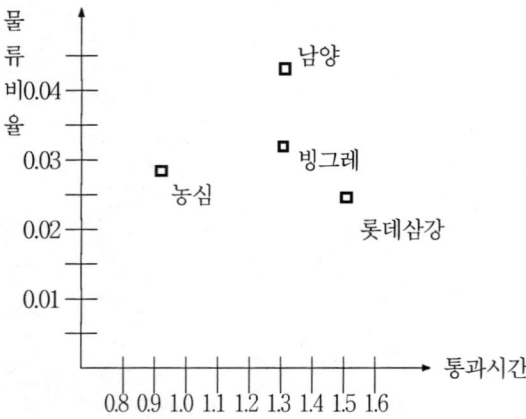

통과시간과 물류비율의 관계는 〈도표 12-16〉에 나타나 있다. 분
석결과에 의하면, 이 두 가지 관계에 대해서는 통과시간이 짧을수
록 물류비율이 크게 된다고는 생각하지 않는다.

13장 물류원가의 절감 방안

1. 통합관리에 의한 물류원가의 절감

물류시스템에서 가장 중요한 목표는 신속대응(quick response)이나 리드타임의 단축과 같은 고객에 대한 서비스의 극대화와 물류비용의 극소화를 동시에 달성하는 것이다. 그러나 고객서비스를 극대화하려면 재고를 보유하기 위해 많은 창고를 가져야 하며 신속히 배송하여야 하는데, 이는 물류비용을 증가시킬 수밖에 없다. 반면 물류비용을 극소화시키려면 수송횟수를 줄이고 적은 재고를 유지하며 창고 수도 적게 보유하는 정책을 사용해야 하는데 이는 고객서비스의 저하를 가져오게 된다. 물류서비스의 극대화와 물류비용의 극소화는 상반관계(trade-off)가 되는 것이다.

한편 물류는 비용 측면에서도 상충관계를 나타낸다. 예를 들어 수송비용을 줄이기 위해 대형 트럭을 사용해 1회 수송량을 증대시키면 저장하는 창고면적이 늘어나므로 수송비용이 줄더라도 결국 창고료가 증대하고 나아가 재고비용이 상승하게 된다. 이와 같이 물류의 구성요소인 각 기능들은 상충관계를 지니고 있기 때문에 기업은 물류

를 하나의 통합된 시스템으로 관리해야 한다. 통합된 물류관리 기초
는 물류 제활동을 통합적으로 실시하여 총비용을 최소화하는 분석이
다. 물류관리에서는 개별적 활동의 비용관점이 아니라 로지스틱스활
동 전체비용을 줄이는 것에 노력이 집중되어야 한다(남익현, 1995).

〈도표 13-1〉 로지스틱스로서의 물류에 영향을 미치는 항목

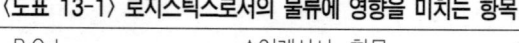

ROI	손익계산서┐항목 대차대조표┘	로지스틱스 변수
총자본 대 경상이익율 (높인다)	**경상이익 (높인다)** (+)매출액(↗)	• 물류서비스수준을 향상시켜 매출을 증대한다.
	(−)제조원가(↘)	• 구매기능과 생산기능이 통합된 생산계획 • 구입재료의 삭감 • 조달물류의 합리화
	(−)판매비(↘) (−)일반관리비(↘)	• 수주처리, 수송, 창고관리 • 재고관리, 포장 등의 합리화
	사용자본 (낮춘다) 당좌자산(↘) (현금, 외상매출금 등)	• 제품 리드타임 단축 • 신속한 수주처리
	재고자산(↘) (부품, 재공품, 제품)	• 재고수준과 물류서비스 수준의 적정화 • 생산수배의 리드타임 검토
	토지·건물(↘) (공장, 배송센터)	• 공장의 설비, 배송센터의 입지와 설비
	설비·기기(↘) (생산설비, 물류설비)	• 물류의 설비와 기기 • 수송용 기기
	----- 영업 외 비용	• 재고와 공장·물류의 설비 검토

그리고 더욱 중요한 것은 로지스틱스로서의 물류의 목적인 그
기업이 가지고 있는 사람, 물품, 금전을 종합관리해서 기업경쟁의
제일선인 소매점이나 생활자에 경쟁기업보다도 고객에 만족을 주

는 서비스를 제공해서 상품을 배달하는 것이다. 이에 따라 매출이 증대하고 기업의 목적인 적정이익을 획득할 수 있어 투자 수익률 (Return on Investment : ROI) 향상의 경영이 가능하다.

ROI 향상을 위한 구체적인 구조를 <도표 13-1>에 「로지스틱스로서의 물류에 영향을 미치는 항목」으로 나타내고 있다. 이것을 로지스틱스 변수로 부르기로 한다. 로지스틱스로서의 물류는 고객이 만족하는 상품을 고객이 만족하는 서비스에 의해 제공하고, 이것에 의해 경쟁기업을 물리치고 매출을 증대시켜, ROI를 철저하게 높인다는 극히 전략적인 시스템 구축(경쟁기업을 의식해서 시스템을 구축하는 것)을 지향하고 있다. 전술한 바와 같이 물류의 각 기능에는 상반관계가 있으므로 어떤 로지스틱스 변수를 바꾸면 다른 분야에 예측하기 어려운 변화를 초래한다. 따라서 물류정책이 종합 시스템에 미치는 영향을 파악하는 것이 필요하다.

2. 물류거점의 집중화

1) 집중화의 기본사고

물류합리화를 생각할 때 핵심용어로 등장하는 것이 집약·통합화를 통해 물류시스템을 재구축한다는 것이다. 지금까지 일부에서는 다품종소량 물류 시대에 대응하기 위해서 거점을 늘릴 수밖에 없다고 판단한 기업도 있었다. 그러나 이런 사고는 기업과 고객과의 거리를 지리적인 거리(마일, 킬로미터)로 측정하는 방식에서 고객이 발주에서부터 해당 상품을 이용할 수 있기까지의 리드 시간에 초점을 맞추는 방향으로 바뀌게 되었다. 현재는 가격파괴 시대를 맞이하여 지금까지 이상으로 물류비의 절감이 추구된다. 물류거점의 집약·통합에 의해 어떠한 효과가 일어나는가가 〈도표 13-2〉에 나타나 있다.

〈도표 13-2〉 물류거점의 집약·통합에 의한 장점

> 1. 수송의 합리화
> ① 공장에서 물류 거점까지의 파이프가 굵어지고 수송비의 절감이 가능.
> ② 배송하는 고객 수가 증가하므로 배송시간표의 고안에 따라 적재효율을 높인 배송이 가능.
> 2. 물류작업의 합리화에 의한 인건비의 절감
> ① 거점의 집약에 따라 물류관계 인건비가 절감.
> ② 취급상품이 증가하고 물류작업의 자동화에 의한 스피드 향상과 인건비 절감이 가능.
> 3. 분산창고의 집약에 의한 재고의 절감

이러한 물류거점의 집약·통합에 의한 장점을 추구하기 위해서는 온라인 리얼타임의 정보통신 시스템을 구축해서 상(商)·물(物)분리를 실현하고, 정보면에서 상·물의 일체화를 도모하는 것이 필요하다. 물류거점의 수와 그곳에 보유하는 총재고량과의 관계에는 다음 법칙이 성립한다(和多田, 1995).

전체 거점의 총재고량은 거점 수의 제곱근($\sqrt{}$)에 비례한다

이것은 동일 물류서비스 수준을 제공하는 것에 필요한 재고의 감소량은 거점 감소 수의 제곱근($\sqrt{}$)에 비례한다는 것이다. 예를 들면 9개의 거점을 4개로 집약하면 약 1/3의 재고감소가 가능하게 된다. 그것은 $\sqrt{9}$ 에서 $\sqrt{4}$로 되기 때문이다.

2) 집중화의 사례

앞 절에서는 물류비의 절감을 일상적인 물류업무의 개선으로 달

성하는 방법에 대해서 기술했다. 이 목표는 새로운 물류시스템의 구축에 의해서도 달성된다. 공업 제품의 경우에는 상·물 분리를 하고 물류거점을 분산형에서 집중형으로 하는 것이 좋다는 결과가 나와 있다. 스웨덴의 실례를 검토한 애브라함선(Mats Abrahamsson)의 연구를 살펴보자.

애브라함선은 스웨덴의 국제적인 3개회사 Atlsa Copco Tools, Sandvik Coromant, ABB Motors에 대한 조사를 실시했다. 이 중 Tools사의 예를 들어보자. Tools사는 손으로 조작하는 압착공기를 충만시키는 기구를 제조하는 회사로서 제품종류는 약 천 품목이다. 고객의 주문은 통상 3품목이며, 매일 약 천 건의 고객 주문을 처리하며, 연간 매출의 80%는 유럽 고객이다.

이 회사는 80년대 초 유럽에 7개 공장과 각국에 판매회사를 가지고 있었다. 물류 측면을 보면 7개 공장에 각각의 완성품 창고를 가지고 있었고, 스웨덴과 핀란드에 각각 1개의 중앙창고를 보유했으며, 각국의 판매회사에 지방창고를 개설했다. 그리고 독일에서는 5개 지역에 지구창고를 배치하였다.

재고를 줄이고 배송실적을 높이기 위해 시스템(Daily Direct Distribution)을 1987년에 시작했다. Tools사는 스웨덴에 있는 하나의 중앙창고에서 모든 제품을 유럽에 있는 고객에게 직송했다. 당초, 재고를 두지 않는 지방의 판매회사를 위해 항공수송을 이용했으나 현재는 출하의 95%를 트럭에 의존하고 있다. 92년에 Tools사는 수송비를 더욱 인하하기 위해 중앙 창고를 벨기에로 이전했다. 유럽을 향한 전량을 한 개의 창고에 모았기 때문에 한 개의 창고에서 각국의 지방분할점까지 만재한 트럭을 운행할 수 있었다. 그곳에서부터 제품은 포워더(Forwarder사는 수송수단을 소유하지 않고 화물취급을 업으로 삼는다)의 네트워크 또는 우편을 통해 고객에게 보내진다.

이렇게 시간중심의 직접유통방식(집중화)으로 변경한 결과 Tools 사는 재고를 1/3로 줄였으며 변동물류비를 연간 400만불 절감했다. 고객의 평균 리드 시간을 2주간에서 24내지 72시간으로 줄였다. 배송실적을 70%에서 93%로 높였고 중앙 창고의 종업원 수를 40명에서 23명으로 감소시켰다.

애브라함선은 다른 2개 회사에 대해서도 조사해서, Atlas Copco Tools사와 같이 물류거점을 분산형에서 집중형으로 변경해 성과를 올리고 있는 것을 기술하고 있다. 이 3개사에 공통된 점은 변경 전에는 기업과 고객과의 거리를 지리적인 거리(마일, 킬로미터)로 측정했으나, 새로운 로지스틱스 전략에 의하면 고객이 발주에서부터 해당 상품을 이용할 수 있기까지의 리드 시간에 초점을 맞추고 있는 것이다.

〈도표 13-3〉 물류거점의 집중화에 의한 효과

실시 기업 원가 절감	고객측의 가치 증가
•고정물류비 : 인건비, 창고비, 관리비의 절감 •변동물류비 : 재고비용 절감, 수송비를 이전 수준에 고정시킨다. •통합/분할에 따른 절약 : 물류에서 판매 기능의 분할, 물류의 집중 관리-규모의 경제, 물류기능 통합 •학습원가의 절약 : 신제품의 시급한 도입	•리드타임 : 전시장과 전제품의 리드타임의 단축, 신뢰성의 향상 •배송실적 : 지정시간의 배송의 증가, 고객으로의 완전납품 •차별화 : 고객 그룹의 특징에 따라 상이한 물류, 탄력성의 증가 •고객정보 : 보다 빨리 신뢰할 수 있는 정보 제공

자료 : Mats Abrahamsson, 주3), p. 80.

이와 같이 물류거점의 집중화로 인해 고객측의 가치가 증가되는 것은 틀림없으나 실시기업의 원가는 조건에 따라 결정될 것이다. 창고가 감소하므로 고정 물류비는 저하되며 재고의 감소에 의해서 재고 비용도 감소하지만, 수송비가 종래 수준으로 유지될 수 있는 가의 여부는 계산해 보지 않으면 알 수 없다. 일반적으로는 수송 거리가 늘어나는 만큼 수송비는 증가한다. 따라서 물류거점의 집중화와 분산화 중 어느 쪽이 유리한가는, 변경 전과 변경 후의 로지스틱스 원가와 고객서비스 향상에 의한 매출증가를 종합해 이익액이 어떻게 되는가를 파악해서 결정하게 된다.

3. 공동화에 의한 로지스틱스 원가전략

1) 공동화의 의의와 효과

물류공동화의 중심은 보관과 집·배송에 있다. 공동화는 물류시스템의 일환으로서 집·배송의 효율을 높이고 비용을 절감하기 위해 2인 이상 공동으로 수행하는 물류활동을 말한다. 공동화를 실시함으로써 얻을 수 있는 효과로는 자금 조달능력 향상, 수송단위의 대량화, 정보의 네트워크화, 차량 운동성 조성, 수·배송효율 향상, 그리고 다빈도 소량배송에 의한 고객서비스 확대 등을 들 수 있다.

그리고 공동집·배송의 목적을 살펴보면 첫째 사람, 물자, 자금, 시간 등 물류자원을 최대한 활용함으로서 원가절감을 가능하게 하고 둘째, 고객에 대한 서비스 향상에 기여할 뿐만 아니라 셋째, 외부불경제 즉 대기오염, 소음, 교통체증 등에 대한 문제의 최소화를 기하려는 사회적 요청을 수용한다는 데 있다.

그런데 이와 같은 목적달성을 위해서는 공동 집·배송을 위한

전제조건이 사전에 갖추어져야 한다. 그것은 일정 지역 내에 공동
집·배송에 참여하는 복수하주가 존재해서 상호 커뮤니케이션이
가능하고 집하를 위한 거리가 인접해야 한다. 다음으로는 배송하는
곳이 일정지역 내에 분포하는 동일지역 집중이 중요하다. 그리고
참여기업의 배송조건과 물품규격이 일정하여 유사성을 가져야 한
다는 점도 소홀히 할 수 없다. 또한 대상 화물이 적합성을 가져야
하는데 특히 공동집·배송을 주도하는 중심업체 내지 업자가 있어
야 한다는 것은 당연하다. 더욱이 공동집·배송에 대한 이해가 일
치해야 한다는 점도 중요시 해야 할 선결조건이다.

　공동화는 먼저 기업인의 체질개선이 앞서야 하고 공생공영의 거
시적인 안목과 의식의 혁신이 더욱 필요하다. 끝으로 지적될 전제
조건으로 물류 표준화의 선행이다. 화물규격, 포장 팰리트, 팰리
트·트럭 적재함의 크기 등의 표준화가 구비되어야만 한다(안태호,
1996, p. 95).

2) 공동집·배송의 형태

　물류공동화의 중심은 보관과 집·배송에 있다. 그런데 공동화에
는 동종업종의 공동화, 이종업종의 공동화와 수평형의 공동화(횡적,
업자 상호간) 그리고 수직형의 공동화(종적, 거래계열 주체)로 분류된
다. 수평적 결합에 의한 공동화는 단일 기업의 주도에 의한 것과 업
계까지 포함한 것으로 크게 구별된다. 기업이 주도하는 것으로는
슈퍼(super)가 주도해서 창구도매상에 일괄시켜 납입하는 구조, 편
의점(convenience store)이 특정 도매상에 일괄 위탁하는 방식, 식품
제조업자가 동업타사에게 압력을 가해 만들어 낸 공동배송 등이
있다.

공동배송은 도시 내, 지역 내의 배송에 대해 종전에 트럭이 화물을 하주별·상품별로 운반한 것을 하주와 상품의 구별없이 화물을 집약해서 운송하는 '화물과 배송의 집약화'라 할 수 있다. 즉, 같은 도로를 사용하는 트럭화물을 집약해서 한 대의 트럭에 보다 많은 고객화물을 운반하려는 데 있다. 이 공동배송의 패턴은 크게 나누어 하주공동배송형과 물류사업자 공동배송형 두 가지가 있다.

3) 공동 집·배송의 활용실태

공동 집·배송이란 기업들이 물류관련 시설을 공동으로 사용함으로써 시설의 효용을 높이려는 물류공동화의 한 방안으로서 선진국 특히 일본에서 활발하게 이루어지고 있다. 공동·집배송을 시행하게 되면 차량적재율 향상에 따른 수송비 절감효과를 기대할 수 있기 때문에 우리나라 기업도 도입해 활용하는 것이 바람직하다. 그러나 조사결과 대부분의 기업들이 현재 공동집·배송을 시행하고 있지 않는 것으로 나타났다.

공동 집·배송을 하지 않는 이유로는 배송시기를 회사 임의로 결정할 수 없기 때문이라는 기업이 18.0%, 공동 집·배송이 오히려 복잡할 것 같기 때문이라는 기업이 17.4%를 차지해 공동 집·배송에 대한 관심은 있으나 아직까지 주변 여건이 성숙되지 못한 것으로 나타났다. 즉 공동 집·배송이 효율적으로 이루어지기 위해서는 일정지역에 유사한 영업 및 배송을 행하고 있는 기업이 복수로 존재하여야 하며, 대상기업의 배송조건이 비교적 유사하고 표준화가 가능하며, 공동 집·배송에 대한 이해도가 같은 수준이어야 하는데 아직까지는 이러한 여건이 충분히 갖추어지지 않은 것이 사실이다.

그러나 공동 집·배송으로 인한 수송효율 증대효과가 상당하므로 공동 집·배송이 점차 확산될 것으로 보인다.

〈도표 13-4〉 공동 집·배송을시행하지 않는 이유

단위 : %

항 목	평균
①회사기밀이 경쟁업체에 알려지기 때문	6.6
②배송시기를 회사 임의로 결정할 수 없기 때문	18.0
③회사 특유의 서비스를 고객에게 제공할 수 없기 때문	14.4
④공동배송이 오히려 복잡할 것 같기 때문	17.4
⑤단독배송보다 효율이 떨어지고 비용이 더 소요되기 때문	13.1
⑥일정지역에 유사한 영업 및 배송을 하고 있는 기업이 없기 때문	16.7
⑦공동배송을 하고자 하는 기업간에 배송조건에 차이가 있기 때문	13.8
합 계	100

국내의 양산, 부곡 등에 건설되는 화물 터미널은 바로 이러한 공동 수·배송을 활성화하기 위한 수단이므로 기업들은 이를 적극 활용할 방도를 연구하여야 하며, 참여사 및 정부는 이와 같은 공동 운송체제가 합리적으로 운용될 수 있도록 시스템적 관점에서의 정비 및 지원을 철저히 해야 할 것이다.

4. 재고관리에 의한 원가절감

1) 파장효과의 감소

파장효과(ripple effect)란 공급망상에서 수요의 불확실성으로 인하여 수요가 조금만 증가 혹은 감소되어도 공급망을 통해가면서 그 효과가 왜곡되어 증폭되는 현상을 의미한다. 이에 소비자로부터 여러 단계 떨어져 있는 공급자일수록 안전재고를 많이 갖게 된다. 이러한 현상은 특히 국제물류에 있어서 시스템과 자금의 흐름 등 통합의 복합성으로 인해 더 두드러지게 나타나게 된다.

이러한 현상이 발생하게 되는 궁극적인 원인은 정보의 불확실성과 시차(time-lag)에 있다. 다음 그림에서는 소비자의 수요가 일시적으로 증가하여 소매상의 주문이 10% 상승하였을 때 이것이 생산자에게 전달되는 시차로 인하여 40%까지 파장이 커짐을 나타내고 있다. 또한 소매상 주문의 감소도 반대방향으로 파장을 유도할 것이다. 물류관리자는 정보시스템을 도입함으로써 정확한 정보에 기초하여 관리함으로써 왜곡되지 않은 재고수준을 유지할 수 있고 이에 따라서 경비절감의 기회를 가질 수 있다.

〈도표13-5〉 파장효과

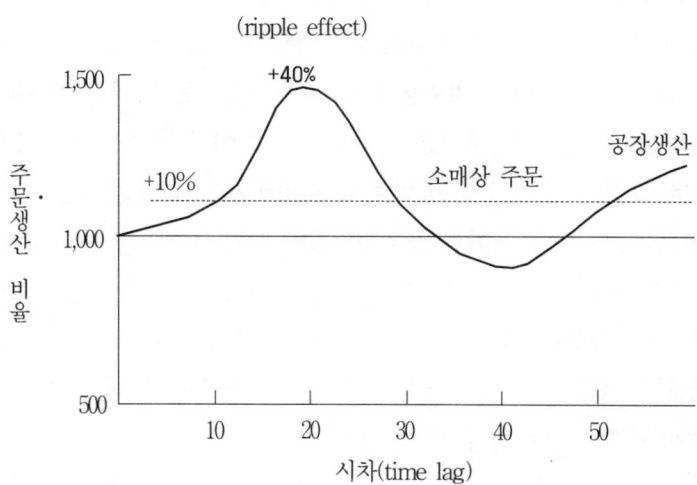

(ripple effect)

2) 국지화 설계전략(design for localization)

국경을 넘어서 이루어지는 사업에 있어서 각 지역별로 형성되는 시장들은 제품에 대한 구매 패턴이나 언어의 차이, 지리적 환경의 차이, 정부의 규제 등으로 인하여 각기 상이한 제품에 대한 필요를 갖게 된다.

세계적으로 유명한 컴퓨터 프린터 메이커인 HP(Hewlett Packard) 는 Deskjet-Plus 프린터의 유통에 있어서 기존에는 각 시장마다 요구사항이 다른 부분을 전부 공장에서 완제품으로 만들어 각 시장의 요구에 대처해 왔으나 이러한 방법은 많은 안전재고를 필요로 하는 문제점이 있었다. 이에 HP의 공장에서는 기본적인 제품만 생산하고 이에 부수되는 옵션들은 유통센터(Distribution Centers : DCs)에서 조립하여 유통시키는 소위 국지화(DC-Localization) 전략을 사용함으로써 안전재고의 수를 대폭 감축시키는 효과를 얻을 수 있었다.

지난 1994년 유난히 더웠던 여름으로 인하여 에어컨의 국내 수요가 폭발적으로 증가하여 국내 메이커들의 공급능력은 바닥을 드러내었다. 하지만 이는 내수용에 대한 공급능력을 의미할 뿐 해외 수출물량에 적용되는 사항은 아니었던 것이어서 수출물량을 내수용으로 돌릴 수만 있었다면 메이커와 소비자에게 많은 도움이 될 수 있었다. 이 경우 에어컨 제조업체들이 위에서 언급한 국지화 설계전략을 고려했으면 좋은 결과가 나올 가능성도 있었다. 앞으로 국제화·세계화는 지속적으로 가속화될 것이고 이에 따라 상이한 시장에 상이한 조건으로 제품을 공급하게 될 기업들에게는 위의 전략이 필수적이라 생각된다(남익현, 1995, p. 113).

3) 연기전략

연기전략(postponement strategy)은 물류의 예상되는 위험을 감소

시키는 접근법이다. 전통적인 배치관리에서는 대부분의 재고이동
과 저장은 장래의 거래를 예상하여 이루어진다. 제품의 최종 제조
또는 유통을 고객주문을 받는 시점까지 연기시킬수록 부정확하거
나 잘못된 제조 또는 재고배치는 자동적으로 제거되거나 감소된다.
즉 제조업자는 확실한 주문을 받을 때까지는 생산을 거부하며, 중
간상인은 보다 신속한 배달을 해 주는 판매자로부터 구입을 하거
나 또는 판매가 완료된 경우에만 구매를 함으로써 재고의 보유를
연기할 수 있으며, 소비자는 그 제품이 진열되어 있는 소매점에서
구매함으로써 소유를 연기할 수 있다(Lambert & Stock, 1993, p. 79).
연기전략에는 제조와 물류 두 가지 유형이 있다. 먼저 제조 측면의
연기전략에 대해서 살펴보자.

케쥬얼웨어, 특히 모직 스웨터, 면 티셔츠, 청바지 등의 생산과
소매를 근간으로 현재 여러 분야에 주목받고 있는 이탈리아 기업
베네통(Benetton)은 다양하고 변화가 심한 소비자의 요구에 부응하
기 위하여 의류 제조공정상에서 기존의 방법인 실을 먼저 염색하
여 방직하는 것에서, 그 순서를 바꾸어 염색되지 않은 실로 방직을
마친 후 나중에 염색을 하는(dyeing after manufacturing) 것으로 바
꾸었다. 이에 따라 비록 공정변화에 따른 약 10%의 추가비용이 발
생하기는 했으나 고객의 수요에 더욱 유연하게 대처할 수 있게 됨
으로써 신속반응체제(Quick Response System)의 구축과 더불어 안
전재고의 감축 및 재고고갈(stock out)의 감소를 통하여 고객만족과
비용절감을 달성할 수 있었다.

이 사례에서 보듯이 색상(color)과 같이 소비자의 주문이 다양하
고 변화가 심한 부분의 제조는 가능한 한 뒤로 연기하고 공통적이
고 덜 민감한 부분의 제조를 먼저 시행하게 함으로써 수요의 변화
에 대한 즉각적인 반응과 안전재고의 감축을 노릴 수 있는 방법을

제조의 연기전략이라 한다.

여기에 비해 물류 또는 지리적인 연기전략은 제조에서의 연기전략과는 정반대의 접근법이다. 물류 연기의 기본적 개념은 하나 또는 소수의 전략적인 장소(위치)에 모든 종류의 예상되는 재고를 유지한다는 것이다. 재고의 전 방향 배치는 고객의 주문을 받을 때까지 연기가 된다. 일단 물류 프로세스가 시작되면 가능한 한 신속히 고객에게 직접 제품을 이동시키는 데 모든 노력을 기울인다(Bowersox & Closs, 1996). 물류 연기전략의 대표적인 예는 시어즈(Sears)의 직접배달 시스템을 들 수 있다.

4) 재고관리의 실태

기업에 있어서 재고는 과거에는 경기변동의 완충물로 여겨졌으나 현재는 쓸모가 없는 비부가가치적인 원가에 지나지 않는 것으로 간주되고 있으며, 특히 JIT에서는 이점을 강조하고 있다. 즉, JIT에서는 재고는 쓸모 없고 가능한 감축해야 하는 대상이라는 인식에 근거를 두고 있다.

우리 기업에 있어 재고관리의 방법에 대한 조사결과는 <도표 13-6>과 같다. 결과는 회답기업 133사 중, 「고객의 지정납기에 의한 직접 납입」이 60사, 「계절적 수요예측」이 50사, 「창고간 또는 경로간의 재고조정」이 38사, 「경제적 롯트」가 32사, 그리고 「롯트 분할」이 18사로 나타났다. 참고로 복수회답 중에서 1항목만 기입한 것이 75사, 2항목 기입은 52사, 3항목 기입이 7사로(무회답 5사), 하나의 방법만이 아니라 다른 한 가지 방법을 병용해서 사용하고 있음을 알 수 있다.

〈도표 13-6〉 판매·유통과정의 재고관리 방법

내 용	응답수	구성비(%)
① 계절적 수요예측	50	37.6
② 고객의 지정납기에 의한 직접 납입	60	45.1
③ 경제적 롯트	32	24.0
④ 창고간 또는 경로간 재고조정	38	28.6
⑤ 롯트 분할	18	13.5
⑥ 기타	2	1.5

주) 1. 복수회답으로 %는 회답기업 총수(133사) 대비 각 항목의 비율임.
　　2. 기타 : 적정재고·MRP(1사), 사용빈도 측정에 의한 적정재고확보(1사).

재고의 보충방법에 대해서는 1위가 「납입 스케줄의 리드타임에 의한다」(80사), 2위 「최저 재고수준의 설정」(61사)로 나타났다. 이것은 재고관리 방법에서 「경제적 롯트법」보다도 「계절적 수요예측」이나 「고객에 의한 납기 지정」을 채택하는 비율이 높은 점과 부합하고 있다. 따라서 1항목만 기입한 기업이 112사, 2항목이 18사라는 것을 감안하면, 우리 기업에서는 경제적 롯트법에 의한 최저 재고수준의 산정을 표준적인 목표로서 이용하고, 단기적 조정은 납기관리로 한다고 생각할 수 있다(〈도표 13-7〉 참조).

〈도표 13-7〉 판매·유통과정의 재고보충 방법

내 용	응답수	구성비
① 최저 재고수준	61	47.3
② 납입 스케줄의 리드타임	80	62.0
③ 기타	7	5.4

주) 1. 복수회답으로 %는 회답기업 총수(129사) 대비 각 항목의 비율을 나타냄.
　　2. 기타 : 수요예측(3사), 판매예측(1사), 유통량 파악(1사), 적정재고보충(2사).

5. NPS에 의한 물류원가의 절감

1) CPS의 특징

클린업 주식회사는 1994년 4월부터 지금까지 있었던 TQC 추진 본부, 관리본부, 경영기획본부를 통폐합하고, 새로운 직수(直需) 본부 및 종합기획실을 설치하는 등 경영조직을 갱신했다.

CPS는 NPS(New Production System)의 기본 정신, 즉 인간존중 경영을 지향하는 생산방식에 의거한 클린업(주)의 생산방식 (Cleanup Production System)이다. 따라서 CPS의 기본원리는 NPS의 원리이기도 한데, 인간을 중시하고 물적인 것을 중시하는 기업을 지향하고 있다. 구체적으로 모든 낭비를 배제해서 경영의 효율화를 도모한다. 그것을 위해서는 3가지의 낭비, 즉 ① 부가가치를 일으키지 않는 활동의 「낭비」 ② 나쁜 구조가 만들어 내는 「낭비」 ③ 생산자 중심의 발상으로 생기는 「낭비」를 철저하게 배제하는 것이다.

이들 낭비는 A로 부르는 영업, 설계, 개발 등의 부문만이 아니고, B라고 부르는 생산부문, C로 부르는 물류부문의 활동의 전체, 즉 <A+B+C>라는 기업전체의 흐름을 정류화(整流化)함으로써 배제하고자 하는 것이다. 즉 제품은 수주, 생산, 납품이라는 가치사슬을 통해서 부가가치를 창출해 나간다고 간주해, 이 흐름을 원활하게 하는 것이 기업의 이익을 내는 원천이라고 생각하고 있다.

따라서 그것이 수주라는 영업활동이건, 납품이라는 물류활동이건, 모두 생산활동과 공정이라는 개념으로 관리대상화한다. 그래서 기업 전체적으로 <A+B+C>의 흐름을 정류화하는 것이 강하게 추구되고 있다.

더욱이 생산되는 물건은 소비에 의해 생산할 만한 이유가 있고,

생산은 소비에 의해 완결된다고 하는 소비완결형을 지향한 정류화
라는 점에 이 생산방식의 특징이 있다.

　CPS는 재고삭감에 주목해서 그 특징을 말할 수 있다. 재고를 삭
감하는 것은 그것만으로 그치는 것이 아니다. 그것은 준비교체, 불
량율 및 설비고장 등을 삭감하는 것, 운반방법과 판매방법을 변경
하는 것 등, 앞의 <A+B+C>의 정류화에 관계되는 모든 문제를 해
결하지 않으면 안 된다. 이러한 문제를 매일의 생활활동 중에 하나
씩 풀어, 개선활동을 추진해감으로써 비로소 기업전체의 흐름을 정
류화할 수 있고 최종적으로 기업전체적으로 고정비를 포함한 모든
코스트를 관리할 수 있다(吉川武男, 1996, pp. 184~145).

　클린업 주식회사는 생산지시 카드를 중심으로 영업·생산·물류의
2인 3각이 아니라 3인 4각으로 실현했다.

2) CPS에 의한 종합적 원가관리

　클린업 주식회사는 NPS의 기본적인 사고를 근거로 1985년에
CPS를 도입했다. 그 최대의 목적은 <수주+생산+납품>의 정류화
에 있었다. 정류화를 철저히 함으로써 제품품질의 향상을 도모할
수 있고, 다품종소량생산에도 대처할 수 있게 되었다. 또한 고정비
와 변동비의 절감효과도 나타나고, 그 결과로서 재고가 삭감될 수
있었다.

　우선 영업이 주문을 받아 공장에 수주정보를 흘리면, 공장에서는
고객명, 제품명, 수주번호, 출하일, 트럭편명 등 수주·생산·배송
에 관한 모든 정보를 망라한 「생산지시카드」가 출력된다. 수주에서
부터 납품까지의 리드타임을 최단으로 12일(가동일 8일)로 두고, 납
품일 7일 전에 수주정보를 재확인하고, 재료 등을 수배해서, 납품일

3일 전에 착공을 지시, 생산하고 트럭에 싣는다.

물류부문 최대 공적은 우선 지금까지 있었던 공장주변의 창고 40개소와 전국의 영업거점 창고 53개소를 모두 폐지하고, 수송제품의 환적만이 허용된 플랫홈 형식을 실현한 것이다. 그 대신 자사의 전용편과 NPS 협동편을 종횡으로 구사해서 간선 150편, 지선 160편, 합계 1일 310편, 주간은 6분 간격, 야간은 8분 간격이라는 놀라운 정류 네트워크를 구축하여 <A+B+C>의 정류화에 의한 종합적인 재고삭감을 꾀한 것이다.

〈도표 13-8〉 CPS에 의한 수주·생산·배송의 흐름

영업이 주문을 받아 공장에 수주정보를 흘린다
⇓
공장은 수주·생산·배송에 관한 모든 정보를 망라한 「생산지시 카드」를 출력한다
⇓
납품일 7일 전에 각 수주의 재확인을 한다
⇓
납기일 3일 전에 착공을 지시하고 생산을 개시한다
⇓
납기일 1일~2일 전에(거리 관계상) 트럭에 실어 납품한다

재고삭감의 구체적인 성과를 보면, 1985년의 구매상품의 재고는 1,087백만엔이었으나 1994년에는 752백만엔까지 절감되었으며, 자사생산의 제품재고는 1985년에 5,677백만엔이었으나 1994년에는 1,497백만이므로 줄어들었다. CPS에 의한 재고삭감의 결과, 재고유지비는 85년에 1,734백만엔에서 94년 266백만엔까지 감소했으며 이것은 약 85%의 감소율이다. 경상이익은 85년이 1,000백만엔 이

었으나 94년에는 4,200백만엔으로 증가했다

    클린업주식회사는 이와 같이 CPS의 도입에 의해 기업경영의 당면과제인 D·Q·S 즉, 납기 단축화(delivery on time), 품질 향상(quality), 원가 절감(cost reduction)을 실현하고 있다. 특히 CPS에 의해 고정비 덩어리인 재고를 삭감하고 고객만족도를 높여 기업경영에 성공한 것이다.

14장 전략적 물류원가관리

1. 원가기획 시스템과 전략적 제휴

1) 원가기획의 필요성과 특징

전통적 원가계산과 원가관리에서는 조업도에 따른 원가의 움직임을 중심으로 해서 제품의 수익성이 고찰되고, 또 개별 생산장소에서의 생산효율을 향상시키는 것이 원가관리의 중심적인 과제로 간주되어 왔다. 물론 지금도 조업도와 생산효율이 중요한 변수임에는 틀림없으나 다품종소량 생산방식으로 전환함에 따라 고객이 바라는 기능을 충분히 발휘하고 높은 신뢰성과 품질을 유지하며, 적절한 타이밍에 소비자가 납득하는 가격의 제품을 개발해서 시장에 제공하는 것이 기업의 경쟁우위를 실현하기 위한 관건이 된다는 사실을 인식하게 되었다. 또한 최근의 적시생산방식(JIT)과 전사적 품질관리(Total Quality Control : TQC)활동 그리고 메카트로닉스 기술을 구사하는 공장자동화(Factory Automation : FA)와 CIM 등은 양산단계에 들어가서부터의 소위 작업능률에 의한 원가절감 여지를 줄어들게 하고 있다.

이러한 상황 하에서 규모의 경제성이나 개별 생산효율에 의한 원가절감보다도 오히려 경쟁우위를 실현하고 그것을 지속시키기 위해 제품의 기획·개발을 어떻게 실행해야 하는가, 다양한 환경변화를 흡수하기 위해 조직외부와의 네트워크를 어떻게 구축해야 하는가, 조직내부에서의 제휴활동을 효율화하기 위해 무엇을 해야 하는가 등이 관리의 문제로서 더욱 중요한 의미를 가지게 되었다.

즉 경쟁우위를 지속적으로 실현하기 위해서는 원가절감 방법만이 아니고 제품개발 방법, 조직운영 방법, 경영전략의 현상들을 재검토해서 새로운 관점에서 경영 전체를 통합하는 구조가 필요하다. 그 유력한 후보가 본 장에서 취급하는 원가기획 시스템이다.

원가기획(Target Costing)이란 시장으로부터의 요구에 의거해서 제품원가구조에 영향을 주는 목적으로 주로 제품개발의 초기단계에 이용되는, 포괄적인 원가계획(cost planning), 원가관리(cost management), 원가통제(cost control)의 개념이다. 원가기획의 프로세스에서는 제품에 관련되는 모든 조직직능이 원가에 초점을 맞추어서 조정하는 것이 요구된다. 또한 원가기획이란 것은 전략적인 관점에 서서 제품, 시장, 자원을 통합할 수 있는 전략적 원가관리를 위한 수법이며, 이들 정보를 계량적이며 운용적(operational)인 지표로서 파악하기 위한 것이다(CAM-I).

표준원가계산, 원가개선 등이 경영통제나 업무적 의사결정에 속하지만 그것들과 달리 원가기획은 전략적 원가관리에 속한다. 왜냐하면 첫째, 원가기획은 신제품의 원가우위를 실현할 수 있으며 둘째, 원가기획은 시장경쟁에서 우위를 갖는 가격설정에 의해 이익을 확보해 가면서 신규고객의 획득을 가능하게 한다. 셋째, 원가기획은 설비투자 등 전략적 의사결정에 유용한 정보를 제공하며 넷째로 말할 것도 없이 신제품개발은 그 자체가 중요한 전략이며, 원가기획은 그 실행과 밀접하게 관련되어 있기 때문이다.

2) 원가기획의 개념과 프로세스

원가기획은 목표원가관리(target cost management)라고도 하며 주로 제1차 석유파동 이후 목표에 대한 개념과 연결되어서 일본의 자동차·전기·기계·산업을 중심으로 급속히 보급되어온 사전관리(事前管理)의 대표적인 관리방법이다.

원가기획에 관해 일반적인 정의를 내리기는 어렵지만 그 본질로 보아 다음과 같이 정의할 수 있다. "원가기획이란 원가발생의 원류로 소급해서, 가치공학(VE) 등의 기법을 활용하여 설계, 개발 내지는 상품기획의 단계에서 원가를 조성·관리하는 활동"이다.

이런 원가기획은 다양한 발전단계를 거치면서 제품의 기획·개발에 있어서 고객요구에 적합한 품질·가격·신뢰성·납기 등의 목표를 설정하고 상류에서부터 하류에 이르는 모든 프로세스에서 4가지 목표의 동시 달성을 도모하는 종합적인 이익관리활동의 일환으로서 실시되는 원가관리로 발전해 가고 있다(일본회계학회 원가기획특별위원회, 1995).

이것은 원가기획이 협의에서 광의로 발전해 가고 있다는 것을 뜻한다. 협의로는 개발설계하고자 하는 신제품의 사양이, 기술성과 경제성에서 보아 목적 적합한 원가를 기초로 설계·제조·판매·사용·폐기할 수 있도록, 개발설계에 착수하기 전에 원가목표를 설정하고 그 범위 내에서 설계하게 하며 그 결과를 원가견적을 통해 평가하고, 이 원가목표가 미달성되면 다시 원가개선을 시키는 일련의 사고방식·기법과 그 활동을 말한다(田中雅康, 1992c, 1994a).

〈도표 14-1〉 원가기획활동의 흐름

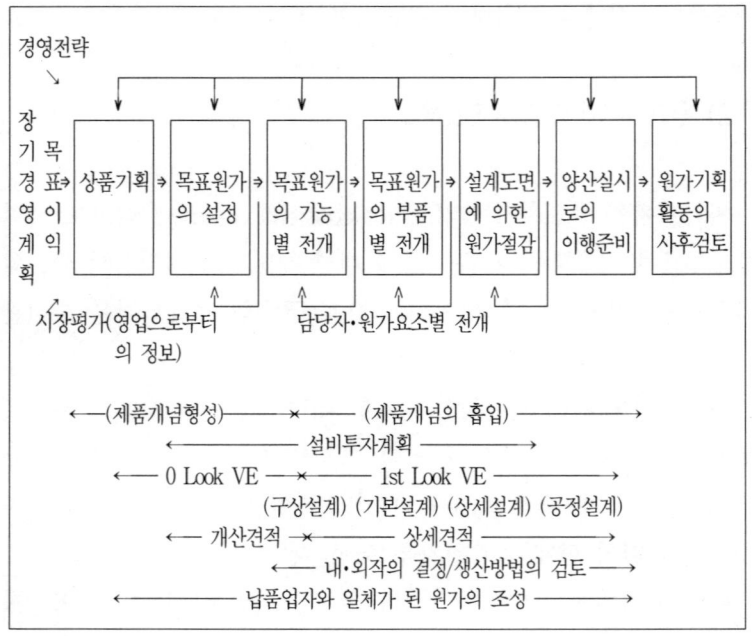

자료 : 小林哲夫(1994)에서 인용.

그리고 광의의 원가기획은 그 세련도를 높여감에 따라서 원가의 조성에서 이익의 조성으로 중심이 이동된다. 원래 원가절감이라고 하는 활동은 원가의 절감을 통해서 전사적 이익에 공헌하는 것을 목표로 하고 있다. 즉 원가절감은 간접적으로 이익획득에 공헌하는 것으로 볼 수 있다. 그러나 원가기획의 적용이 보다 원류로 소급함에 따라 단순히 원가를 절감하는 것만이 아니고 이익획득을 직접 목표로 삼는 활동으로 변모하고 있다. 그러나 그 본질은 어디까지나 원가의 유효한 활용을 지향하는 것이다.

한편 현시점에서 원가기획의 대상이 되고 있는 원가를 살펴보면, 실제로 목표원가의 원가구성은 예상한 대로 모두 총제조원가라고 회답한 기업이 가장 많았다. 한국기업의 경우는 총제조원가가 가장 많고(44.7%), 그 다음이 직접제조원가로 나타났으며(33.9%) 이들 두 가지가 전체의 4/5를 차지하고 있다(육근효, 1992). 일본의 조사결과 (櫻井, 1992)에서는 2/3의 기업이 제조원가(35%)나 총원가(32%) 중의 하나를 사용하고 있었다. 그리고 판매비 및 일반관리비나 물류비를 대상으로 고려하고 있는 기업도 적지 않다. 또한 수명주기원가 (life-cycle cost)에 대해서는 전체의 3%만이 채택하고 있으나, 장래 에는 목표원가를 산정할 때에 이것을 포함해서 검토할 예정이라고 답하고 있다. 한편 최근 주목을 받고 있는 품질보증비, 제조물 책임 (Product Liability : PL) 관련 원가나 폐기원가에 대해서는 현재로서 는 대상에 포함시키지 않고 있다. 단 금후 원가기획대상으로서 검 토 중인 회사는 적지 않다.

또 한 가지 지적해 둘 필요가 있는 것은 원가기획활동 과정상의 각 단계에서는 한정된 범위의 원가만이 대상으로 된다고 해도, 원 가기획의 프로세스 전체로서는 상류에서부터 하류에 이르는 원가 발생의 흐름과 제품간의 상호관계까지 고려한 총체적인 관점이 필 수 불가결하다는 점이다.

원가기획의 대상이 되는 원가의 대부분은 제품의 기획·개발 프 로세스에서 발생하는 것이 아니고, 그 후에 실시되는 구매·제조· 물류·판매 등의 프로세스에서 발생한다. 그러므로 원가기획에서 의 원가는 그 대부분이 예측으로 추정되는 것이다. 예측이나 추정 그 자체도 상류의 상품기획 단계에서는 정밀도가 떨어지고 개발· 설계의 프로세스가 진행됨에 따라 점차 정확한 것으로 된다. 또 전 단계에서 후 단계에 대한 배려가 불충분하면, 후 단계가 되어 예상 못한 원가변동이 나타나는 일도 있다. 따라서 프로세스 전체에 걸 친 원가를 배려할 필요가 있다.

3) 원가기획과 제판동맹(전략적 제휴)

최근 유통업계에 있어서는 전략적 제휴(strategic alliance)가 주목을 받고 있다. 미국에서는 80년대 중반 이후 제조업자와 유통업자 간의 신뢰관계(trust), 협조관계, 파트너십, 또는 동맹관계가 주목을 받기 시작했다.

동맹관계가 주목을 모은 이유의 한 가지는 거래비용을 감소시킨 다는 것을 들 수 있다. 또 한편 ① 소비자의 다양화 ② 성장시장에서 성숙시장으로의 이행 ③ POS, EDI 등의 유통정보시스템의 혁신 ④ 소비의 퇴조 ⑤ 저가격화의 침투 등과 같은 시장 환경의 변화가 과거의 판매업자 시장 시대에서 소비자 시장 시대로의 전환이라는 유통 패러다임의 변혁을 조장하고 있다.

그러나 이러한 시장환경 변화에 의한 수익성 저하를 극복하려고 할 때, 제조업자와 소매업자 단독의 합리화에는 한계가 있다. 원가 절감을 위해 제조업자와 소매업자를 마치 한 개의 기업으로 파악 해서(Virtual Company), 각각의 기업이 기업단위로 실시하고 있던 중복작업 등의 낭비를 줄이고, 또 소비자 니즈를 정확히 파악해 자사가 가진 기술, 노하우, 정보 등의 공유화 프로세스에 있어서의 지식창조를 촉발시키고, 고품질·저가격으로 상품의 개발에서 제조, 물류 판매에 이르기까지 각 단계에서 협력을 하는 제판(製販)동맹과 전략적 제휴가 주목을 받고 있다.

이러한 움직임이 원리적으로는 지금까지 주로 가공조립형산업에서 실시되고 있는 원가기획의 구조와 공통점이 있다고 볼 수 있다. 따라서 원가기획의 틀에 기초해서 제판동맹을 분석해 보기로 한다. 원가기획 활동은 ① 이익 조성(종합적 이익관리활동)의 사상 아래 ② 협력업체까지 포함하여 ③ 원류 관리 ④ 횡단기능적(cross functional)인 활동을 통해서 ⑤ 원가절감과 가격·품질에 있어서 고객만족을 충족시키는 제품을 개발·생산하는 것이다. 이러한 원가기획의 틀에 의거해서 제판동맹을 분석해 본다(加登豊, 1996).

(1) 품질, 가격에 있어서 고객만족의 실현

동맹의 기저에 있는 사실에는 소비자 니즈에 합치한 '팔리는 상품개발'이 있다. 따라서 제판동맹의 핵심이 품질과 가격에 있어서의 고객만족 실현이라고 할 수 있다.

(2) 이익 조성(종합적 이익관리활동)

대형 유통업에서는 개발상품에 대해서는 단품별 이익계획을 작성하고 있다. 또 그 목표원가의 설정방법도 원가기획에서 지적하고 있는 바와 같이 과거의 원가적상에 의한 이익 산출방법과 목표원가 설정을 우선 실시하는 방법이 절충되어 사용되고 있다. 이점에서 유통업에 있어서도 제조업자에 있어서의 원가기획활동과 동등한 이익 조성이 이루어지고 있다고 간주할 수 있다.

(3) 원류 관리

원류 관리 기능으로서는 '원가 절감과 활동목표달성을 위한 모든 가능성을 그 원천에서부터 검토해서, 목표로 정한 원가와 활동목표를 계획대로 달성하는 것'이라고 해석할 수 있다. 이러한 해석에 서면, 제판동맹은 상품의 기획·개발단계에서의 품질향상과 원가절감을 위한 비즈니스 프로세스의 변혁이 설계되어 있으며, 이런 의미에서 원가기획과의 유사성이 인정된다.

(4) 횡단기능적인 제품개발

종래의 원가기획에서 말하는 횡단기능이란 각 개발공정에서 부문의 벽을 넘어서 정보공유를 하고 혼연일체가 되어 개발을 추진하는 것으로 인식되고 있다. 이 기법에 의한 본질적 의미는 두 가지가 있다. 즉 럭비형(중복형)개발에 의한 개발시간의 단축과 정보공유에 의한 지식창조이다(Nonaka & Takeuchi, 1995).

제판동맹을 연결하는 제조업자와 유통업을 네트워크화시킨 하나의 가상기업으로 파악한다면, 유통업은 판매를 담당하는 부문이며, 제조업자는 기획개발과 제조를 담당하는 부서가 될 것이다. P&G와 월마트의 예에서 볼 수 있는 것처럼 유통업이 적극적으로 판매정보를 가지고 제품개발에 관여해 횡단기능적인 활동이 이루어지는 것을 알 수 있다.

(5) 협력업체 관계

원가기획에서는 협력업체와 일체가 된 원류관리와 횡단기능적인 개발활동이 필수적이다. 대형 편의점의 상품개발에 있어서는 좋은 소재를 위해 산지업자와 그것을 가공하기 위한 가공업자들이 공급연쇄로 움직이고 있다. 이 공급연쇄가 일체가 되어 원가를 억제하고 소비자 니즈를 만족시키는 상품개발을 하고 있다.

이상에서 살펴본 바와 같이 원가기획의 전체 틀을 특징지우는 5가지의 요소에 대해서는 제판동맹(전략적 제휴)에 있어서도 개념적으로 유사하다고 말할 수 있다. 이것을 정리한 것이 <도표 14-2>에 나타나 있다. 그리고 실제로 제판동맹을 원가기획의 틀로서 파악할 수 있는가를 실증분석한 연구가 있다(加登豐, 1996). 이 연구에 의하면 제판동맹에도 횡단기능적인 상품개발과 원류관리활동을 협력업체까지 포함시켜 종합적인 이익관리를 하고 있다는 사실이 검증되었다. 다만 서로 다르게 나타난 것은 원가기획의 성과와 역기능에 관한 것이었다. 제판동맹의 관계에서는 원가절감보다 고객만족을 위한 제품의 차별화에 더 많은 비중을 두고 있다는 것이다.

〈도표 14-2〉 원가기획의 요소와 제판동맹요소와의 유사성

원가기획	제판동맹
① 고객만족 　(고품질 · 저가격 · 적시공급)	① 고객정보(POS정보)에 의한 　(고품질 · 저가격 · 적시의 품목구비) ② ③ 원류로 소급하여 원가절감
② 이익 조성 ③ 원류관리	(로지스틱스 · 상품개발) 사례 : P&G와 월마트
④ 횡단기능적인 상품개발활동 ⑤ 협력업체관계	④ 개발당초부터 컨셉트중시의 동시협조개발 ⑤ 메이커와 소매업자와의 협업

자료 : 加登豊(1996)에서 인용.

2. 제약자원이론에 의거한 원가관리

1) 제약자원관리의 5단계

조직의 목적을 효과적으로 달성하기 위해서는 모든 유형 · 무형 자원들의 종합적인 노력이 필요하다. 이들 자원들 중에서 조직이 목적달성을 위해 나아가는 데 방해가 되는 자원을 제약자원 혹은 제약요인이라고 정의한다. 이 세상의 모든 조직에는 최소한 한 개 이상의 제약자원이 반드시 존재한다고 볼 수 있으며, 이러한 제약자원에 대한 효과적인 관리기법이 제약자원이론(Theory of Constraints : TOC)의 출발점이라고 할 수 있다. 제약자원의 효과적인 관리는 조직의 지속적인 발전을 위해서 대단히 중요한 의미를 갖는다. 제약자원의 관리기법을 절차상으로 간단히 요약하면 다음과 같다.

① 조직이 목적을 달성하는 데 제약조건이 되는 모든 요인 혹은 자원을 밝혀낸다.

② 이 자원 중 가장 장애가 되는 것을 찾아서 그 제약자원을 가
장 효율적으로 이용할 수 있는 방법을 고안해 시행한다.

③ 제약자원이 처리, 생산할 수 있는 양을 극대화하기 위해 조직
내 모든 활동이 제약자원의 최대 이용에 사용되도록 한다.

④ 세 번째 단계 후에도 제약요인이 해소되지 않으면 추가 설비
의 구입, 새로운 종업원 고용 등을 통해서 제약자원의 능력을
적극적으로 향상시킨다.

⑤ 네 번째 단계의 결과 문제가 되었던 제약자원이 더 이상 목표
달성에 장애가 되지 않으면 다시 첫 번째 단계로 돌아가 새로
운 제약자원을 찾도록 노력한다.

이러한 5단계 제약자원관리 기법이 조직 내에 원활하게 수행될
수 있는 제도적인 장치가 마련되면 조직의 지속적인 업무개선이
가능해 진다(Goldratt and Cox, 1992, p. 301). 왜냐하면 조직의 목적달
성 과정에서 가장 크게 문제가 되는 것을 찾아 집중적으로 관리함
으로써 그 문제가 해결이 되고 나면(1~4단계), 그 다음에는 자동적
으로 첫째 단계로 되돌아가서 다음 문제점을 발견, 관리할 수 있는
메커니즘을 제공해 주기 때문이다.

만일 어떤 조직이 내외의 모든 제약요인들을 성공적으로 제거했
다면, 위에서 언급한 대로 그 조직의 능력은 무한대가 될 것이다.
이러한 조직이 현실적으로 존재할 수 없기 때문에 제약자원 5단계
관리는 항상 필요하며 이러한 과정을 통해서 조직의 계속적인 개
선이 가능해 진다(Sheridan, 1991, p. 48).

2) 전통적인 업적측정 방식

현실적으로 JIT 재고관리, 공장자동화, TQC 등을 실시하고 난

후 기존 원가·관리회계제도가 적합하지 않게 된 경우를 많이 보게 된다. 제약자원이론과 관리회계와의 관계도 이러한 차원에서 이해를 하여야 할 것이다.

경영주가 자금을 투자해서 기업을 시작하고 경영자들이 그 기업을 위해서 노력하는 궁극적인 목적은 현재와 미래에 돈을 벌기 위한 것이다. 따라서 제약자원이론의 출발점은 기업의 목표가 "현재와 미래에 돈을 버는 것(make money both now and future)"[10]이라는 것을 인식하는 데서부터 시작한다. 제약자원 관리의 5단계 기법도 사실상 기업이 돈을 버는 데 적극적으로 도움을 주기 위해서 창안된 것이다. 그렇다고 품질향상, 원가절감, 서비스향상 등이 중요하지 않다는 것이 아니다. 과거에는 이 3가지 중 기업이 가장 자신이 있는 2가지만을 택해서 경쟁의 도구로서 사용해 왔다. 그러나 지금은 기업의 생존과 발전을 위해서 이 3가지를 다 충족시켜야 한다. 그 이유는 이러한 것들을 통해서 소비자에게 만족을 줄 수 있고, 소비자가 만족함으로 인해서 기업은 돈을 벌 수 있기 때문이다. <도표 14-3>은 이 관계를 잘 보여 준다.

〈도표 14-3〉 기업경영의 목표

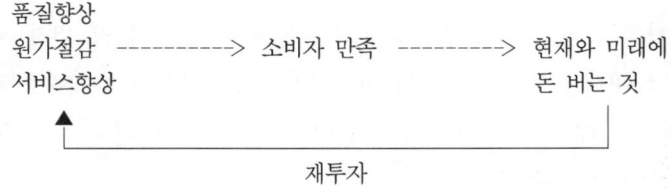

영리조직으로서의 기업의 목표가 돈을 버는 것이라면, 기업의 모

---

10) 제약자원이론에서는 '이익(profit)'이라는 용어를 가능한 한 사용하지 않는다. 그 이유는 이익이 회계학적인 개념으로 인식되어 있어서 조작이 가능하기 때문이다.

든 구성원은 이 목표의 달성을 위해서 최선을 다해야 한다. 그러기 위해서는 우선 기업이 구성원들에게 이러한 목표달성을 위해서 일할 수 있는 동기를 부여해야 한다. 각 사업부서나 공장의 업적측정 방법이 중요한 동기부여의 수단으로 많이 사용된다. 왜냐하면 인간이란 자신의 행동에 대해 물질적·정신적 보상을 받는 데에서 큰 성취감을 느끼기 때문이다. 실무차원에서 본다면 대부분 기업에서 전통적으로 사용되고 있는 업적측정시스템이 2원화되어 있다고 볼 수 있다.

제조업체의 경우 기존의 업적측정은 본사에서 각 사업단위별로 하는 것 외에 공장이나 사업부서에서도 자체적으로 행해지고 있는 것이 보통이다. 공장에서는 대체로 생산성에 의해서 각 생산요소의 업적이 평가되며 반면 본사에서의 업적평가는 투자에 대한 이익 중심으로 이루어지고 있다고 할 수 있다. 이러한 이중 구조의 업적 평가 시스템은 종업원들에게 기업을 위해 돈을 벌기 위한 동기부여를 하지 못한다.

첫째 근본적인 문제는 공장에서 사용하고 있는 생산성과 본사에서 사용하고 있는 이익간에는 이 두 지표들을 연결시켜 주는 매출 기능이 빠져 있기 때문에 상호 연관성이 결여되어 있다. 두 번째는 공장에서의 업적 측정이 생산성에 기준을 두고 있으며, 세 번째 문제는 본사에서 전체적으로 사용하고 있는 순이익이나 투자수익률이 일정 기간에 기업이 창출하는 이익을 정확히 나타내 주는 지표들이라고 보기 어렵다는 사실이다.

3) 현금창출 동기부여를 위한 업적측정방법

그렇다면 기업이 돈을 벌고 있다는 것을 어떻게 효과적으로 측정할 수 있는가? 어떠한 업적측정지표를 사용하여야 경영자에게 기업을 위해서 돈을 벌 수 있는 동기를 부여할 수 있는가? 돈(현금)이란 유동적인 것으로 항상 그 흐름을 보아야 한다. 기업의 입장에서 본다면 돈의 흐름에는 3가지 유형이 있다. 즉, 들어오는 돈(generated money), 기업 내부에 잠겨 있는 돈(captured money), 나가는 돈(spent money)이다. 이 각 유형은 각각 따로 측정이 되어져야 한다. 제약자원이론에 의하면 기업에 들어오는 돈을 측정하는 지표를 현금창출(cash throughput), 내부에 잠겨 있는 돈을 측정하는 지표를 총재고(total inventory), 나가는 돈을 측정하는 지표를 운영비용(operating expenses)으로 각각 정의한다. 이 관계를 그림으로 나타내면 다음과 같다.

〈도표 14-4〉 3가지 유형의 돈의 흐름

돈 흐름 유형 :	유입되는 돈 ===>	내부에 잠겨있는 돈 ===>	유출되는 돈
	⇑	⇑	⇑
측정지표 :	현금창출	총재고	운영비

우선 용어상에 있어서 이 3가지 지표는 기존 원가회계에서 사용되고 있는 것과 별 차이가 없어 보인다. 그러나 각 지표가 의미하는 내용을 보면 이 3가지 지표가 기존 원가회계의 개념과 완전히 다른 것을 알게 된다. 우선 각 지표를 정의해 보면 다음과 같다.

현금창출 = 순매출액 – 재료비
총재고 = 제품재고 + 투자재고
운영비용 = 노무비 + 제조간접비 + 판매비 + 일반관리비

한 가지 기억해야 할 것은 이 지표들은 기업의 장기투자 결과를

측정하는 도구가 아니라는 것이다. 이 지표들은 기업의 매 기별 영업실적을 측정하는 단기적인 성격을 띄고 있다. 각 지표를 구체적으로 설명하기로 한다.

먼저 현금창출(cash throughput)을 기본적으로 정의하면 제약자원 이론에서는 재료비만을 변동비로 보기 때문에 매출에서 재료비를 공제한 금액이라고 볼 수 있다. 따라서 일정 기간의 현금창출이란 그 기간에 재료비를 제외한 다른 비용을 지급하는 데 사용될 수 있는 총금액이다. 총재고(total inventory)는 기업이 미래에 팔고자 하는 목적을 가지고 투자한 것들로서, 기업내부에 잠겨져 있는 돈의 총액을 말한다. 총재고에는 제품재고와 투자재고의 2가지 종류가 있는데, 제품재고에는 원자재, 재공품, 완제품의 3가지가 있으며 투자재고에는 건물, 토지, 기계, 각종 집기 등이 포함된다.

운영비용(operating expenses)이란 총재고를 현금창출로 전환하는 과정에서 발생된 모든 비용으로 정의한다. 노무비, 제조간접비, 판매관리비가 운영비용에 속한다. 대부분의 운영비용은 단기적 고정비의 성격을 지니고 있다. 지금까지 설명한 3가지 지표들 사이의 상호관계를 살펴보면 다음 <도표 14-5>와 같다.

〈도표 14-5〉 3가지 지표간의 상호관계

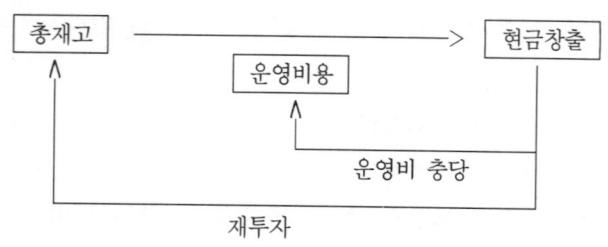

즉, 총재고의 운영을 통해서 기업 내에 현금창출이 가능하며 그 과

정에서 운영비용이 발생한다. 창출된 현금은 다음 기간의 운영비용으로 사용되며 필요에 따라 제품재고와 투자재고에도 투자가 된다.

사실상 이 3가지 업적측정지표는 새로운 개념이 아니다. 단지 기존에 사용되고 있던 용어들을 다른 각도에서 정의한 것이라고 말할 수 있다. 또 한 가지 중요한 사실은 전통적으로는 기업경영에 있어서 운영비의 관리를 제일 중요시하고 다음이 총재고, 마지막이 현금창출의 순위인데 반해서, 제약자원이론에서는 현금창출을 극대화하는 것을 최우선 순위로 삼고 다음이 총재고이며 운영비용의 절감은 마지막 관리의 대상으로 본다. 이렇게 현금창출을 가장 중요하게 보기 때문에 제약이론에 가장 적합한 관리회계시스템을 현금창출회계(throughput accounting)라고 부르기도 한다.

4) 재무제표와 업무분석

재무제표와 일상 업무의 매분기 분석은 경영통제시스템의 중요한 부분이다. 제약자원이론 하에서도 재무제표와 일상업무의 분석은 필요하다. 기존에 사용되고 있는 대부분의 분석비율들은 그대로 사용될 수 있을 것이다. 그러나 제약자원이론에서는 현금창출이 업적측정의 주요 지표이기 때문에 기존 업적측정지표들의 일부는 현금창출을 중심으로 다시 정의되어야 할 것이다. 몇 가지 예를 들어보자.

순이익 = 현금창출 - 운영비용
투자수익율 = (현금창출 - 운영비용)/총재고 = 순이익/총재고
생산성 = 현금창출 / 운영비용
재고자산회전율 = 현금창출 / 총재고

기간별 업적측정을 위한 차이분석도 제약자원이론 하에서는 달

라지게 된다. 전통적인 차이분석의 우선 순위는 원가차이, 생산차이, 판매차이라고 볼 수 있다. 이러한 차이분석은 실질적으로 매 기별 기업 내 모든 부서 또는 공장의 모든 공정을 통해서 이루어져 왔다. 제약자원이론에서는 제약자원이 되는 곳에서만 차이분석을 해서 효율성을 증진시키고 다른 모든 곳에서는 차이분석을 하지 않는 것을 원칙으로 한다.

손익계산서 분석에 있어서 크게 변화될 또 하나의 개념은 공헌이익이다. 일반적으로 공헌이익은 순매출과 변동비의 차이로서 정의된다. 변동비에는 대체로 재료비와 노무비를 포함한다. 그러나 제약자원이론에서는 재료비만을 변동비로 취급하기 때문에, 공헌이익에 기준을 둔 손익계산서는 다음과 같이 작성될 수 있을 것이다(Noreen 등, 1995).

　　수익 - 직접재료비 = 공헌이익(현금창출)
　　공헌이익(현금창출) - 단기고정비(운영비) = 순이익

단기고정비에는 물론 노무비가 포함된다. 표면적으로는 노무비가 공헌이익 이후로 위치 변경되었을 뿐 기존의 공헌이익 손익계산서와 크게 차이가 없는 것 같이 보여진다. 그러나 공헌이익에 의해서 여러 가지의 중요한 경영의사결정이 이루어지기 때문에, 이 새로운 공헌이익의 정의는 기업경영에 중요한 영향을 미치게 된다. 이에 대한 예는 아래에 들기로 한다.

5) 제약자원이론과 경영의사결정

상술한 바와 같이 제약자원이론의 관점에서 보면 전통적인 원가 개념이 바뀌게 되고 전반적인 관리회계시스템도 달라지게 된다. 그

런데 기업의 많은 의사결정이 원가에 의거하거나 관리회계시스템
에서 나오는 회계정보에 의해서 내려지기 때문에, 이러한 변화는
경영자의 의사결정에 지대한 영향을 미치게 된다. 여기에서는 단기
적인 관점에서 몇 가지 예를 언급하고자 한다.

우선 노무비를 단기적 고정비로 취급함으로써 기업의 손익분기
점이 상승하게 된다. 즉, 변동비가 감소하고 고정비가 증가됨으로
써 손익분기점에 도달하려면 더 많은 양의 판매가 필요하게 된다.
동시에 단위당 변동비가 줄었다는 사실은 손익분기점 이후 단위당
이익이 급증한다는 것을 의미한다. 영업 레버리지(operating
leverage) 또한 커지게 된다. 영업 레버리지는 공헌이익을 순이익으
로 나눈 것으로 영업 레버리지가 커진다는 것은 손익분기점이 상
승한다는 의미이다. 이러한 변화는 기업의 가격정책, 신제품도입,
신규투자 등에 대한 결정에 영향을 미칠 것이다.

특별주문의 가격결정도 영향을 받게 된다. 특별주문이란 계속성
이 없는 주문으로서 기존의 판매에는 변화가 없고, 공장에서도 여
유생산능력이 충분히 있다고 가정한다. 일반적인 원리로서는 변동
비만 회수되는 가격이면 특별주문의 최소가격으로 받아들여진다.
변동비에는 재료비, 노무비, 변동판매비 등이 포함되는 것이 상례
이다. 그러나 단기적인 관점에서 노무비가 고정되어 있고 판매비가
크게 변하지 않는다면 재료비만으로서도 특별주문의 가격이 될 수
있다11). 실제로도 경쟁이 심한 입찰의 경우 재료비만을 입찰가격으
로 제시하는 경우를 보는 것은 어렵지 않다.

특정 원자재가 부족할 경우에는 이 원자재가 생산에 있어서 제약

---

11) 'super variable costing'이 여기에 해당하며, 대비되는 개념으로 'super
absorption costing'이 있는데 이것은 장기적인 관점에서 모든 원가(연구개
발비, 설계비, 마케팅비, 관리비, 고객서비스비 등을 포함)는 변동적이며 따
라서 제품원가에 반영해야 한다는 것이다.

자원이 된다. 따라서 모든 노력은 이 원자재 사용으로 인한 이익극대화에 집중되어야 한다. 우선 각 제품별로 부족 원자재 사용으로 인한 공헌이익이 원자재 단위당 얼마인지 계산해 보고, 원자재 단위당 공헌이익이 가장 큰 제품부터 생산을 시작한다. 생산량은 시장수요를 충족시킬 수 있는 양으로 제한되어야 한다. 시장 수요가 충족되면 두 번째로 원자재 단위당 공헌이익이 높은 제품을 생산해야한다. 이러한 순서로 부족 원자재가 다 소모될 때까지 다른 제품 생산도 늘여가게 된다. 결과적으로는 부족원자재 사용으로 최대한의 공헌이익을 얻게 되고, 이것은 기업 이익극대화로 연결된다.

부품의 자체 생산과 외주를 주는 것에 대해 의사결정을 해야 할 때도 있다. 원가정보 이외에도 품질, 납기준수 등의 질적인 사항을 고려해야 되지만, 올바른 원가정보는 의사결정의 중요한 요인이 된다. 손실이 나고 있는 부서나 제품을 계속 유지할 것인가도 중요한 결정이다. 제약자원이론에 의거한 원가의 새로운 분류방식은 이러한 경영의사결정에도 영향을 미치게 될 것이다.

3. 벤치마킹

1) 벤치마킹의 대상과 종류

벤치마킹은 자기회사의 업무수행과정과 유사한 프로세스를 보다 훌륭히 수행하고 있는 우량기업을 비교기준으로 삼아 최선의 실무를 파악하고, 이들 실무 중 자사에 도입될 수 있는 실무를 적절히 수정하여 도입하자는 것인데, 이는 지속적인 학습 및 적응이라는 조직학습이론을 바탕으로 하고 있다. 벤치마킹은 "모든 학습은 통찰력을 발견하여 행동의 새로운 가능성을 만들어 냄으로써 행동을 유발하고 통찰력을 이끌어내는 결과를 관찰하는 일련의 과정이다."
라고 주장하는 듀이(John Dewey)의 학습이론과 지속적인 개선을 강
조하는 데밍(E. Deming)의 품질철학을 근간으로 한다.

창조능력의 강화에 관심을 두는 학습이론이나 실제로 개선을 수
행하는 종업원의 창조적인 능력에 성과가 좌우되는 지속적 개선
모두가 행동을 강조한다는 점에서 공통성을 지니며 끊임없이 변화
를 도모해야 할 우량기업의 핵심개념이다.

세계적 수준의 성과를 벤치마킹 하는 것은 경쟁분석(competitive
analysis)에서 시작되지만 그 범위를 훨씬 더 나아간다. 경쟁분석은
제품 비교에 초점을 맞추는 반면 벤치마킹은 제품 뿐만 아니라 제
품을 생산하는 운영체계와 경영기술로 그 범위가 확장된다. 또한
경쟁분석은 유사제품이나 서비스를 제공하는 기업에 한정하지만
벤치마킹 분석은 프로세스나 기술의 "최고의 예"를 어디든지 자유
롭게 찾아 나선다(Walleck 등, 1991). 요컨대 경쟁력 분석은 자신이
경쟁자들과 얼마만큼 차이를 갖는가를 알려주는 것인 반면, 벤치마
킹은 우수한 프로세스 기저에 깔려있는 실행방법에 초점을 둔다.

벤치마킹을 대상에 따라 분류하면 세 가지로 나눌 수 있다. 먼저
내부적 벤치마킹은 같은 기업 내, 지역, 부서, 사업부, 국가간의 유
사한 활동을 비교연구대상으로 삼는 것이다. 장점은 자료수집이 용
이하고 다각화된 우량기업의 경우 효과가 매우 크다는 점이며 단
점으로서는 관점이 제한적이고 편중된 내부시각의 우려가 있다.

두 번째, 경쟁적 벤치마킹은 고객을 공유하는 직접적 경쟁기업을
그 대상으로 한다. 경영성과와 관련된 정보입수가 가능하고 업무/
기술의 비교가 가능하고, 정보수집 지속성이 있는 것이 장점이다.
반면에 자료입수가 어렵고 윤리적 문제의 발생소지가 있으며 적대
적 태도 등이 단점이다.

셋째로, 기능적 벤치마킹 또는 본원적 벤치마킹은 제품·서비스 및 프로세스에 있어 가장 우수한 실무를 보이는 조직 또는 기업을 대상으로 하는 것이다. 이것은 혁신적 실행을 발견할 가능성이 높은 반면 다른 환경에 최선실무를 적용함으로써 효과를 보지 못할 가능성이 있다.

벤치마킹의 실시는 제1단계로 벤치마킹 프로젝트의 계획, 2단계 필요한 자료의 수집, 3단계 자료분석, 4단계 개선의 실행과 조치를 거쳐 수행된다. 이 중 먼저 조사대상 및 범위의 확정에 관해 살펴보자.

선택된 벤치마킹 프로젝트를 관리 가능한 수준으로 구체화하기 위해서는 프로세스의 고객에 대한 이해를 출발점으로 삼고 프로세스를 몇 가지 하위 프로세스로 나누어야 하며 그 중 가장 많은 문제를 일으키는 프로세스를 집중적으로 분석할 필요가 있다(신홍철, 1994, p. 125). 여기에 유용하게 사용되는 도구가 이시카와 인과관계(Fish-bone)도표이다(<도표 14-6>).

〈도표 14-6〉 이시카와 인과관계(fish-bone)

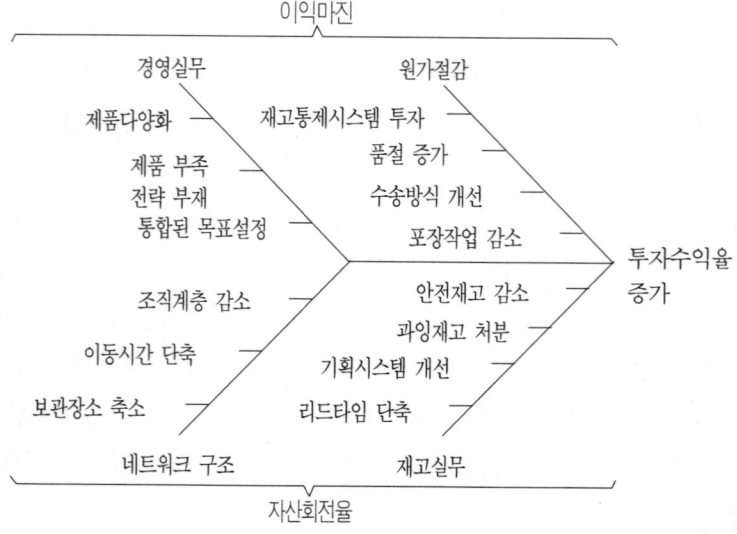

이 도표에서 원인에 해당하는 각 요소들은 벤치마킹의 후보가 된다. 이러한 인과관계 도표는 구체적으로 어떠한 개선에 의해 최종성과인 투자수익율이 높아질 수 있는가를 잘 보여주고 있다(R. C. Camp, 1993).

2) 물류 프로세스의 벤치마킹

오늘날과 같은 무한경쟁시대에 있어서 기업이 가장 관심을 가져야 할 대상은 프로세스이다. 왜냐하면 프로세스란 기업을 차별화시킬 수 있는 기업경영의 실행과정이기 때문이다. 프로세스는 투입물을 산출물로 변화시키는 활동의 집합으로 정의할 수 있다.

활동이 수행되면 곧 기업 내 인적·물적 자원의 소비가 이루어지는 바, 여러 가지의 활동들로 이루어지는 프로세스는 고객욕구의 충족이라는 궁극적인 목표달성 과정상 최적의 상태로 수행되어야 한다. 물류에서도 역시 일을 하는 방법에 있어서 지속적인 개선의 중요성을 인식하기 시작하고 있다. 이것이 물류 프로세스 벤치마킹의 밑바탕이 되는 철학이다.

이 프로세스는 공급업자에서 시작하여 자사의 사업단위(제조업이건, 어떤 형태의 가치 활동이든 간에)를 통과하여 중간상을 거쳐 고객에게 전달되는 '파이프라인'으로 가정해 보자

서비스 파이프라인에서 성과의 개선을 위해 첫 번째로 취해야 할 단계는 프로세스의 구조를 이해하는 것이다. 송유 파이프라인과 달리, 공급자와 최종사용자를 연결하는 물자와 정보의 흐름, 활동 및 절차의 네트워크는 복잡하다.

다음 단계는 중요 포인트를 파악하는 것인데, 즉 어느 한 곳이 잘못되면 전체 프로세스에 영향을 미치는 점을 말한다. 이러한 중

요 포인트가 바로 프로세스 관리가 적용되어야 하고, 업종을 불문하고 최고수준의 기업과 비교하여 벤치마킹을 함으로써 커다란 효과를 볼 수 있는 부문이다.

재료의 원천에서 최종사용자까지의 과정에서 일어나는 일들의 연쇄를 일련의 공급자와 고객관계의 집합으로 생각해 보면, 공급자와 고객의 각 접점에서 프로세스와 성과를 벤치마킹할 필요가 있다는 사실이 명백해진다.

3) 공급연쇄의 벤치마킹

공급연쇄의 성과는 상류의 공급자와 하류의 도매업자에까지 확장되는 여러 관계의 질에 밀접한 관계가 있기 때문에, 그들을 벤치마킹 프로세스에 포함시킬 필요가 있다. 또한 전체로서의 공급연쇄의 성과를 개선한다는 목표를 염두에 두고 공급연쇄상에 존재하는 관계(접점)들의 효율과 효과를 향상시키는 데 초점을 맞추어야 한다. 따라서 공급자와 도매업자의 성과를 검토할 때, 전체 물류비용의 감소와 고객서비스(최종사용자 기준)에 대한 그들의 기여도를 평가의 척도로 삼아야 한다.

<도표 14-7>은 공급연쇄 벤치마킹의 핵심분야를 보여주고 있다. 여기서 강조되어야 할 점은 지속적으로 측정하고, 해당분야의 최우수 기업과 비교해야 하는 것은 단순히 공급자와 도매상 그 자체만이 아니다. 그들과의 '접점(interface)'을 어떻게 관리해야 하는가가 중요하다.

예를 들어 우리는 다른 조직들이 어떻게 공급업체에게 주문을 전송하고, 다른 회사들은 어떻게 그들의 생산일정을 공급업체 및 고객들과 조정하는지 알 필요가 있다.

〈도표 14-7〉 공급연쇄 성과의 벤치마킹 : 대표적인 평가척도

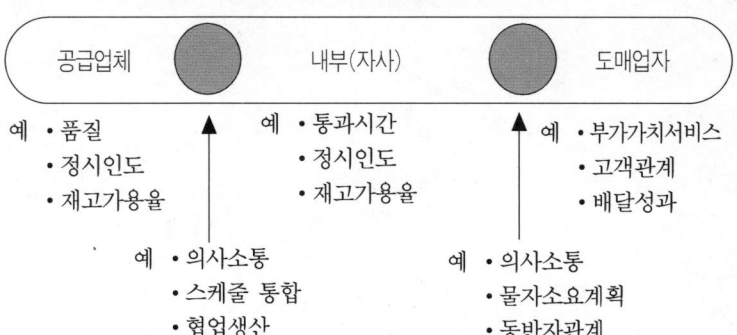

   그런데 공급연쇄 벤치마킹의 핵심분야 중에서 우선 순위를 선택하는 궁극적인 지침이 되는 것은 해당 활동이나 기능이 경쟁우위에 미치는 영향일 것이다. 일반적으로 경쟁우위의 두 가지 요소는 상대원가와 상대가치이다. 즉 경쟁자보다 낮은 배달비용(효율, efficiency)과 고객서비스를 통한 차별화(효과, effectiveness)의 양쪽 목표를 달성하는 데 있어 특정 프로세스 혹은 기능의 공헌도에 의해 벤치마킹의 우선 순위가 결정되어야 한다는 것이다.

   그러나 실제 많은 조직들이 오직 효율만을 내부적인 관점에서 근시안적으로 측정하고 있다. 예를 들어 어떤 회사는 한 박스당 처리비용 및 공간활용도 등의 측면에서 창고관리가 매우 '효율적'이라고 과시할 수 있다. 그러나 경쟁자가 창고 자체를 없애고 고객에게 직송하는 시스템을 채택해 리드타임과 재고비용을 감소시켰다면 경쟁자가 훨씬 더 효과적이라고 할 수 있다.

   벤치마킹 프로세스는 오직 성과의 갭(gab)만을 보여주는 것으로 단정할 수 있으나, 벤치마킹은 결코 문제를 파악하는 도구로서의 역할에만 국한되는 것이 아니다. 이들 지식(즉 문제가 있음을 알려주는 정보)을 어떻게 활용하는 것인가 하는 소위 행동적 차원인 실행을 강조하는 데 그 의의가 있다.

부록 기업 물류비계산에 대한 지침

기업 물류비계산에 대한 지침

제1절 총칙

제1조 (목적) 이 지침은 화물유통촉진법 제5조 제4항의 규정에 의한 물류비에 대한 용어와 개념을 통일하고 물류비계산을 위한 절차와 방법에 대한 기준을 제공함으로써 개별기업의 물류비 산정의 정확성과 관리의 합리성을 제고하는 데 있다.

해설

물류비계산기준을 제정하는 목적은 개별기업을 위한 것과 정부를 위한 것으로 구분하여 정의할 수 있으며 두 가지 목적이 모두 충족되도록 한다.

개별기업을 위한 목적은 개별기업들이 가장 효율적인 물류비계산제도를 구축하기 위해 연구하고 조사하여 제도를 확정하는 노력과 시간을 단축시켜서 빠른 시간 내에 물류비계산제도가 정착될 수 있도록 지침서 역할을 하도록 함에 있다.

그 동안 국내에서는 한국 생산성본부가 1989년에 기업물류비계산준칙을 제정하여 발표하였으나 개별기업에 충분한 도움이 되지 못하였고, 그 외에는 뚜렷한 연구나 제시가 없었던 점을 해결하는 측면에서 접근하였다.

제2조 (정의) 이 지침에서 사용되는 용어의 정의는 다음과 같다.

1. 물류란 물자(원재료, 부품, 상품, 제품 등을 포함하며, 이하는 같다)의 조달, 제조 또는 생산, 가공, 판매, 반품, 폐기, 회수 과정에서 수행되는 물자의 운송, 보관활동과 이에 부대되는 활동 및 관련정보의 처리활동과 관리활동을 말한다.

2. 물류비란 물류활동을 수행하기 위하여 발생하거나 소비한 경제가치를 말한다.

보기 해설

일본에서의 물류란 원래 완제품에서 소비자에게 이르는 마케팅 측면에서 출발된 유통관리였으나 미국 물류관리협의회에서 확정된 "물류관리란 원료, 부품, 반제품, 완제품 등을 공급자에서 생산자, 생산자에서 소비자에게 인도하기 위한 이동과 보관을 전략적으로 관리하는 과정"이란 정의가 널리 사용되고 있다. 따라서 물류를 정의할 때 그 범위측면에서 완제품 중심이 아니라, 원자재 및 생산품까지 확대하고 물류기능측면에서 하역, 운반, 보관, 포장, 정보 등을 수평적 관계로 보지 아니하고 운반과 보관을 중심기능으로 하고 그 밖의 나머지 기능들은 이들 중심기능을 보조하는 기능으로 정의하였다.

보기 해설

물류비는 재무제표작성시 제조원가, 판매비와 일반관리비 또는 매입원가 등 계정과목과 관계있는 경제가치는 전부 대상이 된다는 점에서 기업회계기준과는 상이점이 있으며 기업회계기준에서는 인정하지 않고 있는 기회원가를 일부 적용한다.

투자보수비는 토지 등과 같은 비상각자산에 대해 재고자산부담 이자는 재고자산에 대해 일정 이자율을 곱하여 투자자본에 대한 기회이자를 계산하여 적용한다.

이런 특징은 물류비계산이 재무회계의 영역이 아니고 관리회계의 영역이어야 함을 보여주고 있다.

제3조 (적용대상 및 범위) 이 지침은 물류비실적측정을 위한 것으로 1차 생산업, 제조업, 유통업 등을 대상으로 하며 대상기업은 내부사정에 의해 동 지침을 적용하지 않을 수 있다.

해설

물류비를 계산하고 관리하는 업무는 물류비의 실적을 측정하여 물류비 실태를 파악하기 위한 물류비계산, 파악된 물류비를 기초로 하여 물류비를 관리하고 절감하기 위해 표준원가나 예산관리를 활용하는 등의 물류비 관리와 물류개선을 위한 의사결정을 지원하기 위한 특수물류비계산, 예를 들면 다발도 운반비계산, 긴급운반비계산, 물류시설 대체 안별 물류비계산 등이 있다.

기업에서 물류비를 절감하고 합리적인 물류활동을 수행하기 위해서는 위에서 설명하고 있는 세 가지 물류관리업무를 모두 적절히 수행하여야 하나, 본 기준에서는 일차적으로 물류비 실적을 측정하기 위한 실적물류비계산으로 한정하였다.

제4조 (구성) 이 지침의 물류비계산기준은 상세하게 원천적으로 계산하는 일반기준과 회계장부와 재무제표로부터 간단하게 추산하는 간이기준으로 구성한다.

해설

물류비를 계산하기 위해서는 일반적으로 인정된 외계원칙인 기업회계기준에 의해 수행되는 일반회계를 통해서는 그 목적을 충분히 달성하지 못하므로 별도의 물류비계산제도가 수행되어야 한다. 별도의 물류비계산제도를 만들기 위해서는 그 기반이 되는 생산관리, 판매관리, 자재관리 등의 시스템이 잘 구축되어 있는 것이 전제되는 등 전체적으로 어느 정도 이상의 수준을 요구한다.

그러나 현실적으로 모든 기업이 이런 능력을 갖고 있다고 볼 수는 없으므로 일률적으로 적용하기 곤란한 문제가 발생한다. 따라서 물류비계산기준은 정규의 절차를 거쳐 산출하는 일반기준과 간단한 방법으로 추산하여 산출하는 간이기준으로 구분하여 제시하고 상장법인은 일반기준에 의해 계산하고 외부감사에 관한 법률에 의한 외부회계감사 대상법인은 일반기준 또는 간이 기준에 의해 계산하도록 의무화함으로써 본 기준제정 목적이 달성되도록 한다.

제5조 (적용기준) 이 지침을 적용하고자 하는 기업은 일반기준 또는 간이기준을 선택 적용할 수 있다.

제2절 물류비계산의 일반기준

제6조 (일반기준에 의한 물류비계산 목적) 물류비에 대한 실태파악을 상세히 하기 위하여 실적물류비를 발생요인별로 계산함에 목적이 있다.

제7조 (물류비의 과목분류) 물류비계산 목적을 달성하기 위해 다음

과 같이 영역별, 기능별, 자가·위탁별, 세목별, 관리항목별로 구분
한다.

1. 영역별로 다음 각 호와 같이 구분한다.

1) 조달물류비는 물자가 조달처로부터 운송되어 매입자의 매입
물자의 보관창고에 입고, 관리되어 생산공정(또는 공장)에 투입되기
직전까지의 물류활동에 따른 물류비를 말한다.

2) 사내물류비는 조달보관창고에서 원재료 등을 이동하여 생산
공정(또는 공장)에 투입되는 시점부터 생산과정 중 공정과 공정간의
원재료나 반제품의 운송활동, 보관활동 및 생산된 완제품을 창고에
보관하기 직전까지의 물류활동에 따른 물류비를 말한다. 다만 재료
의 생산이나 제품의 제조공정 내에서 발생하는 비용은 생산원가
또는 제조원가에 산입하므로 물류비에서는 제외시킨다.

3) 판매물류비는 생산된 완제품 또는 매입한 상품을 창고에 보관
하는 활동부터 그 이후의 모든 물류활동에 따른 물류비를 말하며,
반품물류활동과 공용기, 팰리트 등의 회수물류활동 및 파손 또는
진부화된 제품, 포장용기 등의 폐기물류활동에 따른 물류비를 포함
한다. 단, 개별기업의 관리목적 또는 사정에 따라 구분하여 사용할
수 있다.

2. 기능별로 다음 각 호와 같이 분류하되 개별기업의 상황에 따
라 상세한 세부기능별로 분류할 수 있다. 단, 하역비는 별도로 분류
하지 않을 수 있다.

1) 운송비는 물자를 물류거점간 및 소비자에게 이동시키는 활동
에서 소비된 비용을 말하며, 필요에 따라 물류거점까지 이동시키는

활동에 해당하는 수송비와 수요자에게 배송시키는 활동에 해당하는 배송비로 구분할 수 있다. 하역비를 별도로 구분하지 않을 때에는 상차 및 하차 활동까지를 포함하나 창고에 부설된 하역설비를 이용한 상·하차활동은 보관 및 재고관리비에 포함한다.

2) 보관 및 재고관리비는 물자를 창고 등의 보관시설에 보관하는 활동에서 소비된 비용을 말하며 하역비를 별도로 구분하지 않을 때에는 창고에 부설된 하역설비를 이용한 하역비를 포함한다.

3) 포장비는 물류포장(최종소비자에게 인도되지 않고 이동과 보관을 용이하게 하기 위하여 실시하는 포장으로 판매포장과 상대개념임) 활동에서 소비된 비용을 말한다.

4) 하역비는 물자의 운송과 보관활동에 수반되어 동일 시설 내에서 물자를 상하좌우로 이동시키는 활동에서 소비된 비용을 말한다.

5) 유통가공비는 물자의 유통과정에서 물류효율을 향상시키기 위하여 이를 가공하는 데 소비된 비용을 말한다.

6) 물류정보·관리비는 물류정보를 처리하는 비용과 물류관리에 소비된 비용을 말하며, 필요에 따라 물류정보를 수집, 가공, 전달하기 위해 필요한 입력, 처리, 기억, 출력, 제어, 통신 등의 제활동을 컴퓨터 등의 전자적 수단을 사용하여 발생하는 물류정보비와 물류관리부문에서 발생한 기타 모든 비용으로서 물류관리비로 구분할 수 있다.

3. 자가·위탁별 분류는 다음 각 호와 같다.

1) 자가물류비는 자사의 설비나 인력을 사용하여 물류활동을 수행함으로써 소비된 비용을 말한다.

2) 위탁물류비는 물류활동의 일부 또는 전부를 타사에 위탁하여 수행함으로써 소비된 비용을 말한다.

해설
　자가·위탁물류의 분류는 개별기업 입장에서는 물류활동을 누가 수행하고 물류대금을 누가 지불한 것인가에 대한 상세한 정보를 알 수 있도록 하고 정부입장에서는 물류비를 종합 집계할 때 중복(물류공급회사와 물류수요회사간, 공급자와 수요자간)집계를 방지하기 위해서 필요하다.

　4. 세목별 분류는 다음 각 호와 같다.
　1) 세목별 분류는 기본적으로 재료비, 노무비, 경비, 이자로 구분한다. 구체적으로는 해당기업의 물류비관리실무에 적절한 비용계정과목을 중심으로 구분하여 물류비를 상세화시키며 계정과목의 분류 및 정의 등은 기업회계기준 및 원가계산준칙의 비용계정과목과 동일한 체계를 가능하면 준용하도록 한다.
　2) 시설부담이자는 물류시설에 투자되어 있는 자금에 대한 이자부담분 만큼의 기회손실을 말하며, 재고부담이자는 재고자산이 존재함으로써 발생하는 재고자산의 가치에 대한 이자부담분 만큼의 기회손실을 말한다.
　3) 세목을 포함한 물류비의 비목분류는 <별표 1>과 같다.

　5. 관리항목별 구분은 물류비를 보다 상세한 항목으로 세분하여 파악하기 위한 목적으로 각 비목별로 개별기업의 특성에 적합하도록 조직별, 지역별, 고객별 등과 같은 관리항목을 정의하여 구분한다.
　　해설
　물류비 비목과 관리항목간의 매트릭스 사례는 다음 <별표 2>와 같다. 물류비를 관리목적별로 더 상세하게 계산하기 위해서는 최초로 비목별 데이터 집계시 구분하여 집계하고자하는 항목별로 구분되어야 한다는 의미이며 사례에 있는 운반비를 예로 들어 설명하면 다음과 같다.

운반비를 귀속될 부서별, 운반업체별, 물류종류(원재료종류)별, 물류거점(공급자→, 항구→보세창고, 보세창고→자재창고 등)별, 수송수단(트럭, 선박 등)별로 구분하여 측정하여야 한다는 것이다.

제8조 (물류비 인식기준) 물류비는 원칙적으로 기업회계기준 또는 원가계산준칙에서 일반적으로 채택하고 있는 발생기준을 준거하나 시설부담이자와 재고부담이자에 대해서는 기회원가의 개념을 적용한다.

제9조 (물류비계산방법) 물류비계산은 비목별 계산과 관리항목별 계산으로 구분하여 먼저 비목별 계산을 수행한 후 관리항목별 계산을 수행한다. 계산방법은 다음 각 호와 같다.

1. 비목별 계산은 비목별로 물류비를 집계하는 것으로서, 물류비 인식기준에 의해 물류비를 인식하되 구체적인 계산방법은 상기 과목의 분류체계에 의해 영역별, 기능별, 자가·위탁별, 세목별, 관리항목별로 전개해 나간다.

| 해설 |

물류비를 비목별로 계산하기 위해서는 물류비 비목별로 계산방법을 결정하여 다음 사례와 같이 정의해야 한다.

계산방법에 대해 좀 더 상세하게 설명하면 다음과 같다.

• 위탁·운반비 : 전표작성시 조달물류운반비를 구분하고 그대로 집계하거나 운반관리시스템에서 상세한 정보를 직접 수집할 수 있다.

- 감가상각비 : 조달물류활동에 사용하는 고정자산을 구분하여 감
  가상각비를 계산한 감각상각 시스템에서 직접 집계할 수 있다.
- 노무비 : 조달물류활동을 수행하는 인원이 부서 또는 원가공정
  으로 구분되는 경우는 회계전표를 통해서 또는 급여 시스템에
  서 직접 집계할 수 있다. 그러나 사람별로 구분만 되는 경우는
  급여 시스템에서 구분하여 집계하거나 또는 부서의 총노무비
  를 물류 인원수 기준으로 배부하는 방법을 사용할 수 있다.
- 재고부담이자 : 조달물류대상이 되는 원재료 등에 대한 일별
  재고금액의 월 합산÷30×내부이자율로 계산. 계산방법을 몇
  가지 유형으로 정리하면 다음과 같다.

1) 물류비계산이 가능하도록 전표를 구분하여 작성하고 전표 데
이터를 그대로 이용하는 유형.

2) 해당 데이터를 관리하는 시스템에서 물류비계산이 가능하도
록 데이터를 구분하여 상세하게 관리한 후 해당 시스템에서 이체
하는 유형.

3) 구분이 불가능하여 일단은 1) 또는 2)의 방법으로 가능한 수
준까지 집계한 후 배부기준에 의해 배부하는 유형.

4) 기초 데이터를 수집한 후 연산 로직에 의해 계산하는 유형.

2. 관리항목별 계산은 조직별, 지역별, 고객별 등과 같은 관리항
목별로 물류비를 집계하는 것으로서, 관리항목별로 직접귀속이 가
능한 직접비는 직접 부과하고 귀속이 불가능한 간접비는 관리항목
별로 적절한 배부기준을 이용하여 배부한다.

해설

관리항목은 비목별로 각각 관리할 항목을 정의하는 매트릭스 형

태로 존재하므로 계산방법 역시 비목별, 관리항목별로 각각 정의하여 사용하여야 한다.

비목별 계산시 구분이 가능한 관리항목별로는 구분하여 계산을 실시하는 것이 최상의 방법이나 구분이 불가능한 경우도 현실적으로 많이 존재하게 된다. 이 경우에는 일단 비목별로 계산한 후 관리항목별로는 적절한 배부기준을 사용하여 배부하는 방법으로 계산하는 것이 일반적이다.

제10조 (물류비계산서) 일반기준을 적용하여 물류비를 계산한 기업은 매 회계연도마다 당기의 실적과 전기의 실적을 비교하는 형식으로 <별지 제1호> 서식에 의한 계산서를 작성한다. 단 기업은 필요에 따라 월별, 분기별 및 관리항목별로 물류비계산서를 작성할 수 있고, 개별기업의 내부관리목적으로 사용되는 시설부담이자와 재고부담이자는 물류비계산서에서는 생략할 수 있다.

제3절 물류비계산 간이기준

제11조 (간이기준에 의한 물류비계산 목적) 물류비에 대한 실태 파악을 위해 실적물류비를 간략하게 추산하여 계산함을 목적으로 한다.

| 해설 |

물류비는 일반기준에 의해 원천 데이터부터 구분하여 집계하는 것이 요망되지만 그렇게 복잡하게 실시하지 못하는 기업과 그렇게 상세히 계산하는 것이 불필요한 기업에서는 회사전체를 대상으로 물류비 총액을 파악하는 목적으로 실천기준에 의해 간략하게 계산한다.

제12조 (물류비의 분류) 간이기준에 의한 물류비의 분류는 다음 각 호와 같다.

1. 자가물류비는 자사의 설비와 인력을 사용하여 물류활동을 수행함으로써 소비된 비용을 말하며 자가물류비는 다시 재료비, 노무비, 경비, 이자로 구분하여 파악한다. 이 가운데 이자는 필요에 따라 시설부담이자와 재고부담이자로 분류할 수 있다.

2. 위탁물류비는 물류활동의 일부 또는 전부를 타사에 위탁하여 수행함으로써 소비된 비용을 말한다.

제13조 (물류비계산방법) 1. 물류비계산방법은 제조원가계산서 및 손익계산서의 계정과목별로 물류비에 해당하는 금액을 추계하여 계산한다.

2. 제12조의 자가물류비 중 시설부담이자와 재고부담이자는 제조원가명세서 및 손익계산서와는 별도로 자산명세서와 재고명세서를 기초로 하여 계산한다.

3. 계정과목별 계산방법은 <별표 2>와 같다.

| 해설 |

<별표 2>에 기술되어 있는 것과 같이 데이터를 추출하기 위해서 적용가능한 방법은 다음과 같은 두 가지가 있으므로 회사의 환경에 적합한 방법을 선택한다. 가능하다면 두 번째 방법이 훨씬 개선된 방법이다.

1) 회계장부나 결산서에 있는 데이터 중에서 수작업으로 추출하거나 추계하는 방법.

2) 전표작성시 물류비 관련 거래를 구분하여 정보로 표시한 후 정보시스템을 이용하여 일괄 집계하는 방법.

제14조 (물류비계산서) 간이기준을 적용하여 물류비를 계산한 기업은 매 회계연도마다 <별지 제2호> 서식에 의한 계산서를 작성하며, 당기의 실적과 전기의 실적을 비교하는 형식으로 계산서를 작성할 수 있다. 개별기업의 내부관리목적으로 사용되는 시설부담이자와 재고부담이자는 물류비계산서에서 생략할 수 있다.

부   칙

제1조 (시행일) 이 고시는 공포와 동시에 시행한다.

〈별표 1〉 물류비 비목분류 및 인식기준(일반기준)

영역별	기능별	자가·위탁별	세 목 별		인 식 기 준
조달 물류비	운송비	자가	재료비	연료비 :	기업회계기준 또는 원가 계산준칙 발생기준 〃
			노무비	급료와 임금 제수당	〃 〃 〃
			경 비	복리후생비 수선비 :	〃 〃 〃
			이 자	시설부담이자	투자액의 미상각잔액에 이자율을 곱하여 계산
		위탁	경 비	지급운임 지급수수료 :	기업회계기준 또는 원가 계산준칙 발생기준 〃
	보관 및 재고 관리비	자가	재료비		〃
			노무비	급료와 임금 제수당 :	〃 〃 〃
			경 비	복리후생비 수선비 :	〃 〃 〃
			이 자	시설부담이자 재고부담이자	투자액의 미상각잔액에 이자율을 곱하여 계산 재고의 평균잔액에 이자 율을 곱하여 계산
		위탁	경 비	지급임차료 지급수수료 :	기업회계기준 또는 원가 계산준칙 발생기준
	포장비	자가	재료비	:	〃
			노무비	급료와 임금 제수당 :	〃 〃 〃
			경 비	복리후생비 수선비 :	〃 〃 〃
			이 자	시설부담이자	투자액의 미상각잔액에 이자율을 곱하여 계산
		위탁	경 비	지급수수료 :	기업회계기준 또는 원가 계산준칙 발생기준 〃

영역별	기능별	자가·위탁별	세 목 별		인 식 기 준
조달물류비	하역비	자가	재료비	:	기업회계기준 또는 원가 계산준칙 발생기준
			노무비	급료와 임금 제수당 :	" " "
			경 비	복리후생비 수선비 :	" " "
			이 자	시설부담이자	투자액의 미상각잔액에 이자율을 곱하여 계산
		위탁	경 비	지급수수료 :	기업회계기준 또는 원가 계산준칙 발생기준 "
	유통 가공비	자가	재료비	:	"
			노무비	급료와 임금 제수당 :	" " "
			경 비	복리후생비 수선비 :	" " "
			이 자	시설부담이자	투자액의 미상각잔액에 이자율을 곱하여 계산
		위탁	경 비	지급수수료 :	기업회계기준 또는 원가 계산준칙 발생기준 "
	물류 정보· 관리비	자가	재료비	:	"
			노무비	급료와 임금 제수당 :	" " "
			경 비	복리후생비 수선비 :	" " "
			이 자	시설부담이자	투자액의 미상각잔액에 이자율을 곱하여 계산
		위탁	경 비	지급수수료 :	기업회계기준 또는 원가 계산준칙 발생기준 "

영역별	기능별	자가·위탁별	세 목 별		인 식 기 준
사내물류비	운송비	자가	재료비	연료비 :	기업회계기준 또는 원가 계산준칙 발생기준 〃
			노무비	급료와 임금 제수당 :	〃 〃 〃
			경 비	복리후생비 수선비 :	〃 〃 〃
			이 자	시설부담이자	투자액의 미상각잔액에 이자율을 곱하여 계산
		위탁	경 비	지급운임 지급수수료 :	기업회계기준 또는 원가 계산준칙 발생기준 〃
	보관 및 재고 관리비	자가	재료비	:	〃
			노무비	급료와 임금 제수당 :	〃 〃
			경 비	복리후생비 수선비 :	〃 〃
			이 자	시설부담이자 재고부담이자	투자액의 미상각잔액에 이자율을 곱하여 계산 재고의 평균잔액에 이자 율을 곱하여 계산
		위탁	경 비	지급임차료 지급수수료 :	기업회계기준 또는 원가 계산준칙 발생기준 〃
	포장비	자가	재료비	:	〃
			노무비	급료와 임금 제수당 :	〃 〃
			경 비	복리후생비 수선비 :	〃 〃
			이 자	시설부담이자	투자액의 미상각잔액에 이자율을 곱하여 계산
		위탁	경 비	지급수수료 :	기업회계기준 또는 원가 계산준칙 발생기준

영역별	기능별	자가·위탁별	세 목 별		인 식 기 준
사내 물류비	하역비	자가	재료비	:	기업회계기준 또는 원가 계산준칙 발생기준
			노무비	급료와 임금 제수당	" " "
			경 비	복리후생비 수선비	" " "
			이 자	시설부담이자	투자액의 미상각잔액에 이자율을 곱하여 계산
		위탁	경 비	지급수수료 :	기업회계기준 또는 원가 계산준칙 발생기준 "
	유통 가공비	자가	재료비	:	"
			노무비	급료와 임금 제수당 :	" " "
			경 비	복리후생비 수선비 :	" " "
			이 자	시설부담이자	투자액의 미상각잔액에 이자율을 곱하여 계산
		위탁	경 비	지급수수료	기업회계기준 또는 원가 계산준칙 발생기준 "
	물류 정보· 관리비	자가	재료비	:	"
			노무비	급료와 임금 제수당 :	" " "
			경 비	복리후생비 수선비	" " "
			이 자	시설부담이자	투자액의 미상각잔액에 이자율을 곱하여 계산
		위탁	경 비	지급수수료 :	기업회계기준 또는 원가 계산준칙 발생기준 "

영역별	기능별	자가·위탁별	세 목 별		인 식 기 준
판매물류비	운송비	자가	재료비	연료비 :	기업회계기준 또는 원가 계산준칙 발생기준 ″
			노무비	급료와 임금 제수당 :	″ ″ ″
			경 비	복리후생비 수선비 :	″ ″ ″
			이 자	시설부담이자	투자액의 미상각잔액에 이자율을 곱하여 계산
		위탁	경 비	지급운임 지급수수료 :	기업회계기준 또는 원가 계산준칙 발생기준 ″
	보관 및 자재 관리비	자가	재료비	:	″
			노무비	급료와 임금 제수당 :	″ ″ ″
			경 비	복리후생비 수선비 :	″ ″ ″
			이 자	시설부담이자 재고부담이자	투자액의 미상각잔액에 이자율을 곱하여 계산 재고의 평균잔액에 이자 율을 곱하여 계산
		위탁	경 비	지급임차료 지급수수료 :	기업회계기준 또는 원가 계산준칙 발생기준 ″
	포장비	자가	재료비	:	″
			노무비	급료와 임금 제수당 :	″ ″ ″
			경 비	복리후생비 수선비 :	″ ″ ″
			이 자	시설부담이자	투자액의 미상각잔액에 이자율을 곱하여 계산
		위탁	경 비	지급수수료 :	기업회계기준 또는 원가 계산준칙 발생기준 ″

영역별	기능별	자가·위탁별	세 목 별		인 식 기 준
판매물류비	하역비	자가	재료비	:	기업회계기준 또는 원가계산준칙 발생기준
			노무비	급료와 임금 제수당 :	" " "
			경 비	복리후생비 수선비 :	" " "
			이 자	시설부담이자	투자액의 미상각잔액에 이자율을 곱하여 계산
		위탁	경 비	지급수수료 :	기업회계기준 또는 원가계산준칙 발생기준 "
	유통가공비	자가	재료비	:	"
			노무비	급료와 임금 제수당 :	" " "
			경 비	복리후생비 수선비 :	" " "
			이 자	시설부담이자	투자액의 미상각잔액에 이자율을 곱하여 계산
		위탁	경 비	지급수수료 :	기업회계기준 또는 원가계산준칙 발생기준 "
	물류정보·관리비	자가	재료비	:	기업회계기준 또는 원가계산준칙 발생기준 "
			노무비	급료와 임금 제수당	" " "
			경 비	복리후생비 수선비	" " "
			이 자	시설부담이자	투자액의 미상각잔액에 이자율을 곱하여 계산
		위탁	경 비	지급수수료 :	기업회계기준 또는 원가계산준칙 발생기준 "

〈별지 제1호〉 **물류비계산서(일반기준)**

제 기   년   월   일부터   년   월   일까지
제 기   년   월   일부터   년   월   일까지

회사명 :

단위 : 천원

영역별	기능별	자가·위탁별	세 목 별		제 (당)기 금 액	제 (전)기 금 액
조달 물류비	운송비	자가	재료비	:		
			노무비	:		
			경 비	:		
			이 자	:		
		위탁	경 비	:		
		소 계				
	보관 및 재고 관리비	자가	재료비	:		
			노무비	:		
			경 비	:		
			이 자	:		
		위탁	경 비	:		
		소 계				
	포장비	자가	재료비	:		
			노무비	:		
			경 비	:		
			이 자	:		
		위탁	경 비	:		
		소 계				
	하역비	자가	재료비	:		
			노무비	:		
			경 비	:		
			이 자	:		
		위탁	경 비	:		
		소 계				
	유통 가공비	자가	재료비	:		
			노무비	:		
			경 비	:		
			이 자	:		
		위탁	경 비	:		
		소 계				
	물류 정보· 관리비	자가	재료비	:		
			노무비	:		
			경 비	:		
			이 자	:		
		위탁	경 비	:		
		소 계				
	조달물류비 소계					

362

영역별	기능별	자가·위탁별	세 목 별		제 (당)기 금 액	제 (전)기 금 액
사내 물류 비	운송 비	자가	재료비	:		
			노무비	:		
			경 비	:		
			이 자	:		
		위탁	경 비	:		
		소 계				
	보관 및 재고 관리 비	자가	재료비	:		
			노무비	:		
			경 비	:		
			이 자	:		
		위탁	경 비	:		
		소 계				
	포장 비	자가	재료비	:		
			노무비	:		
			경 비	:		
			이 자	:		
		위탁	경 비	:		
		소 계				
	하역 비	자가	재료비	:		
			노무비	:		
			경 비	:		
			이 자	:		
		위탁	경 비	:		
		소 계				
	유통 가공 비	자가	재료비	:		
			노무비	:		
			경 비	:		
			이 자	:		
		위탁	경 비	:		
		소 계				
	물류 정보 · 관리 비	자가	재료비	:		
			노무비	:		
			경 비	:		
			이 자	:		
		위탁	경 비	:		
		소 계				
	사내물류비 소계					

영역별	기능별	자가·위탁별	세 목 별		제 (당)기 금 액	제 (전)기 금 액
판매물류비	운송비	자가	재료비	:		
			노무비	:		
			경 비	:		
			이 자	:		
		위탁	경 비	:		
		소 계				
	보관 및 재고 관리 비	자가	재료비	:		
			노무비	:		
			경 비	:		
			이 자	:		
		위탁	경 비	:		
		소 계				
	포장비	자가	재료비	:		
			노무비	:		
			경 비	:		
			이 자	:		
		위탁	경 비	:		
		소 계				
	하역비	자가	재료비	:		
			노무비	:		
			경 비	:		
			이 자	:		
		위탁	경 비	:		
		소 계				
	유통가공비	자가	재료비	:		
			노무비	:		
			경 비	:		
			이 자	:		
		위탁	경 비	:		
		소 계				
	물류 정보 · 관리 비	자가	재료비	:		
			노무비	:		
			경 비	:		
			이 자	:		
		위탁	경 비	:		
		소 계				
	판매물류비 소계					

〈별표 2〉 물류비계산방법(간이기준)

계 정 과 목		계 산 방 법
제조 원가	노무비	·공장에서의 물류인원 비례로 배분
	가스수도료	·차량용 유류대로 주유소에 지급한 금액을 계상
	운임	·전액 계상
	감가상각비	·감가상각비 계산 명세서에서 공장의 물류기기나 설비에 대한 것만 추출하여 합산
	수선비	·물류기기나 설비에 대한 수선비만 추출하여 합산
	소모품비	·물류설비에 소모되는 타이어, 부품비 등을 추출하여 합산
	세금과공과	·물류설비에 대한 자동차세, 면허세 등을 추출하여 합산
	지급임차료	·물류기기와 설비에 대한 임차료를 기입
	보험료	·공장 물류시설에 대한 보험료를 기입
	복리후생비	·노무비 배부기준을 적용하여 배분
판매 비와 관리 비	임원급여	·물류담당 임원의 급여를 기입
	급여	·물류담당 인원비례로 배분(물류부서가 구분되는 경우는 물류부서 비용만 집계)
	퇴직급여	· "
	세금과공과	·트럭에 대한 자동차세, 면허세 등을 추출하여 합산
	지급임차료	·물류기기나 설비에 대한 임차료를 기입
	감가상각비	·감가상각비 계산 명세서에서 물류기기나 설비에 대한 것만 추출하여 합산
	수선비	·물류기기나 설비에 대한 수선비만 추출하여 합산
	보험료	·물류기기나 설비에 대한 보험료를 기입
	보관료	·전액을 계상
	운반비	·전액을 계상
	지급수수료	·물류활동과 관련된 수수료를 추출하여 기입
이자	시설부담이자	·투자액의 미상각잔액에 이자율에 곱하여 계산
	재고부담이자	·재고의 평균잔액에 이자율을 곱하여 계산

〈별지 제2호〉 물류비 보고서(간이기준)

제 기   년 월 일부터   년 월 일까지
회사명 :

단위 : 천원

계 정 과 목		자가물류비				위 탁 물류비	물류비 합 계
		재료비	노무비	경비	이자		
제조 원가	재료비 노무비 가스수도료 ⋮ ⋮	XXX	XXX	XXX			XXX XXX XXX
	소　계	XXX	XXX	XXX		XXX	XXX
판매 비와 관리 비	임원 급여 ⋮ ⋮		XXX				XXX
	소　계		XXX	XXX		XXX	XXX
이 자	시설부담이자 재고부담이자				XXX XXX		XXX
	소　계				XXX	XXX	XXX
총　　　계		XXX	XXX	XXX	XXX	XXX	XXX

참고문헌

건설교통부(1995), 국가경쟁력 강화를 위한 물류정책의 방향.

김재욱·박명섭(1996), "물류정보시스템의 EDI도입과 성과에 관한 연구", 경영학연구, pp. 251~272.

김쾌남(1996), 로지스틱스 VS 물류, 사계절.

남익현(1995), 한국기업의 물류관리 실태와 물류합리화 전략, 서울 : 대한상공회의소 경제연구총서 275.

대한상공회의소(1995), '95 기업의 물류관리실태 조사보고.

_____(1995), 물류비용절감을 위한 화물유통체제개선 기본계획 (1994~2003).

_____(1995), 물류와 국가경쟁력.

문상원(1994), "물류의사결정을 위한 계량모형의 현황과 발전방향", 경영과학 Vol. 11, No. 2, pp. 99~131.

박명섭·문태수·서상범(1995), "국내 물류정보시스템의 구축전략 연구", 경영학연구 42호, pp. 253~285.

서현진(1995), 기업물류비의 전략적 관리, 비북스.

안태호(1996), 현대물류론, 범한.

육근효(1997b), 한국기업에 있어서 물류원가관리의 과제와 개선방안, 경영학연구 Vol. 26, No. 3, pp. 657~686.

_____·김일운(1996), 제약이론(TOC)에 의거한 업적측정방식의 개발, 회계와 감사연구 제32호, pp. 164~184.

_____(1995a), 원가기획연구의 대상과 과제, 회계저널 Vol. 4, pp. 27~53.

_____(1995b), 先端製造システム下での原價管理に關する日韓比較實證研究, 中央經濟社, 企業會計 Vol. 47, No. 4, pp. 84~90.

_____(1994), "자동차산업의 목표원가관리시스템 운용과 개선방향—H기업의 사례연구", 동남경영 Vol. 9, pp. 1~29.

_____(1992), 한국기업에 있어서 원가관리시스템의 개선을 위한 실증연구—제조업체의 원가기획을 중심으로, 회계학연구(제14호), pp. 109~126.

加登 豊・橋元・平岡・博野(1996), 流通業における原價企劃, 會計 第149卷 第1号, pp. 113~127.

_____(1994), 原價企劃の逆機能とその克服, 原價計算硏究 Vol. 18卷, No. 1, pp. 16~25.

_____(1994), 製品開發プロセスの戰略的コストマネジメント：原價企劃の實態, ビジネス・インサイト」第2卷 1号.

小林哲夫(1993), 現代原價計算論：戰略的コスト・マネジメントへのアプローチ, 中央經濟社.

_____(1996), ライフサイクル・コストと原價企劃, 國民經濟雜誌, 第173卷 第3号.

神戶大學管理會計硏究會(1992), 原價企劃の實態調査, 企業會計, Vol. 44, No. 4~6.

小林啓孝(1994), "小賣・ロジスティクスにおける管理會計情報活用の課題," 會計 146卷 4号, pp. 14~26.

高橋輝男(1997), "ネオ・ロジスティクスと經營革新" 企業會計, 第49卷 第5号, pp. 18~25.

谷 武幸(1994), 原價企劃におけるインタ-ラクティブ・コントロール, 國民經濟雜誌, 第169卷 第4号, pp. 19~38.

_____(1995), コンカレント・エンジニアリングと管理會計：原價企劃を越えて, 企業會計, 第47卷 第6号.

_____・岩淵吉秀(1996), CALSと戰略的コスト・マネジメント, 企業會計, pp. 18~24.

土井佐侑(1986), 物流の意義と實態, 八千代出版.

中 光政(1997), "情報技術(IT)とロジスティクス・コスト管理" 企業會計, 第49卷 第5号, pp. 40~48.

日本通商産業省(1992), 物流コスト算定活用マニュアル, 通商産業調査會.

西澤 脩(1997), "物流ABC/ABMで經營戰略はどう變わるか", 企業會計

49卷 7号, pp. 113~119.

_____(1993), 物流コスト・マニュアル, 中央經濟社.

山本浩二(1993), 間接費の原價企劃としてのABC, 大阪府立大學經濟研究 Vol. 39, No. 1

湯淺和夫(1982), 企業の物流管理入門, 日本能率協會.

Abrahamsson, M.(1993), "Time Based Distribution", *International Journal of Logisitics Management* 4, No. 2, pp. 75~84.

Andersen Consulting(1991), "Quick Response : Is it Right for Your Company?", *Logistics Perspectives*, Issue 4(Fall), p. 2.

Anthony R. N., and J. Dearden(1980), *Management Control Systems*, 4th ed., Irwin.

Argiris, C. and R. S. Kaplan(1994), Implementing New Knowledge : The Case of Activity-Based Costing, *Accounting Horizons*(September), pp. 83~105.

Aron, L. J.(1993), "Grocers Have Service in Store for Consumers", *Inbound Logistics* 13, No.5(May), pp. 16~21.

Ballou, R. H.(1992), *Business Logistics Management*, 3rd ed.(Englewood Cliffs, NJ : Prentice-Hall), pp. 438~439

Battaglia, A. J. and G. Tyndall, "Implementing World Class Supply Chain Management", unpublished paper.

Bowersox D. J., P. J. Daugherty, C. L. Droge, D. S. Rogers, and D. L. Wardlow(1990), Leading Edge Logistics : Competitive Positioning for the 1990s(Oak Brook, IL : Council of Logistics Management), pp. 12~19.

_____ and D. J. Closs(1996), *Logistical Management : The Integrated Supply Chain Process*, MaGraw-Hill Co.

Brausch, J. M.(1994), *Target Costing for Profit Enhancement, Management Accounting*(November), pp. 45~49.

Chow, G., & Heaver, D. C. and Henriksson, L. E.(1994), "Logistics Performance : Definition and Measurement",

International Journal of Physical Distribution and Logistics Management Vol. 24, No. 1, pp. 17~28.

Clark, K. B. and T. Fujimoto.(1991), *Product Development Performance : Strategy,* Organization and Management in the World Auto Industry, Harvard Business School Press.

Cooke, J. A.(1994), "Beyond Quality……Speed", *Traffic Management* 33, No. 6(June 1994), pp. 32~37.

_____(1992), "Supply Chain Management '90s Style", *Traffic Management* 31, No. 5(May), pp. 57~59.

Copacino, W. C.(1994), "Moving Beyond 'ABC' Analysis", *Traffic Management*(March), pp. 35~36.

Council of Logistics Management(1992), "What's It All About", (Oak Brook, IL).

Coyle J. J. and E. J. Edward, C. J. Langley.(1996), "The Management Business Logistics", West Publishing Co.

Drucker, P. F.(1962), "The Economy's Dark Continent", *Fortune*, Vol. 72, p. 103.

Ellram L. M. and M. C. Cooper(1993), "Characteristics of Supply Chain Management and the Implications for Purchasing and Logistics Strategy", *International Journal of Logistics Management* 4, No. 2., pp. 1~10

Foster, G., Gupta, M. and Sjoblom, L.(1995), "Customer Profitability Analysis : Challenges and New Directions", *Journal of Cost Management* Vol.10, No. 1, pp. 5~17.

Goddard, W. E.(1982), "Kanban or MRPII-Which Is Best for You?" *Modern Materials Handling*(5 November), p. 42.

Gooley, T. B.(1994), "Partnerships Can Make the Customer-Service Difference", *Traffic Management* 33, No. 5(May), pp. 305~322.

Innis, D. E., and B. J. LaLonde.(1994), "Customer Service : The Key to Customer Satisfaction, Customer Loyalty, and Market Share", *Journal of Business Logistics* 15, No. 1., pp. 1~27.

IMA(1992), "Cost Management for Logistics", Statement on Management Accounting : Practices and Techniques.

Langley, J. C. Jr., and R. J. Quinn(1992), "Quick Response and Its Benefits", Presentation to IBM Consumer Goods Customer Executive Council.

Kaplan, R. S. and D. P. Norton(1996), *The Balanced Score-card*, HBR Press.

Kearney, A. T.(1994), *Management Approaches to Supply Chain Integration*. Feedback Report to Research Participants. Chicago : A. T. Kearney.

Kurt Salmon Associates, Inc.(1993), *Efficient Consumer Response : Enhancing Consumer Value in the Grocery Industry*(Washington, DC : Food Marketing Institute).

LaLonde, B. J., and J. M. Masters.(1997), "Emerging Logistics Strategies : Blueprints for the Next Century", *International Journal of Physical Distribution and Logistics Management* 24, No. 7, pp. 35~47.

_____(1992), "The 1992 Ohio State University Survey of Career Patterns in Logistics", *Council of Logistics Management Annual Conference Proceedings*(Oak Brook, IL : Conncil of Logistics Management), pp. 120~130.

Lambert D. M. and J. R. Stock(1993), *Strategic Logistics Management, 3rd ed.*(Homewood, IL : Irwin), pp. 378~379.

NAA(1990), "Cost Management for Freight Transportation", Statement on Management Accounting : Practices and Techniques. NAA, 1990.

NAA(1990), "Cost Management for Warehousing", Statement on Management Accounting : Practices and Techniques.

Novack, R. A., Langley, C. J., Renehart L. M.(1995), *Creating Logistics Value : Themes for the Future*, Council of Logistics Management.

_____, L. M. Rinehart, and C. J. Langley Jr.(1994), "An Internal Assessment of Logistics Value", *Journal of Business Logistics* 15, No. 1, pp. 113~152.

_____(1994), "Retail Distribution : Custom Handling That Goes with the Flow", *Modern Materials Handling* 40, No. 6(May), pp. 30~33.

_____(1993), "Retail Distribution and Logistics", *Chain Store Age Executive*, Section Two(May), pp. 1~40.

Parker, D. D.(1962), "Improved Effieiency and Reduced Cost in Marketing", *Jounal of Marketing* XXVI, April, pp. 15~21.

Kotler, P.(1984), *Marketing Management : Analysis*, Planning, and Control, 5th ed.(Englewood Cliffs, NJ : Prentice-Hall), pp. 463~64.

Poitier C. C. and S. E. Reiter(1996), "*Supply Chain Optimization*", Berrett-Koehler Publisher, Inc.

Porter, M. E.(1985), *Competitive Advantage : Creating and Sustaining Superior Performance*, The Free Press.

Rhea, M. J. and Shrock, D. L.(1987), "Measuring the Effectiveness of Physical Distribution Customer service Programs", *Journal of Business Logistics* Vol.8, No. 1, pp. 31~45.

Schmitz, J.(1993), "Quick Response Review", and K. B. Ackerman, "Quick Response-Its Meaning for Warehouse Managers", *Ackerman Warehousing Forum* 8, No. 3(February), pp. 1~3.

Shank, J. K.(1996), "Analysing Technology Investment- From NPV to Strategic Cost Management", *Management Accounting Research* Vol. 7, No. 2, pp. 185~198.

Sherman, R. J.(1994), "ECR Vision to Reality : Creating Innovative Strategies to Astonish Customers", 1994 *Council of Logistics Management Annual Conference Proceedings* (Oak Brook, IL : CLM), pp. 137~155.

Smykey, E. W., "Principles of 7R", *Working Paper*, University of Michigan.

Sterling, J. U.(1994), "Measuring the Performance of Logistics Operations", Chapter 10 in *The Logistics Handbook*, ed. James F. Robeson and William C. Copacino(New York : The Free Press), pp. 226~230.

Turney, P. B. B.(1991), *Common Cents*, Cost Technology.

Witt, C. E.(1993), "Quick Response : Custom Tailored by Palm Beach Company", *Materials Handing Engineering*(February), pp. 40~45.

Walter Z., M. Levy, and D. J. Bowersox(1989), "Measuring the Effect of Inventory Centralization/Decentralization on Aggregate Safety Stock : The 'Square Root Law' Revisited", *Journal of Business Logistics* 10, No. 1, pp. 1~14.

새물경시리즈 4

물류원가관리의 혁신

초판 1쇄 1998년 2월 7일 발행

지 은 이— 육근효

펴 낸 이— 홍 석

펴 낸 곳— 도서출판 풀빛

주   소— 서울시 서대문구 북아현 3동 176 - 87 능안빌딩 3층

전   화— 영업부 363 - 6972 편집부 362 - 8900

팩   스— 393 - 3858

하이텔 · 천리안 · 나우누리 ID-pulbitco

출판등록—1979년 3월 6일 제8 - 24호

ⓒ 육근효 1998

● 값 15,000원
잘 못 된 책 은 바 꾸 어 드 립 니 다.

ISBN 89-7474-833-9 93320